U0492737

生产性服务业
高质量发展研究

胡曦　著

图书在版编目(CIP)数据

生产性服务业高质量发展研究 / 胡曦著 .--北京：社会科学文献出版社，2025. 5. --ISBN 978-7-5228-4438-1

Ⅰ. F726. 9

中国国家版本馆 CIP 数据核字第 2024CQ2022 号

国家社科基金后期资助项目

生产性服务业高质量发展研究

著　　者 / 胡　曦

出 版 人 / 冀祥德
组稿编辑 / 恽　薇
责任编辑 / 孔庆梅
文稿编辑 / 李铁龙
责任印制 / 岳　阳

出　　版 / 社会科学文献出版社 · 经济与管理分社（010）59367226
地址：北京市北三环中路甲 29 号院华龙大厦　邮编：100029
网址：www. ssap. com. cn
发　　行 / 社会科学文献出版社（010）59367028
印　　装 / 三河市龙林印务有限公司

规　　格 / 开　本：787mm × 1092mm　1/16
印　张：13. 75　字　数：215 千字
版　　次 / 2025 年 5 月第 1 版　2025 年 5 月第 1 次印刷
书　　号 / ISBN 978-7-5228-4438-1
定　　价 / 98. 00 元

读者服务电话：4008918866

版权所有 翻印必究

国家社科基金后期资助项目
出版说明

后期资助项目是国家社科基金设立的一类重要项目，旨在鼓励广大社科研究者潜心治学，支持基础研究多出优秀成果。它是经过严格评审，从接近完成的科研成果中遴选立项的。为扩大后期资助项目的影响，更好地推动学术发展，促进成果转化，全国哲学社会科学工作办公室按照“统一设计、统一标识、统一版式、形成系列”的总体要求，组织出版国家社科基金后期资助项目成果。

全国哲学社会科学工作办公室

摘　要

随着产业分工的不断深化，涵盖科学研究、交通运输、信息技术、金融服务等领域的生产性服务业逐渐从制造业中独立出来，成为现代经济社会中不可或缺的角色。生产性服务业不仅是激发内需潜力、带动社会就业、改善人民生活的核心产业，而且是促进国家经济转型升级和高质量发展的重要支撑，更是一个国家参与国际分工和全球价值链的重要内容。放眼世界，我国目前面临的是百年未有之大变局，为了加快产业结构优化升级、促进新旧动能接续转换，党的二十大报告提出“构建优质高效的服务业新体系，推动现代服务业同先进制造业、现代农业深度融合”的要求。要想实现经济高质量发展，就必须以专业化、高端化的生产性服务业作为支撑。因此，如何加快生产性服务业高质量发展成为目前亟须思考和解决的课题。

本书从层级分工、空间集聚与生产性服务业高质量发展这一研究主题出发，系统研究了层级分工、空间集聚与生产性服务业高质量发展的现状和理论机制，实证检验了层级分工和空间集聚的协同效应对生产性服务业高质量发展的作用，为我国生产性服务业的高质量发展提供了从理论到实践的指导。本书的整体研究架构如下。

导论。对本书主题所涉及的生产性服务业、层级分工、空间集聚等概念进行阐述，在此基础上对我国生产性服务业高质量发展的现实需求进行了剖析，介绍了研究背景和问题，概述了本书的研究意义和价值，为后续的深入研究提供了基础。

第 1 章，理论基础与文献综述。本章介绍了本书相关的理论基础，并对国内外关于层级分工、空间集聚与生产性服务业发展的文献进行了系统性的梳理和总结，进一步夯实了后续研究的理论基础。

第 2 章，我国生产性服务业发展现状与国际经验。本章首先从国民经济、社会就业、外商直接投资、生产性服务业内部结构四个方面对我国生产性服务业发展总体状况进行宏观分析，并介绍了长三角、京津冀两个代表性城市群的生产性服务业发展状况，然后对发达国家生产性服务业发展过程及现状进行探索，总结国际经验，为后续的实证研究提供现实依据。

第3章，层级分工与生产性服务业高质量发展。本章从生产性服务业高质量发展指标出发，关注生产性服务业与制造业之间的协同关系，重点分析纳入层级分工的空间集聚与生产性服务业的内在联系和理论逻辑。

第4章，空间集聚与生产性服务业高质量发展。本章在已有文献的基础上进行总结归纳，结合生产性服务业高质量发展的衡量指标，分析和论述了空间集聚对生产性服务业高质量发展的作用机制。

第5章，层级分工、空间集聚与生产性服务业高质量发展：实证分析。本章选取2009~2019年长三角城市群41个城市为研究对象，对其生产性服务业层级分工、空间集聚以及生产性服务业高质量发展水平进行了测度，并在前文的基础上，采用固定效应模型和空间计量模型来构建生产性服务业层级分工和空间集聚的协同效应对生产性服务业高质量发展的作用的理论模型。本章为理论分析提供实证依据，也为推进生产性服务业高质量发展的意见建议提供决策依据。

第6章，依托层级分工、空间集聚促进生产性服务业高质量发展的政策建议。基于理论分析和实证研究得出的结论，本章提出推进生产性服务业高质量发展的路径选择和政策框架。将推进生产性服务业高质量发展的路径概括为由“大而全”向层级分工转变、由传统行业占主体向新兴行业占主体转变、由传统要素驱动向新兴要素驱动转变、由“数量扩张”向内涵提升转变、由被动性供给向创造性供给转变等，进而指导我国生产性服务业高质量发展。在此基础上，从扩大开放、降低成本、优化营商环境等方面提出促进生产性服务业高质量发展的政策框架。

党的二十大报告明确指出“高质量发展是全面建设社会主义现代化国家的首要任务”。生产性服务业是经济的关键组成部分，推动生产性服务业实现高质量发展、引导生产性服务业向专业化和价值链高端延伸，已经成为促进我国经济向高质量发展转变、优化我国经济结构、转换我国经济增长动力的必然选择。本书围绕层级分工、空间集聚与生产性服务业高质量发展的研究主题，通过系统的理论分析和实证研究，有助于正确理解和把握我国生产性服务业层级分工、空间集聚与高质量发展之间的动态演变关系，识别推动我国生产性服务业高质量发展的有效路径，提出加快生产性服务业高质量发展的政策建议，为政府有关部门的政策制定提供理论参考。

目录

导 论

一 研究背景

（一）我国生产性服务业的发展

改革开放以来，中国经济持续快速发展。从 1978 年到 2017 年的四十年中，中国的年均国内生产总值名义增速达到了 14.5%。除去年均 4.8%的通胀率影响，年均实际增速仍高达 9.3%（张建平和沈博，2018）。这一时期，我国经济总量快速增长，三大产业的结构也日趋合理。随着我国工业化进程不断推进，第一产业占国民经济的比重不断下降，从最高点的 32.8%，在 2009 年以后下降到 10%以下；第二产业占国民经济的比重呈现波动下降的趋势，在 2016 年以前的年份均达到 40%，部分年份甚至超过了 45%，2016 年以后下滑到 35%—40%这一区间；第三产业占国民经济的比重稳定增长，在 2012 年首次超过了第二产业，成为对国民经济贡献最大的支柱产业（李平等，2017）。截至 2021 年，中国的三大产业结构比例分别为 7.3%、39.4%和 53.3%。其中，第二产业和第三产业对国内生产总值增长的贡献率分别为 38.27%和 55.56%。第三产业的发展速度已明显超过第一产业和第二产业，对国民经济的发展起到了日益突出的支撑和拉动作用，成为推动中国经济增长的主要力量。随着第三产业的持续发展，其规模不断扩大，其内部结构也在发生变化，由过去主要依赖劳动力的传统产业逐渐向依赖资本和知识的新兴产业和高新技术产业转变。

一般认为，生产性服务业是服务服从于制造业、农业等部门，当然，随着大数据、云计算、平台经济、移动互联网等迅猛发展以及经济全球化的深度扩展，生产性服务业与制造业的地位发生逆转，作用更加突出，制造业并不是生产性服务业唯一或最主要的市场需求来源，生产性服务业更多地依靠“内部动力”——自身获取发展动力并取得进一步发展，其更多地出现在制造业产业链的高附加值环节，尤其是高端生产性服务业，它是高端制造业的控制者和设计者，成为引领制造业价值链升级方向、新产品和新行业孵化以及制造品品质提升的动力源。

随着我国工业化进程不断推进，第三产业占国民经济的比重将进一步提高（陈澄，2023）。当前，我国经济呈现新常态，经济结构不断优化，增长方式由要素驱动逐渐转向创新驱动。生产性服务业，尤其是中高端生产性服务业，能否支撑起我国的创新驱动发展战略，关系到我国在未来一段时间能否破解经济社会发展难题、抓住重要战略机遇期。

20 世纪 90 年代以来，随着环境问题日益凸显，传统的工业经济增长乏力，全球主要经济体开始注重第三产业的发展，服务经济的概念蔚然成风。得益于与制造业的密切联系，生产性服务业在转型过程中能够起到事半功倍的效果，因而在这一阶段快速发展；与此同时，生产性服务业知识和技术密集的特征能够产生知识扩散效应，也促进了相关制造业的发展（原毅军和郭然，2018）。截至 2021 年，全球大部分发达国家完成了由第二产业驱动经济增长向第二产业和第三产业联合驱动经济增长并由第三产业主导的转变；生产性服务业以及制造业的空间集聚成为新的经济增长点。在这一大背景下，2011 年，国务院发布了《工业转型升级规划（2011—2015 年）》，从宏观经济层面对我国下一阶段生产性服务业的发展指明方向，要求加快发展生产性服务业，调整和优化产业结构，不断提升对工业转型升级的服务支撑能力。

（二）我国生产性服务业的相关政策

2006 年 1 月 26 日，《人民日报》刊登了时任国务院副总理黄菊题为《全面落实科学发展观，做好新时期就业和社会保障工作》的文章。同年 3 月，《中华人民共和国国民经济和社会发展第十一个五年规划纲要》中提到“拓展生产性服务业”，并将其作为“加快发展服务业”这一篇的重要部分。在这一时期，我国政府主要强调生产性服务业有很大的发展空间，在促进经济社会发展、吸纳就业等方面可以发挥重要作用。

2011 年，《国务院关于印发质量发展纲要（2011—2020 年）的通知》中明确提出，我国服务业质量发展的具体目标包括生产性服务业质量全面提升。在“夯实质量发展基础”这一部分，强调了发展现代服务业的工作重点：积极拓展服务业标准化工作领域，建立完善细化、深化生产性服务业分工的质量标准与行业规范，进一步制定完善生活性服务业标准，建立健全重点突出、结构合理、科学适用的服务质量国家标准体系，重要服务行业和关键服务领域实现标准全覆盖，扩大服务标准覆盖范围。作为指导我国质量工作中长期发展的纲领性文件，该文件对生产性服务业的重视和强调在我国生产性服务业发展历程中具有里程碑意义，奠定了这一时期生产性服务业发展的基调和框架，为进一步推进生产性服务业的发展指明了方向。

2014 年，《国务院关于加快发展生产性服务业促进产业结构调整升级的指导意见》进一步指出，适应中国特色新型工业化、信息化、城镇化、农业现代化发展趋势，因地制宜引导生产性服务业在中心城市、制造业集中区域、现代农业产业基地以及有条件的城镇等区域集聚，这一文件明确了我国生产性服务业集聚的发展方向以及推动产业升级的目标。实现经济提质增效关键在于推动制造业由大变强，肯定了生产性服务业在我国经济转型升级中的作用。生产性服务业的发展状况关系到我国能否在全球价值链中占据有利位置，关系到我国经济发展模式的转变，是下一阶段实现经济高质量发展的重要着眼点。

党的二十大报告进一步提出了构建优质高效的服务业新体系，推动现代服务业同先进制造业、现代农业深度融合的要求。实体经济实现高质量发展，需要专业化、高端化的生产性服务业作为支撑。生产性服务业的发展水平决定着产业结构、生产规模和生产效率。经济高质量发展需要重点发展先进制造业、战略性新兴产业，生产性服务业为生产服务，重点在于为先进制造业服务、为战略性新兴产业服务。2022 年中央经济工作会议将推动制造业高质量发展作为 2023 年的一项重点工作，其中特别强调推动先进制造业和现代服务业深度融合，坚定不移建设制造强国，这充分反映了服务业尤其是生产性服务业对促进高端制造业发展，进而实现实体经济高质量发展的重要支撑作用。当前，中国经济已由高速增长转向高质量发展阶段，正处于转变经济发展方式、优化经济结构、转换增长动力的重要关口。相较而言，我国生产性服务业发展相对滞后，总量不足、结构不合理等问题仍较突出。推动中国制造由大到强，需要我们推动生产性服务业向专业化和价值链高端延伸，更好实现高质量发展。

（三）各地区生产性服务业发展政策

21 世纪以来，在中央和地方产业政策的支持下，作为推进经济结构转型的重要一环，我国生产性服务业稳步发展。除了上一小节提到的一系列宏观层面的政策文件，各地区政府也因地制宜，出台了一系列扶持生产性服务业发展的政策。例如，2023 年 1 月，江苏省委和省政府制定了《江苏省生产性服务业十年倍增计划实施方案》；2023 年 7 月，上海市也颁布了《关于促进本市生产性互联网服务平台高质量发展的若干意见》。这些政策旨在促进生产性服务业的快速发展，推动经济高质量增长。

从宏观层面来看，21 世纪以来，我国生产性服务业的集聚规模扩大、质量明显提升，有力推动了产业结构优化升级。站在城市群的角度，京津冀、长三角等跨省大型城市群的规划建设在很大程度上消除了行政壁垒对要素流通的负面影响，不同地区的生产性服务业通过合作交流充分发挥了聚集效应，实现了产业优势互补。

加快发展生产性服务业是获取动力、促进经济平稳健康发展的重要措施。期待各地区各部门采取多种措施，扎实工作，进一步推动生产性服务业的发展，促进制造业与生产性服务业深度融合，稳步提升我国产业发展的综合竞争力。各地区应以更大的决心和力度推动产业转型，不断提升生产性服务业的创新能力、科技水平和服务质量。只有通过深度融合和协同发展，才能实现制造业和生产性服务业共同进步，为我国经济发展注入新的活力。

（四）我国生产性服务业高质量发展的现实需求

2023 年 1 月 18 日，国家发展和改革委员会网站发表了一篇题为《生产性服务业赋能经济高质量发展》的文章，从宏观层面强调了加快发展生产性服务业的重要性和紧迫性。高质量发展是整个社会经济发展的主基调，也是生产性服务业的主流趋势。近年来，在各级政府政策的推动下，中国生产性服务业规模持续扩大，生产性服务业占 GDP 的比重也得到提高；然而，生产性服务业结构欠优、效率不高、分工不合理等问题仍未得到圆满解决。生产性服务业能否高质量发展既取决于为之提供需求的制造业，也取决于生产性服务业自身的发展。基于此，本小节从以下五个方面探讨生产性服务业发展质量不高的内在原因，并据此初步提出发展思路。

1. 推动生产性服务业与制造业的分离融合，构建良好的产业生态系统

分离是指将生产性服务环节与制造环节分开，使本应属于制造业的生产性服务业能够独立发展并拥有更大的自主权，成为面向市场的主体。这种分离并不会对原有的上下游产业链产生负面影响，反而可以为更广泛的市场提供服务，进而发挥生产性服务业的规模经济优势。

融合是指将生产性服务过程与制造过程进行有机的融合。这种融合可以通过以下两种方式实现。一种方式是在制造过程中纳入生产性服务过程，例如将技术支持、售后服务等服务内容与制造过程无缝衔接，提供全方位的服务支持，提高产品的附加值和竞争力；另一种方式是发挥制造业和生产性服务业的产业协同效应。制造业可以依托生产性服务业的专业能力和资源优势，实现生产过程优化和效率提升，而生产性服务业则可以依靠制造业的需求和市场基础，推动自身的创新和发展。融合生产性服务业和制造业，可以实现产业链的完整闭环，提高整体效率和竞争力，同时，促进了两个领域的互联互通，推动技术创新、商业模式创新以及跨界合作的发展，为经济发展注入新的活力。

（1）推进服务型制造的发展。生产性服务业企业根据其现有资源和生产条件，逐步实现从规范化向定制化的转变，从而为市场提供更加专业化和多样化的服务。

（2）推动制造业服务化。制造业企业可以根据产品特点和资源优势，为不同客户提供定制化的售前、售中和售后服务，以提升企业及其产品的竞争力。

分离与融合并非相互隔离的概念，而应相互补充。加快推进生产性服务业与制造业的分离融合，能够提高生产性服务业企业的生产能力和综合竞争力，同时促进制造业与生产性服务业的深度融合，进一步构建一个良好的产业生态系统。在这个生态系统中，生产性服务业通过分离和专业化的方式提供高质量的服务，为制造业提供支持，而制造业则依赖生产性服务业提供的专业化服务和资源优势，提高自身的效率和竞争力。通过分离与融合，生产性服务业与制造业能够实现良性互动，产生协同效应，共同推动经济的发展和转型升级。

2. 加速建立促进生产性服务业和制造业融合互促的创新体系

生产性服务业与制造业的快速发展离不开一个强有力的创新体系。借鉴欧盟和美国的生产性服务业发展经验，关键核心技术的研发和知识产权保护制度是国家在全球产业链和供应链中发挥主导作用以及占据优势地位的重要保障。加快形成创新体系，可以考虑以下几个方面。

首先，加强科研创新，提供支持生产性服务业和制造业融合发展的科技成果。鼓励企业加大投入，加强与科研机构的合作，推动前沿技术的研发和应用，提升产业的创新能力。其次，完善知识产权保护体系，加大对知识产权的保护力度。建立健全知识产权法律法规，并加大执法力度，保护创新成果的合法权益，激发企业和个人的创新动力。再次，加强人才培养和引进，提供有力的人才支持。建立并完善与生产性服务业和制造业相关的人才培养体系，注重培养创新型人才和跨领域人才，鼓励人才流动和跨界合作，为产业融合提供优秀的人才支撑。最后，还应当加强国际交流与合作，借鉴国际先进经验，积极参与国际合作项目，学习和吸收国际前沿技术和管理经验，推动国内产业的创新升级。上述措施的实施，能够加快形成有利于生产性服务业和制造业融合互促的创新体系，为产业发展提供强大的动力和支持。具体来说，应落实到以下几个方面。一是加强人才队伍的建设。建立结合职业教育和普通高等教育的多层次人才培养体系，加强深层次尖端人才培养和基础科学人才培养，根据我国生产性服务业的发展需求，培养专业对口的人才。二是进一步完善现有的双创体系。建立专注于攻克“卡脖子”技术问题的研发团队，有针对性地实现技术突破，从局部入手，带动整个行业的全面、快速发展；畅通技术成果转化渠道，利用市场机制推动技术成果的研发和升级，提高高校、科研机构和企业等科研单位创新的热情和积极性。三是进一步发挥金融工具的推动作用。积极发展风险投资和私募股权投资，同时进一步完善现有的上市公司股权管理制度，建立多层次资本市场。这些举措，一方面可以为广大市场投资者提供丰富的投资机会，另一方面能够为创新型企业的成长和发展提供重要的金融支持。

3. 积极推动生产性服务业的数字化转型

在生产性服务业的产业链中，由于商业机密和风险管理等原因，上下游企业之间可能存在信息不对称甚至故意隐藏信息的现象，导致部分生产性服务业与实体经济脱节，独立运作。在这种情况下，生产性服务提供商难以获得上下游企业所需的全部信息。考虑到风险和资产专用性，在向客户，特别是不熟悉的客户提供服务时，生产性服务提供商可能会更加谨慎。这可能导致生产性服务业对实体经济的支持不足，例如金融行业由于存在信息不对称和风险管理的限制，无法有效满足实体经济的投融资需求。

人工智能、区块链、大数据、物联网、云计算等新兴数字技术在产业层面广泛应用，可以解决由信息不对称导致的生产性服务业对实体经济支持不足的问题。借助产业数字化、数字产业化和平台经济等技术的快速发展，传统制造业客户能够有效地将需求传递给生产性服务业企业。同时，生产性服务业企业能够根据其生产能力、市场需求和客户类型等信息，提供更专业化、个性化、低风险和低成本的服务。这将为实体经济提供更强有力的支持。

生产性服务业的数字化和平台化发展也有助于推动相关市场的一体化建设。新兴数字技术如大数据，能有效扩大生产性服务业企业的服务范围，并加快企业融入市场的速度，推动相关市场的发展。同时，这些技术的应用能显著降低贸易成本，弥补企业自身资源有限的缺陷，推动生产性服务业整体更好更快地发展。

4. 推动生产性服务业对内开放，建立统一和有序竞争的生产性服务业市场

一些生产性服务业，如金融业及科学研究、技术服务和地质勘查业，是典型的知识和技术密集型行业。这些行业的初始投入较高，但边际成本相对较低，并具有明显的规模报酬递增特征。研究表明，这些行业只有在大规模的统一市场中才能显著降低平均成本，从而享受规模效应带来的优势。由于知识和技术密集型行业受到集聚效应的影响，行业的整体发展水平和成熟程度还将促进企业之间知识的传播和共享，加大科研创新步伐，进一步提高产品竞争力，形成行业发展的良性循环。此外，建立大规模统一市场不仅有利于生产性服务业的专业化发展，而且可以为实体经济提供成本更低且专业化程度更高的中间投入，为实体经济的发展提供强有力的支持。

5. 积极推进生产性服务业的双向开放，兼顾引进国外服务资源和推动国内服务业的国际化

与发达国家相比，我国的生产性服务业国际化程度相对较低。这主要表现为海外收入占总收入比例较低、外国投资占总投资的比例较低、对国内市场的依赖程度较高以及对外开放的程度较低等。此外，与国际顶尖水平相比，我国生产性服务业中一些行业的发展水平还存在一定差距。这些因素在一定程度上制约了我国高端制造业的发展。为改变这一状况，以更好地发挥生产性服务业对制造业的支持和保障作用，应紧跟全球化的大趋势，积极充分地利用国际资源，发展高端生产性服务业。同时，应加大服务业对外开放的步伐，加强生产性服务业对外交流，吸引国际高端人才和投资，以获取更大的溢出效应。此外，还应鼓励生产性服务业企业进行国际化布局，借鉴国外生产性服务业企业发展的成功经验，不断提升自身的竞争力。通过以上措施，加快发展生产性服务业，将为经济高质量发展提供有力支撑，推动产业结构优化升级，提升我国经济的整体竞争力。

二　相关概念界定

（一）生产性服务业

中国的经济结构主要由农业、工业和服务业三大部分组成。其中，农业是中国经济的基础产业之一，涵盖了粮食种植、畜牧养殖、渔业等多个领域。随着科技进步和现代化农业的推动，中国农产品在国内外市场上具有竞争力。工业是中国经济发展的重要支柱，包括制造业、建筑业等各个行业。近年来，中国制造在全球范围内占据重要地位，并且不断向高端制造转型升级。

服务行业是中国经济中一个迅速发展且占据重要地位的领域。批发零售在全国范围内提供各种商品的销售服务，满足消费者的日常需求；

交通运输、物流仓储、邮政服务负责货物运输、仓储管理和邮件传递等任务；住宿餐饮行业专注于为旅游和商务活动提供舒适住宿条件和美食服务；信息传输软件与IT行业致力于技术创新和信息传播；金融行业为企事业单位提供资金融通渠道，并参与投资活动；房地产市场推进城乡建设规划，并促进房屋买卖租赁等交易活动；租赁和商务服务方面则提供办公空间租赁、会议组织筹备等专项支持。总体而言，这些不同类型的服务构成了中国庞大而复杂的第三产业，对社会经济起到至关重要的作用。

生产性服务业在现代经济中扮演着重要的角色。它们为企业提供了必要的支持和帮助，促进了经济的发展和创新。正式提出“生产性服务业”概念的学者是 H. Greenfield。他将生产性服务业定义为一种以促进商品发展和提供劳务为目的，面向产品企业，并为其提供中间投入的行业（Greenfield，1966）。他强调了生产性服务业与消费环节之间的明显区别：消费环节中服务直接面向消费者，与之不同，生产性服务业主要面向商务组织、生产机构和管理机构等其他服务行业，作为中间投入存在。生产性服务业并非直接满足个人消费需求，而是通过在经济中作为中间投入的角色支持其他行业的运营，推动整体经济发展（Coffey and Polèse，1989）。Browning 和 Singelmann（1975）提出生产性服务业发展的宗旨在于通过提供高质量且专业化的服务，帮助企业提高效率、降低成本，推动创新与技术进步，提升工业技术效率，促进生产过程的持续发展。

产品设计、产品生产过程中的组织管理、产品完成之后的宣传和销售等组成了产业的上、中、下游（Hansen，1993）。在这个产业环节中，生产性服务业发挥重要的中间作用。首先，在产品设计阶段，生产性服务业能够通过提供技术咨询和技术支持，帮助企业确定市场需求、进行市场调研，并为产品设计提供相关数据分析和创意方案。其次，在产品生产过程中的组织管理阶段，生产性服务业可以提供物流运输、仓储配送等一系列服务。最后，在产品完成之后的宣传和销售阶段，生产性服务业中的广告公司可以通过策划营销活动、制作广告等手段来推广企业及其产品，而销售代理商能够利用自身丰富资源与客户建立联系，并促进销售额增长。生产性服务业在整个产业链条中连接各个环节，并提供关键支持，通过其专门领域知识与技术实力，在不同阶段为企事业单位解决问题、降低成本、增加效益。

起初有学者根据服务对象和类型的不同，将生产性服务业定义为为其他公司提供商业、科研及其他专业服务的行业，涵盖保险、银行、会计、法律等领域（Howells and Green，1986）。之后，Marshall 将生产性服务业划分为三类：与信息处理相关的服务业、与实物商品相关的服务业、与个人生活相关的服务业（Marshall et al.，1987）。而 Martinelli（1991）认为，与资源和要素流动相关的活动，以及产品与生产的设计、管理等方面的活动，都应当纳入生产性服务业的范畴。Coffey 和 Bailly（1991）提出，生产性服务业包括科技、法律、会计等领域，并且涉及金融保险、管理咨询、投资等方面，提供企业所需的产品或服务以确保顺利进行生产活动，缩短企业的生产周期并促进技术升级。生产性服务业种类众多，不同类型的生产性服务业在企业中扮演着各自独特的角色（Lundquist et al.，2008）。该行业主要依赖人力资本和知识资本作为成本投入，并为促进产业链生产专业化提供重要服务（Coffey，2000）。因此，它可以被视为组织第一、第二产业生产所需的关键中间产品。生产性服务业作为一种重要的经济活动，为其他行业提供了必不可少的中间产品和服务。这些服务包括物流、信息技术、人力资源管理等方面，可以帮助企业降低成本、提高效率，并且促进产业链上下游之间的协作。生产性服务业在生产系统中属于中间部门，主要包括金融、房地产、法律、科学技术、计算机和管理咨询等服务领域，扮演着具有中间作用的关键角色，具备专业性、知识密集和高需求的特征（Hwan-Joo et al.，2011）。

国内也有很多学者对生产性服务业展开研究。生产性服务业是旨在为社会物质生产提供各种非实体服务的服务性产业。这些服务不仅可以帮助企业提高效率和竞争力，还能够促进创新和发展。在现代经济中，生产性服务业已成为一个重要的组成部分（侯学钢和彭再德，1997）。社会生产力与科技的进步促进生产性服务业的发展，在任何工业生产环节中，生产性服务业都不可或缺（段杰和阎小培，2003）。薛立敏（1993）提出生产性服务业包括金融、交通运输、信息通信、保险和国际贸易等领域。这些行业在现代经济中扮演着重要角色，对促进经济增长和提高国家竞争力具有不可忽视的作用。首先，金融是生产性服务业中最为重要的一环。它涵盖了银行、证券市场、保险公司等各种机构，在资金配置和风险管理方面发挥着关键作用。通过提供贷款和投资渠道，金融机构支持企业的发展，并且为个人提供储蓄和投资选择。其次，交通运输也是生产性服务业中不可或缺的一部分。随着全球化进程加速推进，物流需求日益增长。交通运输领域包括陆路、水路以及航空运输等多个子领域，在地区与国家之间起到桥梁、纽带的作用。信息通信技术则成为当今社会发展不可或缺的基础设施之一，对商务合作、知识传播等起到了至关重要的推动作用。保险业在风险管理方面发挥着关键作用。它可以帮助企业和个人转移风险，并提供相应赔偿措施。同时，保险促进了经济稳定发展，在灾难事件后能够迅速恢复并减少损失。最后，国际贸易被认为是推动全球经济增长与合作共赢的引擎之一。通过开放市场与其他国家进行商品与服务交换，各国能够充分利用自身资源优势实现互利共赢，并提高全球资源配置效率。

郑吉昌和夏晴（2005）提出生产性服务业是指为其他产品和服务提供中间投入的非终端消费性服务。这一概念在经济学领域引起了广泛关注，并且被不同学者进一步拓展和定义。顾乃华等（2006）将生产性服务业定义为包括交通运输、仓储和邮政等五个领域的总和。他们认为，只要企业旨在向其他企业提供中间服务以支持其生产过程，这些企业就可被归类为生产性服务业。这种分类方法有助于我们更好地理解现代化经济体系中各个环节之间的相互依赖关系。生产性服务业作为现代化经济体系中一个重要而多样化的组成部分，在推动社会经济发展方面具有不可替代的作用。通过提供专门化、高效率且灵活度较高的中介产品与服务，它们有效地满足了其他行业对资源配置优化以及价值链延伸方面日益增长的需求。

生产性服务业的典型特征是与制造业高度关联（高传胜和李善同，2007）。这种关联性表现在，生产性服务业所提供的服务通常都是制造业所需的，如物流、维修、设计等。同时，生产性服务业可以被广义地定义为不满足消费者最终需求的所有非制造类企事业单位和组织机构。从狭义角度来看，生产性服务业主要包括各种专门化技术和管理咨询公司、法律咨询公司、会计师事务所以及各类人力资源外包公司等。这些企事业单位或组织机构通过向其他行业提供中间投入来实现自身价值。而从广义角度来看，生产性服务业则将更多类型的企事业单位纳入其范畴。

例如政府部门、学校教育机构以及医院等都属于此类别。虽然它们并不直接面向市场消费者，但对整个社会经济发展起着重要的推动作用。

刘曙华和沈玉芳（2011）同样指出，生产性服务业是与制造业密切相关的行业，其存在是为了向各类制造企业提供精细化服务，以满足多种生产价值链环节的需求。在服务市场化和产业分工专业化的潮流下，生产性服务业应运而生，为其他行业提供专门的中介服务。这些服务涉及生产流程中的多个环节，例如设计、研发、原材料采购、物流管理等。生产性服务业为制造企业提供了更加精细化和个性化的服务，帮助他们降低成本、提高效率，并且更好地适应市场需求。除此之外，在现代化经济体系中，生产性服务业还扮演着重要的角色。它们作为一种专门领域知识和技能集合体，在整个经济系统中起到了桥梁作用。通过与其他行业进行协同合作，生产性服务业可以促进资源优化配置，实现多方共赢。

生产性服务业是一种重要的中间投入要素，可以融入制造业当中（江曼琦和席强敏，2014）。在发展之初，生产性服务业是制造业的一部分，在发展过程中，生产性服务业逐渐独立出来，成为为制造业提供各种经营服务的独立行业，并且重新融入生产价值链（詹浩勇和冯金丽，2014）。生产性服务业是产业发展的重要配套和支撑环节，占据价值链的高端（席强敏等，2015）。生产性服务业是一种为各个领域的生产环节提供专业化服务的行业，起源于制造业（白清，2015）。有学者将生产性服务业细分为交通运输、仓储和邮政业，信息传输、计算机服务和软件业，金融业，批发与零售业，租赁和商务服务业，科学研究和技术服务业以及环境治理和公共设施管理业（韩峰和阳立高，2020）。也有学者将生产性服务业定义为从制造业中被剥离出去，并以金融、信息、研发与科技等为主要特征的产业（戴鹏和吴杰，2022）。

学者们对生产性服务业特点有着共性认知。第一，生产性服务业衍生于制造业，属于服务业，具有高度产业关联性，不仅能影响制造业，还能影响其他服务业；第二，生产性服务业是工业生产过程中重要的中间投入，与制造业相配套，能提升制造业生产效率；第三，生产性服务业具有知识高度密集的特点，与其他行业相比，对高素质人才、知识、技术的需求更大。学者们对生产性服务业的划分如表 1 所示。

表 1　生产性服务业研究行业划分

年份	作者	行业
1975	Browning 和 Singelmann	金融、保险、法律、工商服务业
2007	高传胜和李善同	交通运输、仓储和邮政业，金融业，信息传输、计算机服务和软件业，租赁和商务服务业，房地产业，科学研究和技术服务业
2008	夏杰长	交通运输、仓储和邮政业，金融业，信息传输、计算机服务和软件业，租赁和商务服务业，科学研究、技术服务和地质勘查业，水利、环境和公共设施管理业，公共管理和社会组织
2015	张浩然	交通运输、仓储和邮政业，金融业，信息传输、计算机服务和软件业，租赁和商业服务业，科学研究、技术服务和地质勘查业
2016	伍先福和杨永德	交通运输、仓储和邮政业，金融业，信息传输、计算机服务和软件业，租赁和商业服务业，科学研究、技术服务和地质勘查业，批发和零售业，房地产业
2017	王瑞荣	交通运输、仓储和邮政业，金融业，信息传输、软件和技术服务业，租赁和商务服务业，科学研究和技术服务业，批发和零售业，水利、环境和公共设施管理业
2018	刘书瀚和于化龙	交通运输、仓储和邮政业，金融业，信息传输 、软件和信息技术服务业，租赁和商务服务业，科学研究和技术服务业，批发和零售业
2019	雷振丹和陈子真	交通运输、仓储和邮政业，金融业，信息传输、计算机服务和软件业，租赁和商业服务业，科学研究、技术服务和地质勘查业，批发和零售业，房地产业
2020	韩峰和阳立高	交通运输、仓储和邮政业，金融业，信息传输、计算机服务和软件业，租赁和商务服务业，科学研究和技术服务业，批发与零售业，环境治理和公共设施管理业
2021	汤长安等	交通运输、仓储和邮政业，金融业，信息传输、软件和信息技术服务业，租赁和商务服务业，科学研究和技术服务业，批发和零售业，房地产业，水利、环境和公共设施管理业
2022	程水红	交通运输、仓储和邮政业，金融业，信息传输、计算机服务和软件业，租赁和商务服务业，科学研究、技术服务和地质勘探业，批发零售业

资料来源：笔者整理得到。

从表 1 中资料可以看出，尽管国内学者在生产性服务业的细分行业界定上存在一些差异，但他们普遍认为交通运输、仓储和邮政业，信息传输、计算机服务和软件业，金融业，租赁和商务服务业以及科学研究和技术服务业都属于生产性服务领域。近年来，越来越多的学者在进行相关研究时将批发和零售业纳入研究范围。本书在参考《国民经济行业分类》（GB/T4754-2017）和《生产性服务业统计分类（2019）》（见表2）的基础上，充分考虑生产性服务业的定义，并将其分为六个主要领域：批发和零售业，交通运输、仓储和邮政业，租赁和商务服务业，信息传输、计算机服务和软件业，金融业，科学研究、技术服务和地质勘查业。

表 2 生产性服务业行业范围

《生产性服务业统计分类（2019）》	《国民经济行业分类》代码	对应《国民经济行业分类》门类
研发设计与其他技术服务	73-75	科学研究和技术服务业（73-75）
货物运输、通用航空生产、仓储和邮政快递服务	53-60	交通运输、仓储和邮政业（53-60）
信息服务	63-65	信息传输、软件和信息技术服务业（63-65）
金融服务	66-69	金融业（66-69）
节能与环保服务	74、75、77	科学研究和技术服务业（73-75），水利、环境和公共设施管理业（77）
生产性租赁服务	66、71	金融业（66-69）、租赁和商务服务业（71-72）
商务服务	72	租赁和商务服务业（71-72）
人力资源管理与职业教育培训服务	72、83	租赁和商务服务业（71-72）、教育（83）
批发与贸易经纪代理服务	51	批发和零售业（51-52）
生产性支持服务	05、11、53-56、61、81	农、林、牧、渔业（01-05），采矿业（06-12），交通运输、仓储和邮政业（53-60），住宿和餐饮业（61-61），居民服务、修理和其他服务业（80-82）

资料来源：《国民经济行业分类》（GB/T4754-2017）和《生产性服务业统计分类（2019）》。

（二）分工与层级分工

1. 分工

分工的概念最早是由 Adam Smith 提出的，他在 *An Inquiry into the Na-*

ture and Causes of the Wealth of Nations(1776) 一书中将分工描述为在未开化社会中单一个体独立承担的工作，在进步的社会中通常会分配给多个个体共同承担，而且生产某一完整产品所需的劳动往往会被多名劳动者共同分担。Smith 对分工概念的阐述还体现在以下几个方面。首先，分工是提高劳动生产率、促进经济增长的源泉，其中的原因主要有三种，分别是分工可以提高劳动者工作的熟练度、分工减少了工作过渡中产生的时间损失、分工有利于大量机器的发明创造；其次，分工出现的原因在于交换需求的存在，而这种交换需求则来源于人类互通资源、互相交易的本能，并且正因为分工始于交换，分工往往受到市场范围的制约。Karl Marx （1867）认为，分工是一种特殊的、有专业划分的、进一步发展的协作形式，原本由同一手工业者负责的一整套操作，转而分离为同一空间中不同手工业者分别负责的系统操作。从 Smith、Marx 两人关于分工的定义可以看出，他们对分工的理解基本类似，简单来说，他们都认为分工就是不同的操作交给不同的人来做，而 Young （1928） 则从专业化程度、生产链的迂回长度、生产链上每个环节中产品种类和数量的多少三个角度对分工概念进行了阐述，并且后来的学者将 Young 关于分工的理论概括为“杨格定理”，即收益递增的实现依赖于劳动分工的演进；不但市场大小决定分工程度，而且市场大小也由分工程度制约；需求和供给是分工的两个侧面。此外，也有学者从企业角度对分工的概念进行了阐述，Stigler （1951） 认为一个企业的经济活动包含许多职能，而分工的过程就是一个企业的职能逐渐分离并由其他专业化企业专门承担的过程。此外，Stigler 从产业生命周期角度对分工进行了阐述：当某一产业还处于发展初期，市场规模有限导致生产过程中的各环节规模相对较小，不足以支持独立的专业化企业，因此，大多数企业在该阶段承担了完整的生产环节，即企业参与从原材料生产到最终产品销售的整个生产过程；随着产业的成熟和市场规模的扩大，生产的各个环节逐渐发展到足以支持独立的专业化企业来承担，企业内部的分工逐渐演变为社会分工；然而，随着产业进入衰退期，市场规模缩小，各生产环节不足以支持独立的专业化企业来承担，各环节重新集中在同一企业内部，社会分工重新转化为企业内部的分工。

国内的相关学者也对分工的定义进行了阐述。盛洪 （1994） 认为分工就是两个或两个以上的个体或组织将最初包含在单一个体或组织的生产活动中的不同职能分开进行操作。此外，盛洪还总结了分工和专业化所呈现的五种不同的形态：部门专业化、产品专业化、零部件专业化、工艺专业化和生产服务专业化。不同于盛洪的观点，邹薇和庄子银（1996）将分工界定为一种生产性制度安排。他们认为分工并非仅涉及技术要素或投入形式，而是作为一项关键的生产性制度安排存在，以分工为基础的收益递增能够为经济的长期增长提供内在的持久的机制。此外，他们认为分工既具有直接产出效应，又具有间接制度效应，具体而言，分工的制度效应包括以下两个方面：首先，分工制度规定了各个投入要素的作用方式和程度；其次，分工制度决定了经济增长所处的状态。新兴古典经济学的代表杨小凯（2003）将分工界定为一种生产结构，这种生产结构是由基于各自特定约束且追求收益最大化的不同的微观经济主体所组成，并且在这些微观主体中至少有一个主体只生产一种产品，同时每个主体的生产结构是不同的，这种不同具体可以表现为每个经济主体所生产的产品种类和数量的差异。王建军（2008）认为分工是单一个体或某个经济组织将其现有的操作或职能的一部分（或全部）分成两个或两个以上不同的操作或职能的过程。他认为，分工应当从制度的层面来理解，需要同时考虑静态和动态两个层面：在动态层面，分工可以视为一种发展过程；在静态层面，分工是一种状态或水平。

2. 层级分工

层级分工的概念主要来源于城市圈理论，该理论认为城市圈是城市化从集聚效应发挥主导作用的阶段发展到集聚效应和辐射效应共同发挥作用的阶段的必然产物（宋大强，2017）。在城市圈不断发展的过程中，由于要素禀赋的自由流动、交通、人口、地理位置、历史传统以及政府政策导向等一系列原因，城市圈内部不同城市之间出现明显的功能和规模上的差异，进而形成城市圈层级结构，即不同城市之间会出现层级分工。在这一过程中，城市间生产性服务业随之呈现层级分工的特征。（雷振丹和陈子真，2019；王浩等，2017；邱灵，2013，2014；宣烨和余泳泽，2014；Connor and Hutton，1998；Illeris and Sjoholt，1995）。

层级分工的具体概念正是由宣烨和余泳泽（2014）在城市圈相关理论基础上首先提出的，他们认为层级分工指的是生产性服务业的专业化程度和市场范围的大小与它们所布局的城市在城市圈等级序列中的排位是相对应的，不同等级与支配力的城市对应不同层级的生产性服务业。而导致生产性服务业层级分工的原因是多方面的，既有不同层级生产性服务业自身需求的原因，也有不同等级城市供给能力的原因。具体来说，城市圈中高等级、强支配力的核心城市借助自身丰富的高素质人才、知识、信息、政策以及广阔的市场等资源优势，同时通过高地价、高租金、高劳动力成本等带来的高经济活动成本门槛的限制，吸引如金融、法律、咨询等高端生产性服务业来此布局；而城市圈中低等级、弱支配力的中小城市虽然存在高等级人才相对缺乏、信息滞后、市场规模相对较小等缺点，但其具备租金低、廉价劳动力丰富等优势，能够吸引邮电、仓储物流等低端生产性服务业来此布局。从生产性服务业的行业特性来说，与低端生产性服务业相比，高端生产性服务业服务半径大、服务对象多、由知识和技术驱动、产业附加值高，能够更好地带动一个地区的经济发展。因此，基于不同等级城市之间的优势和不同层级生产性服务业的行业特性，形成了高端生产性服务业在核心城市布局，低端生产性服务业在中小城市布局的现象。

在宣烨和余泳泽提出层级分工的具体概念之前，其他学者已经对城市圈的层级分工现象进行了研究，并得出了类似的结论。在国外，学者们将国外的生产性服务业的层级分工发展阶段分为三种：第一阶段是在20世纪60年代，生产性服务业以中心商务区为中心进行布局；第二阶段是在70年代，生产性服务业在美国、西欧等发达国家和地区的大城市内部逐渐扩散；第三阶段是在80年代之后，在郊区等城市边缘地区形成了新的办公中心，并且与中心商务区表现出明显的分工（Coffey et al.，1996；Airoldi et al.，1997；Boiteux-Orain and Guillain，2004；邱灵，2013）。除了传统的地域分工以外，Massey（1979）还强调企业内部存在区域间职能分工问题。第一种空间分工，主要表现为产业空间的专业化，即只专注于本地区内最适应生产要求的产业，如钢铁、煤矿、纺织、造船、电子、服装的空间分工。第二种空间分工则是同一个产业、同一个资本在空间中的分工，这种分工模式最初是企业为了降低劳动力成本而进行的区位战略选择，例如将生产部门搬到劳动力资源丰富的地方，负责研发和管理的公司总部则位于大城市，这就形成了一种“总部—分厂”的经济模式。在这种模式下，企业的研发、管理和生产出现了空间上的分隔和明显的层级划分，并且伴随着进一步的分工空间化，每一层级的劳动分工逐渐出现了区域聚集现象，同时这种分工加剧了地区之间的不平衡。而对生产性服务业的层级分工研究，James 和 Harrington（1995）认为城市之间的规模和功能差异以及各城市的不同特点会导致城市之间形成一种圈层级别的结构。具体而言，高等级的城市通常专注于提供专业化的服务，而低等级的城市则更倾向于提供一般性的服务。同样，Coffey（2000）发现生产性服务业的高度分散化正在发生，生产性服务业的承担总部功能的机构和高端生产性服务业位于相对靠近中心商务区的集聚区，而不是在边缘城市。并且在中心商务区聚集的企业往往具有以下两种特征之一：第一，以客户为导向，其主要市场是位于中心商务区的其他公司；第二，主要职能是公司管理，并选择中心商务区信息丰富、联系紧密的环境，以加强其对企业的控制。

在国内，对层级分工的研究则主要以不同的地区为研究载体，大部分研究地区集中在长三角、京津冀、珠三角等。对于京津冀城市圈，尹征和卢明华（2015）对京津冀地区各地级市的产业分工状况以及其发展状况进行系统测度与深入分析后发现，京津冀地区内各城市的产业结构正逐渐呈现趋异化的趋势。具体地说，北京在生产性服务业方面存在优势，天津在居民服务业和制造业领域具有相应的优势，而河北省内的大部分城市在电力、燃气及水的生产和供应领域都显示出一定的优势。对于长三角城市圈，周韬（2017）通过对长三角城市圈进行实证分析后发现，随着时间的推移和经济的发展，长三角城市圈内部的服务业的空间布局逐渐呈现与制造业发展趋势相反的特点，具体来说，服务业逐渐集聚于上海、南京、杭州等中心城市和次中心城市，而制造业则逐渐向外围区域聚集，这种产业格局的演变导致产业融合逐步加深，城市圈内部的空间分工也逐渐表现出明显的特点。刘胜等（2019）认为随着城市圈内部空间功能分工的发展，核心城市内部出现了要素价格上升而产品价格降低的现象，这将导致制造业企业不得不将生产制造环节转移至城市圈的外围地区，由核心城市承担生产性服务业中的中高端职能，其他城市承接转移来的一些中低端生产制造功能，使城市圈形成多层次、网络化的空间分工结构。此外，还有一部分学者研究了以省会城市为中心的城市圈，如张平和李秀芬（2010）以甘肃省城市圈为例，从分工角度出发，研究发现产业分工的程度和范围通常会直接对城市圈层级结构形成产生影响。

（三）产业集聚

产业集聚（Industrial Agglomeration）作为一种经济现象，在世界范围内广泛存在。比如，美国硅谷、好莱坞、底特律汽车城；法国的波多尔葡萄城；中国的南京生物医药产业集群、合肥智能电动汽车产业集群、深圳新一代信息通信集群等。

对产业集聚的研究，最早可以追溯到 19 世纪末，著名经济学家 Alfred Marshall 在其著作 *Principles of Economics* 中首次对这一现象进行了深入探讨。Marshall（1890）认为，产业集聚的本质就是性质相似的中小型企业聚集在一起，进行专业化分工与协作，以实现规模经济。但 Marshall 仅仅从产业之间的生产联系对产业集聚的概念进行阐述，忽视产业集聚所具有的地理特征。Alfred Weber 于 1909 年首次提出“集聚经济”的概念，他将集聚定义为企业与劳动力在空间内聚集的过程，集聚效应则是指这种空间集聚带来的生产成本下降的现象。同时他发现产业集聚发生的原因在于企业在地理上的聚集所带来的外部经济性，这种外部经济性使企业在集聚区域获得的利益相较于分散分布更加显著，因此企业愿意在特定区域集聚。在 Marshall 所提出的产业集聚理论基础上，Hoover（1936）认为产业集聚现象是在外部经济性和专业化的共同推动下产生的，此外，他还从规模经济、地方化以及城市化的角度，对产业集聚的原因进行了阐述。20 世纪 90 年代，以 Paul Krugman 为代表的新经济地理学派将地理因素融入经济学分析之中，他们认为产业集聚是企业规模报酬递增、运输成本和生产要素通过市场机制相互作用而产生的结果。Beaudry 和 Schiffauerova（2009）的研究表明，产业集聚对区域经济的发展起到了积极作用。这种产业集聚产生了规模效应，同时以技术外溢的形式刺激了地区内的创新活动，降低了创新成本，推动了区域经济发展。

国内很多学者也就产业集聚的定义给出了自己的理解。石培哲（1999）认为，在一定的地区空间内，同一种产业的互补、竞争关系使企业分布趋于集中化，构成一个上中下游环节完备、外围支持产业体系健全的有机体系的现象就是产业集聚。产业集聚中的企业最终成为区域经济发展的主要动力，这个有机体系具备高度的灵活性和机动性。王建刚和赵进（2001）认为产业集聚是指同一类型产业内的一群企业在地理上的集中分布，并且涵盖了一系列现象，包括但不限于相同地区的同类销售企业集中形成专业市场、生产类似产品的企业在特定地理区域内的聚集、上下游产业环节之间存在纵向联系的企业在空间上的集中等。魏后凯（2006）指出产业集聚本质上是特定产业在某一特定地理位置的集中分布，如现代服务业在城市中心集聚。

1. 服务业集聚

“服务业集聚”的概念由 Scott 在 20 世纪 70 年代初首次正式提出。他认为，外部联系和劳动力市场是推动服务业集聚的主要力量。国内外对服务业集聚的概念有不同的解释，目前尚未形成统一的定义。

在某个特定的地理空间，服务业相关产业要素不断集中，由此产生服务业集聚（梁琦，2009）。专业化集聚是指同一类型的服务业在某一地区集中发展，形成一定规模的产业集群。例如，某一城市的金融业、IT 业和咨询业可能会在同一区域内集中发展，形成专业化集聚区。这种专业化集聚有助于企业之间的合作与竞争，共享资源和经验，提高整体效益。多样化集聚则指不同类型的相关服务行业在某一地区集中发展，形成多样化的产业结构。例如，某一城市可能同时拥有金融、旅游、教育和医疗等各类服务业，这些行业在该地区形成了一个多样化集聚的服务业圈。多样化集聚可以提供更多的就业机会和经济增长机会，促进城市的发展和繁荣。

服务业的集聚可以分为五个阶段：导入期、成长期、成熟期、饱和期、衰退期。服务业在不同的集聚阶段选择不同的区域布局策略。当服务业集聚步入成熟期时，低成本的空间分散布局往往是首选项（Walker and Storper，1989）。但集聚过程中可能会出现一些不经济现象，例如产业拥挤和恶性竞争等，这将减少集群的收益，减弱集群的外部经济效应，甚至使其逐渐走向衰亡（Pandit et al.，2001）。诸多因素对服务业集聚的发展生命周期产生作用，其中典型的包括市场需求、产业政策和技术发展等。同时，区域发展与服务业集聚密切相关，某地区的经济增长和社会发展又会受到服务业发展水平和规模的积极影响。

服务业的发展是健全城市结构、有效提升城市综合竞争力的重要保障，尤其是生产性服务业的主导企业。服务业集聚的效益大于集聚成本使服务业持续发展壮大（Moyart，2005）。服务业集聚对推动地方经济发展、促进产业创新和提高竞争力都具有积极的作用。想要形成和发展符合地方特色的服务业集聚、提升区域经济实力，必须以合理的产业结构作为基础，对产业结构进行逐步优化（朱凯，2008）。服务业的集聚过程是复杂的，并且不同服务业的发展的主导因素不同。不同服务业对地区的敏感程度受到信息利用程度以及产品特性的影响，例如在中心地带，法律咨询、证券金融行业服务的集聚需求较大，而教育、社区服务等行业集聚需求相对较小（马静怡，2012）。我国服务业的集聚程度呈上升趋势，但是相较于经济合作与发展组织国家，仍然较低。我国服务业集聚程度相对较低，在空间上的集聚程度和企业的集聚程度相对较低。这可能与我国服务业的发展阶段和地区经济发展不均衡有关（李文秀和胡继明，2008）。

服务业集聚受到诸多因素的影响，劳动力市场和集聚的协同效应、溢出效应均会对集聚企业的区位选择产生影响（Shearmur and Doloreux，2008）。国内对服务业集聚的研究相对较晚，但已经开始运用定量方法研究相关问题。我国服务业的集聚程度呈上升趋势，并且服务业生产效率与集聚程度密切相关。服务业生产效率受到经济集聚程度显著的正向影响，另一个对服务业生产效率产生显著影响的因素是城市区位（胡霞，2007）。我国中西部地区的差异对服务业集聚程度产生影响。我国东部地区的服务业集聚水平相对较高，现代服务业和传统制造业集聚区域有所不同，部分服务业未出现集聚现象（杨勇，2008）。

2. 生产性服务业集聚

生产性服务业集聚现象可划分为专业化集聚与多样化集聚两种类型。专业化集聚是指同类企业倾向于在邻近区域集中，而多样化集聚则是指在某一区域内出现了多个领域的企业的集中，使该地区生产性服务业结构较为均衡（Duranton and Puga，2001）。为了应对经济环境的快速变化带来的不确定性，最大化降低风险，生产性服务业出现集聚现象（Senn，1993）。生产性服务业集聚就是生产性服务业在一定地理空间上的集中。Moulaert 和 Gallouj（1993）认为对集聚具有推动作用的是生产性服务业企业之间的不流动隐性知识以及其他专业知识的外溢。早在20世纪之初，就有一些国外学者开始研究产业集聚的形成机制与影响因素，他们普遍认为集聚的根本原因是外部经济性的获得与交易成本的降低（高运胜，2013）。

依据西方对服务业的分类，可以将其划分为生产性服务业、消费性服务业、分配性服务业以及社会性服务业，这四类服务业具有不同的集聚特点，而生产性服务业集聚程度一般较高（李文秀和谭力文，2008）。生产性服务业的集聚程度大于消费性服务业的集聚程度（Daniels，1985）。

国内学者对生产性服务业集聚现象的研究主要集中在对集聚现象的描述、统计分析、对经济发展等方面的影响。早期研究表明，不同类型的生产性服务业细分行业在空间分布上存在差异。一些行业由于其特殊性质或需求，更容易形成集聚效应，而其他行业可能受到市场竞争、资源分散等因素的影响，呈现分散分布模式（贾干荣，2006）。会计、法律、广告等生产性服务业更集中在大都市中心商务区，这是由人与人之间接触的自然需求和信息不确定性决定的（张勇，2012）。生产性服务业集聚依附于制造业周边，围绕制造业提供相应的服务。以外部规模经济和范围经济为基础，形成了以中心商务区为中心的圈层式专业集聚模式（苏晶蕾，2018）。生产性服务业集聚能够降低企业之间的交易成本，使产业发展获得成本优势，产生中心辐射效应，带来收益剩余，进而促进产业融合（唐珏岚，2004；刘军跃等，2014）。并且生产性服务业集聚受城市经济发展水平影响较大。

对生产性服务业集聚和城市经济效率关系的研究，有促进论和抑制论两种不同观点（张涛等，2022）。支持促进论的学者认为，生产性服务业集聚能够提升城市经济发展水平。因为生产性服务业集聚通过专业化分工合理分配生产性服务业行业内人力资本和技术知识资源，借助技术扩散和知识溢出效应，有效降低中间服务成本和交易成本。而支持抑制论的学者认为生产性服务业集聚并不能够促进经济增长，其对经济增长的影响是动态的。部分学者认为生产性服务业集聚对经济增长的影响呈非线性趋势，先促进后抑制。

起初有学者认为知识溢出、学习效应、创新欲望是促进现代服务业集群形成的三个重要因素（代文，2007）。随着生产性服务业集聚的发展，更多学者对其影响因素展开研究。从价值链的角度来看，外商直接投资需求、信息技术、城市等级等是对生产性服务业集聚产生驱动作用的主要因素（吴福象和曹璐，2014）。关键要素的创新可以优化特定产业集群中配套的体系化聚集模式，包括促进创新的政策支持和良好的交付互动创新氛围以及合理的激励机制。

3. 协同集聚

“十二五”以来，我国加快服务产品和服务模式创新，传统产业优化升级，先进制造业和现代服务业深度融合与协同发展是当前的热点话题。党的二十大报告提出要“推动现代服务业同先进制造业、现代农业深度融合”。生产性服务业集聚在制造业周围，两业之间的协同发展有助于产业结构升级和转型。

产业协同集聚的概念可以追溯到 1997 年，由 Ellison 和 Glaeser 提出，具体表述为兼顾产业水平联系和垂直互动关系，合理配置区域资源，是对产业集聚理论的深化。异质性产业在空间上集聚、协同定位是产业协同集聚的表现。事实上，异质性产业不仅能在空间上促使产业协同集聚，也能促进产业的耦合协调。其中，产业耦合协调指子系统之间相互促进，从无序到有序的转变过程（章润兰和刘明慧，2022）。协同集聚概念突破单一产业集聚的视角，认为产业在空间上的集聚不仅表现为单一行业集聚，还更多地表现为多个相互关联的异质性行业在产业和地理空间两大层面上重叠或者靠近的双向协调过程（陈良华等，2023）。基于产业集聚所产生的集聚经济效应促进了产业协同集聚的形成与发展，也推动了企业的技术升级与转型。协同集聚的类型主要分为两类：一类是由 Marshall 外部性所阐述的不同产业专业化集聚，另一类是由 Jacobs 外部性所指出的不同产业多样化集聚（钟韵和秦嫣然，2023）。

随着协同集聚定义的发展，大量文献对产业协同集聚的经济效益进行相关研究。一般认为产业协同集聚属于产业集聚的范畴，具有产业集聚的外部性。制造业与生产性服务业的联系更加紧密，二者在投入产出、垂直关联的链式生产服务模式下，逐渐渗透到彼此各环节，加速了要素流通，制造业与生产性服务业协同集聚的趋势更加明显（朱俏俏等，2023）。制造业和生产性服务业的协同发展可以表现为产业互动和空间协同，其核心是上下游生产链的融合发展。随着社会分工的不断深化，价值链的增值环节变得越来越多，原有的一些非核心的功能就会从制造业中分离出来，生产性服务业得到发展。当经济活动水平达到一定程度后，制造业和生产性服务业之间的协同发展逐渐进入生产性服务业驱动阶段（王小波等，2016）。在这一阶段，制造业和生产性服务业的关系更加紧密，交融程度越发加深。

两业协同集聚更多是在空间上对要素进行配置，通过知识溢出效应和规模经济效应等推动产业结构升级，有助于促进技术创新，能够为企业提供金融支持和技术支持，能通过专业化分工提高两业之间的生产效率，从而影响技术创新。产业协同集聚作为我国未来经济发展的重要趋势，通过两业协同并进的作战模式以及“1+1>2”的协同机制，不仅能够提高资源配置效率、提升经济发展质量（乌云图等，2023），还能促进区域经济协同发展、影响城市蔓延机制。

三 研究意义

（一）理论价值与意义

将区域层级分工和空间集聚纳入分析生产性服务业发展的理论框架，凸显了新的理论视角，具有明显的“集成创新”特质。本书将区域层级分工和空间集聚结合起来研究生产性服务业发展，在理论界较为鲜见。众所周知，主流经济学建立在“量—质对称”和“质—价对称”的基本假设之上，偏重对“高速增长”的“量”的研究，忽视“高质量发展”的“质”的维度，“质”往往成为经济研究中被抽象的因素，目前涉及生产性服务业高质量发展这一主题的文献较少。同时，自服务业集聚理论提出以来，大多数研究围绕服务业集聚形成的机理以及服务业与制造业之间的互动关系展开，已有研究多是单独从区域层级分工或空间集聚的角度来研究生产性服务业发展，鲜有文献关注生产性服务业层级分工过程中的空间集聚呈现的典型特征与形成机制，以及它们在生产性服务业发展中的地位和作用。因此，同时将区域层级分工和空间集聚纳入分析生产性服务业发展的理论框架，凸显了新的理论视角，是一种将区域分工理论、新经济地理学与服务经济学结合起来的理论构想和尝试，具有明显的“集成创新”特质。

（二）应用价值与意义

识别层级分工、空间集聚与生产性服务业高质量发展的内在联系，可为政府有关部门制定推进高质量发展政策提供经验参考。当前服务业已经成为我国经济发展的主动力和新旧动能转换的主引擎，但与发达国家相比，我国生产性服务业在“质”的方面还存在不小差距。在此背景下，追求高质量发展将成为我国服务业发展的主要趋势和基本方向。围绕本书的基本主题，展开系统的理论分析和实证研究，有助于正确理解和把握我国生产性服务业层级分工、空间集聚与高质量发展之间的动态演变关系，识别推动我国生产性服务业高质量发展的有效路径，为政府有关部门制定政策提供经验参考。

第1章　理论基础与文献综述

1.1　理论基础

1.1.1　产业分工相关理论

1.1.1.1　绝对优势理论

绝对优势理论，又被称为绝对成本理论、绝对利益学说，该理论从不同区域间生产成本的绝对高低的角度阐述了区域产业分工的产生与发展。绝对优势理论最早可以追溯到由英国古典经济学家 Adam Smith 于 1776 年发表的 *An Inquiry into the Nature and Causes of the Wealth of Nations*。绝对优势理论主要涉及国际贸易领域，Smith 主张在特定条件下，各国应当专注于生产其绝对优势领域的商品，然后通过贸易与其他国家交换这些商品，以最大限度地提高整体生产效率和财富水平。该理论的主要内容可以概括为：第一，不同国家或地区在生产商品时存在绝对优势，即生产某些商品对本国来说是更为有利的，绝对优势的来源可以是土地、气候、矿产之类的自然条件优势，也可以是技术进步、资金流入之类的获得性优势；第二，各国可以通过贸易往来受益，各国仅生产本国具有绝对优势的产品，然后使用这种产品去交易获得本国的劣势产品，并在贸易中获利。虽然绝对优势理论最初涉及国际分工，但是其所阐述的原则同样适用于对区域产业分工的研究分析。不同区域可以根据各自地区的绝对优势生产条件，进行专门化的产业分工，专注于生产本地区具有最低成本的产品。随后，这些产品在不同区域之间进行交换，从而实现资源和要素投入的最大化效益，进而促进区域经济的发展。但由于 Smith 的绝对优势理论是基于完全竞争市场的假设，这在现实的社会经济中往往是不成立的，并且绝对优势理论无法回答一个不具有绝对优势的国家如何才能参与国际贸易，因此绝对优势理论存在一定的局限性。

1.1.1.2　比较优势理论

绝对优势理论认为产生国际贸易的基础是各国存在有别于他国的绝对优势，而 David Ricardo 的比较优势理论进一步发展和完善了这一观点。David Ricardo 在 1817 年出版的 *On the Principles of Political Economy and Taxation* 一书中提出了比较优势理论。比较优势理论的根本思想是国际贸易中各国在生产中的相对成本差异将成为贸易决策的决定性因素。简单来说，该理论认为一个地区在生产某种商品方面具有比较优势，就可以对该类商品进行专业化生产，将更多的生产要素和优势资源倾向该产品的生产过程，同时，对那些具有比较劣势的产品，主要采取进口的方式获得。Ricardo 用著名的纺织品与葡萄酒的例子对比较优势理论进行了阐述。在这个例子中，A 国和 B 国代表了两个具有不同生产能力和资源禀赋的国家。对 B 国来说，A 国在葡萄酒和纺织品的生产上都更具有绝对优势，但其生产葡萄酒比生产纺织品的效率更高。B 国虽然在葡萄酒和纺织品的生产上相对而言都处于绝对劣势，但 B 国在生产纺织品时的效率比其在生产葡萄酒时的效率更高。那么基于比较优势理论，A 国在葡萄酒生产方面具有比较优势，应专业分工生产葡萄酒，而 B 国则在纺织品生产方面拥有比较优势，应专业分工生产纺织品，并且两国通过国际贸易可以实现资源的最优配置，从而使双方获得更多的产品，提高消费者福利，促进经济增长。基于该理论，区域分工的基础不再局限于生产成本的绝对差异，只要不同地区生产成本存在相对差异，那么各地区便可以实现专业化分工，生产不同的具有比较优势的产品，并且通过区域之间的合作推动区域经济的发展。当然，由于比较优势理论也是建立在自由贸易的基础上的，因此也受到一些学者的质疑。

1.1.1.3　要素禀赋理论

要素禀赋理论，又称赫克歇尔—俄林理论、H—O 理论。该理论的基本论点最早由 Eli Filip Heckscher 在 1919 年发表的 *The Effect of Foreign Trade on the Distribution of Income* 中首先提出，后来他的学生 Bertil Ohlin 继承了该观点，并于 1933 年出版的 *Interregional and International Trade* 一书中系统阐述了要素禀赋理论。无论是 Adam Smith 的绝对优势理论，还是 David Ricardo 的比较优势理论，都没有对各地区为什么在生产某种产品中会具有比较优势做出解释，而要素禀赋理论用生产要素的丰富程度对此进行回应。该理论将区域之间的分工和贸易与生产要素禀赋紧密地联系在一起，认为区域之间分工和贸易出现的原因主要在于各个区域在生产要素的相对丰富程度上存在差异，这也是劳动生产率和生产要素的相对价格产生差异的决定因素。此外，要素禀赋理论认为在拥有相当技术水平的不同地区使用相应生产要素生产相同产品时，由于其生产要素的相对丰富程度不同，各地区产品价格会呈现一定的差异。因此，生产要素的相对丰富程度不同是区域之间分工和贸易的首要前提。各地区应当充分利用本地相对丰富的生产要素来生产相应产品，对使用自身相对稀缺要素生产的产品主要采用贸易的方式获得。要素禀赋理论也深入研究了国际贸易的问题，认为国际贸易或区域贸易的根本动因在于商品价格的差异，即商品在不同地区的价格不同，从而导致在一般情况下商品从价格较低的国家输出到价格较高的国家。因此，在要素禀赋理论的框架下，在区域分工中，本区域应该专业分工生产那些较为集中地使用本区域较为丰富的生产要素的产品，通过市场交易获得本区域较为稀缺的生产要素生产的产品，实现更为合理的区域产业分工，比如劳动力资源丰富的地区应当生产并出口劳动密集型产品而去进口那些资源密集型产品、资本密集型产品等。

1.1.1.4 产品生命周期理论

产品生命周期理论是对比较优势理论与要素禀赋理论的进一步发展，该理论最早是由美国经济学家 Raymond Vernon 于 1966 年发表的 *International Investment and International Trade in the Product Cycle* 一文中提出来的，Vernon 认为产品的发展类似于人的生命周期，经历着从诞生到成长，再到成熟，最终走向消亡的过程。具体来说，Vernon 将产品生命周期划分为三个阶段：产品创新阶段、产品发展阶段、产品成熟阶段。处于不同阶段的产品，其生产的优势区域也不同。在产品创新阶段，因为新产品对知识、技术的要求较高，所以往往被能够提供大量研究与发展投入和高素质劳动力的区域垄断生产，并且该阶段的产品市场也尚未开发。在产品发展阶段，随着技术的不断扩散和最优生产工序的形成，产品生产逐渐标准化，成本因素成为市场竞争的重要手段，因此新的生产地开始由高梯度区域向低梯度区域转移。在产品成熟阶段，产品实现标准化，市场竞争更加激烈，产品由技术密集型转变为劳动密集型，产品生产从创新区域转移至劳动力密集的区域，并且原创新区域逐渐退出，开始新一轮的产品生命周期。

1.1.1.5　国家竞争优势理论

国家竞争优势理论，又称竞争优势理论、波特钻石模型。该理论由美国哈佛商学院著名的战略管理学家 Michael E. Porter 于 1990 年在其发表的 *The Competitive Advantage of Nations* 中提出。该理论认为一个国家产业竞争优势主要取决于四个关键要素和两个辅助要素。四个关键要素分别为：第一，生产要素，具体可以划分为两类，一类是初级生产要素，主要是指只需简单投资或者通过被动继承即可获得的资源，如自然资源等，另一类是高级生产要素，是指需要在人力和资本前期大量且持续性投资下才能获得的资源，如高等教育人才等，并且高级生产要素日益重要；第二，需求条件，指的是国内的需求状况对国际竞争力的影响，国内需求市场规模对产业规模经济的形成有促进作用，进而形成该国在特定行业的国际竞争优势，同时国内消费者对产品档次的需求会倒逼企业对产品进行创新、升级和优化，提高产品的质量和国际竞争力；第三，相关和支持性产业因素，通常指的是该产业的上下游产业，一个优势产业不会单独存在，相关和支持性产业与其息息相关，也是优势产业能否取得持续竞争优势的关键；第四，企业战略、企业结构和同业竞争，这指的是企业的组织架构、战略规划等决定了企业的国际竞争优势，并且国内的市场竞争会促进企业进行技术迭代和创新，进而在国际竞争中获得优势。这四大要素构成了国家竞争优势理论的基础。两个辅助要素分别为政府行为和发展机会，机会是无法控制的，政府政策的影响是不可忽视的。

1.1.2　区域空间结构相关理论

1.1.2.1　核心—边缘理论

核心—边缘理论是由美国经济地理学家 John Friedmann 于 1966 年出版的 *Regional Development Policy* 一书中首先提出来的，并且在 1969 年出版的《极化发展理论》中，Friedmann 进一步将核心—边缘理论归纳为一种普遍适用的，主要用于解释区际或城乡之间非均衡发展过程的理论模式。Friedmann 对空间经济系统的构建提出了看法，他指出，一个完整的空间经济系统通常由核心区和边缘区共同构成。在这一系统中，核心区经济发达，主导着边缘区的经济发展，而边缘区则较为落后，依赖核心区来推动自身经济的发展。核心—边缘理论将区域空间结构的演变划分为四个阶段。第一阶段是前工业化阶段。在此阶段，社会生产力水平低下，经济结构中占据主导位置的是农业，社会经济发展水平不高。各地区的经济发展水平相对接近，彼此之间的经济联系较弱，区域等级结构不能被明显区分，空间结构相对均衡但无序。第二阶段是工业化初级阶段。随着社会生产力的提高，社会分工深化，地区间频繁进行经济往来，部分具有区位优势的地区成为区域经济增长的核心区。在此过程中，原有的均衡但无序的空间结构被打破。同时核心区凭借自身的优势地位，不断将边缘区的自然资源、劳动力等各种资源聚集，从而形成更显著的发展优势。核心区与边缘区之间差距也由此逐渐扩大，区域空间结构呈现不均衡的特征。第三阶段是成熟工业化阶段。在此阶段，区域空间结构变得复杂且有序。区域经济核心区不断发展，经济范围扩大，区域内涌现出其他不同规模、不同等级的新兴核心区，相应出现多样化的新兴边缘区。第四阶段是后工业化阶段。在此阶段，空间结构相对均衡，区域内部结构逐渐实现一体化。各种生产要素从核心区流向边缘区，也能从边缘区流回核心区，各地区间的联系日益紧密，核心区与边缘区之间的经济差距不断缩小，边缘区的规模也逐渐扩大，达到与核心区相近或相同水平。

1.1.2.2 梯度转移理论

梯度转移理论最初起源于 Raymond Vernon 在 1996 年提出的产品生命周期理论，随后，大量学者运用产品生命周期理论来研究和探索区域经济问题。在解决这些问题的过程中，他们逐渐丰富并完善了梯度转移理论。梯度转移理论认为产业部门可以被划分为三种，分别为兴旺部门、停滞部门和衰退部门。结合产品生命周期理论，这三类产业部门对应产品生命周期的不同阶段，兴旺部门对应产品处于创新到发展的阶段，停滞部门对应产品位于发展到成熟的阶段，衰退部门对应产品处于成熟到衰退的阶段。一个地区的经济发展水平与其产业结构密切相关，特别是与主导产业部门的发展阶段有关。该理论提出，创新活动是区域发展梯度的决定性因素，如果一个地区的主导产业部门是处于创新到发展的阶段的兴旺部门，那么该地区具有较大的经济发展潜力，可被视为高梯度区域。相反，如果主导产业部门属于衰退部门，则该地区属于低梯度区域。城市体系中的梯度转移现象可以分为两类：一类是由核心城市转移至周边城市；另一类是从发源城市逐步向次等级、三级城市转移，直至实现区域全覆盖。梯度转移理论为区域发展提出建议，让具有较高创新水平的经济发达地区实现优先发展，然后通过转移产业、技术、劳动力等要素推动经济欠发达地区发展，从而实现区域经济的共同增长。

1.1.2.3　圈层结构理论

圈层结构理论最早由德国农业经济学家 Johann Heinrich von Thünen 在 1826 年出版的 *Der isolierte Staat in Beziehung auf Landwirtschaft und Nationalökonomi* 中提出。这一理论主张城市居于区域经济发展中的主导地位，并与周边地区存在紧密的联系。然而，其对区域的影响受到了空间相互作用的“距离衰减”法则的制约，从而促使区域空间结构呈现以城市为中心，以圈层状空间分布逐步向外发展的特征。圈层结构理论的演化经历了三个阶段。第一阶段可以追溯至 1826 年，Thünen 首次提出了圈层结构理论，他认为城市周围的农业经济布局会以城市为中心，形成向心状的环带式分布，具体而言，从市中心向外，包括自由农作区、林业区、轮作农业区、谷草农作区、三圃农作区和畜牧区。这种圈层式空间结构模型后来被学者称为“杜能环”。第二阶段出现在 1925 年，城市地理学家 B. W. Burgess 对 Thünen 的理论进一步完善，并提出了“同心圆法则”。这一法则描述了城市中心区域自市中心向外呈同心圆状的有序分布，包括中心商业区、过渡区、工人阶级住宅区、中产阶级住宅区和高级或通勤人士住宅区。Burgess 认为这一模式代表了城市土地利用的理想结构。第三阶段发生在 20 世纪 50 年代之后，由狄更生和木内信藏分别对欧洲和日本的城市进行研究，提出了城市地域分异的三地带学说。他们认为，城市中心地带、城市周边地带和市郊外缘的广阔腹地有序排列，从市中心向外逐渐延伸，组成了大城市圈层的主要部分。其中，城市中心地带代表城市活动的核心；城市周边地带则主要负责日常生活领域，包括工作、通信和购物等；而市郊外缘则是城市中心地带、城市周边地带向外扩展的广大地区，也可称为远郊区。圈层结构理论对城市圈层进行了划分，由城市中心到外围依次划分为内圈层、中圈层和外圈层，并且各个圈层呈现独有的特征。内圈层位于城市中心或城市核心区域，具备明显的城市化特征，主要承载高附加值产业，以第三产业为主导，商业、金融和服务业密度较高，同时这一圈层的人口密集且建筑物林立。中圈层位于城市边缘，充当中心城区与乡村之间的过渡地带，呈现半城市半农村的状态，以来自中心城区转移出的第二产业为主，居民和建筑物密度相对较低。外圈层则位于城市的辐射影响区域，以第一产业为主导，农业活动在该经济系统中具有明显的优势地位，该圈层的人口和建筑密度较低。

1.1.2.4 中心-外围理论

中心-外围理论最早是由阿根廷经济学家 Raúl Prebisch 在 1949 年撰写的《拉丁美洲的经济发展及其主要问题》中提出的。他观察到在国际经济体系中存在两个主要组成部分：一部分是中心国家，这些国家通常是经济高度发达的国家；另一部分是环绕中心国家的外围国家，主要由发展中国家构成。然而，中心国家和外围国家在国际经济体系中的地位是不平等的。中心国家通常是科技的创新者和传播者，而外围国家则更多地扮演科技的吸收者和模仿者的角色。中心国家的主要产出和出口产品通常是成品，而外围国家则更多地从事初级产品的加工和制造。在整个全球体系中，中心国家占据主导地位，而外围国家则处于次要地位。1991 年，Paul Krugman 将中心-外围理论引入区域经济研究当中。Krugman 提出了规模报酬递增、垄断竞争以及冰山成本假设。他认为，在初始状态下，人口分布呈现分散的形式，然而随冰山成本下降，人口开始迁移，从而引发工业生产的集聚。这种产业空间集聚会带来内部和外部的规模经济。内部规模经济表现为企业共享劳动力和中间投入品，从而降低了企业的交易成本。同时，知识溢出现象会刺激企业的生产效率提升，规模经济的存在进一步吸引更多企业集聚，这形成了一个循环的积累过程，城市规模不断扩大，形成了内生于经济体系的正反馈机制。然而，随着城市规模的持续扩大，城市中心的运营成本不断上升。因此，在城市发展的后期阶段，产业可能会向周边地区转移和扩散。在这个动态演进过程中，中心-外围的产业结构也逐渐形成。同时，Krugman 认为中心-

外围的结构会通过“本地市场效应”、“价格指数效应”和“市场拥挤效应”三个渠道发挥作用。前两种效应的合力形成聚集力，它有利于厂商和消费者在地理上集中，并且相互促进；后一种效应则形成离心力，促使厂商在地理上分散。其中“本地市场效应”是指当城市规模较大时，企业之间可以共享劳动力、原材料和中间投入品，企业生产成本和贸易成本得以降低，进而吸引更多企业迁入，进一步扩大城市规模。“价格指数效应”是指企业集聚发生的地方，产品的多样性和差异化程度高，可以更好地满足消费者的需求，该地区的价格指数就低，从而吸引更多劳动力迁入。而“市场拥挤效应”是指企业的空间集中导致该地区成本提高，企业一方面承担高昂的成本，另一方面面临激烈的竞争，因此会产生向外围城市分散的趋势。

1.1.3　产业集聚相关理论

1.1.3.1　外部性理论

1890 年，Alfred Marshall 在 *Principles of Economics* 一书中首先对产业集聚现象进行研究。他对产业集聚的思想和理论主要体现在以下几个方面。

首先，Marshall 提出了外部性理论。Marshall 认为可以把任何一种产品的生产规模之扩大而产生的经济分为两种。一种是依赖于整个产业协同发展、产业链完善、生产规模扩大所产生的外部经济。这种经济模式主要得益于产业内部的规模效应和集聚效应，使企业能够从整个产业链的优化中获得更大的收益。另一种则是依赖于从事该产业的个别企业的资源投入、组织管理和经营效率所产生的内部经济。这种经济模式主要得益于企业的自身实力和经营策略，企业通过提高生产效率、优化资源配置、创新经营模式等手段，实现生产成本的降低和收益的提高。外部经济和内部经济相互联系、相互促进。外部经济的发展可以为企业提供更好的发展环境和平台，促进企业内部的组织和管理变革，提高企业的经营效率；而内部经济的发展则可以为企业带来更多的收益和竞争优势，进一步推动整个产业的发展和壮大。

其次，基于外部性理论，Marshall 认为生产或销售同一产品的企业在某一区域集中分布时，会产生劳动力、生产设备、原材料的高利用效率，并且这种高利用效率远超分散时期企业的利用效率。这种高利用效率形成了外部规模经济，促使产业集聚，Marshall 将产业集聚的地区称为“产业区”。此外，Marshall 认为产业集聚的具体原因在于以下三个方面：第一，劳动力蓄水池效应，就劳动力而言，Marshall 认为产业的集聚可以形成具有某种特定生产技能的劳动力的市场，在降低工人失业率的同时，降低了企业劳动力短缺的可能性，并且有效降低企业的劳动力获取成本；第二，中间投入品共享效应，产业集聚有助于促进相关企业之间中间投入品的共享，这不但可以低成本共享非贸易的专业化投入品，而且可以节约运输成本；第三，知识溢出效应，产业集聚通过加强产业链上下游之间的联系，降低集聚地区的企业之间的交流成本，有利于发挥知识和技术的溢出效应，带动企业的技术水平和区域创新能力的整体上升。

1.1.3.2 工业区位理论

Alfred Weber 是工业区位理论的创始人，他在 1909 年出版的 *Theory of the Location of Industries* 一书中首先提出了工业区位理论。Weber 认为，在决定工厂的理想位置时，运输成本、劳动力成本以及集聚经济效应是关键因素。这意味着企业在选择工厂的所在地时必须全面考虑这些因素。运输成本包括将原材料、设备和产品从一处运输到另一处所产生的费用。如果工厂的位置与原材料来源或市场距离较远，那么运输成本可能会成为一个重要的考虑因素。劳动力成本是指员工工资和相关的劳动成本，这通常是一个工厂运营的重要因素。劳动力成本不仅代表着支付给员工的薪酬，还包括与员工相关的所有成本。集聚经济效应则是通过集中生产活动降低成本、提高效率所产生的经济效益。这种经济效益可以通过集中生产活动来实现，例如共享资源、提高生产线的效率等。Weber 指出，集聚经济的根本动力在于实现成本最小化。通过集中生产活动，企业可以降低生产成本、提高效率，从而获得更大的利润。Weber 认为，产业集聚的核心特征在于工业企业在特定地理区域内密集分布，并且他强调实现这种集聚至少需要满足以下条件：首先，企业之间必须依赖内部和外部的多种联系和互动；其次，这种集聚必须达到一定的规模。

Weber 认为，集聚的发展可以划分为两个主要阶段。在第一个阶段，企业的规模扩大激发了集聚的需求，这导致了生产的集聚。在这个阶段，企业开始聚集在一起，以共享资源和基础设施，从而产生一定的经济优势。然而，这个阶段的集聚主要基于企业的自我需求和利益，缺乏组织性和合作性。在第二个阶段，企业通过建立相互联系的组织实现了集聚，通过分工合作和共享基础设施，进一步扩大了集聚的优势。在这个阶段，企业之间形成了紧密的合作关系，共同创造价值，并实现了共同发展。这种集聚不仅带来了经济效益，还产生了社会效益，推动了区域经济的发展和社会的和谐稳定。

Weber 将产业集聚的形成因素归结为以下几个方面。首先，技术设备的不断进步推动生产过程趋向专业化，而这种专业化的生产部门对产业的集聚提出了要求。随着技术设备的不断更新和生产技术的不断进步，生产过程逐渐趋向专业化，每个生产环节都变得更加精细和高效。这种趋势使生产部门对相关产业的集聚产生了强烈的需求。为了更好地利用专业化的生产设备和技术，生产部门需要与其他相关产业进行合作，形成产业集聚，以实现更高效的生产和更紧密的合作。其次，高度分工的劳动力需要高灵活性的劳动力组织，这种组织形式的确立有助于促进产业集聚的形成。随着产业的发展和生产规模的扩大，劳动力分工也变得越来越精细。员工需要专注于自己的专业领域，以提高生产效率和质量。这种高度分工的劳动力组织需要高灵活性的劳动力管理，以确保员工能够及时调整自己的工作状态，适应生产变化。这种组织形式的确立有助于促进产业集聚的形成，因为不同的产业之间需要更紧密的合作，以确保整个生产过程的顺利进行。集聚有助于形成市场化的组织结构，批量采购和销售降低了生产成本，同时提高了基础设施的有效利用率。产业集聚地区的企业可以共同使用基础设施和公共服务，如物流、交通、信息网络等，从而降低企业的运营成本。同时，批量采购和销售有助于降低企业的生产成本，提高企业的竞争力。这种市场化的组织结构有助于促进产业集聚的形成，因为企业之间的紧密合作可以带来更多的商业机会和收益。

1.1.3.3 新经济地理理论

在 Dixit-Stiglitz 模型的基础上，Paul Krugman 在 1991 年发表了 *Increasing Return and Geography of Economics*，创建著名的中心-外围理论模型，这标志着新经济地理学的诞生。规模报酬递增和冰山成本是新经济地理学派在对产业集聚进行解释时的主要思想（陈建军等，2009）。

首先是规模报酬递增。新经济地理学认为消费者的多样性需求偏好和中间投入品的多样性需求会引起规模收益递增（陈建军等，2009），即产品或行业的净收益的增长速度超过其生产规模的扩大速度的现象或状态。消费者的需求偏好呈现多样性的特点，这种多样性不仅体现在不同消费者对同一种产品的需求偏好不同，还体现在同一消费者对同一产品的需求偏好也会随着时间和环境的变化而变化。这种多样性越强，意味着消费者对产品的需求偏好差异越大，企业需要生产更多的产品来满足不同消费者的需求偏好。因此，企业的生产规模需要相应扩大，以充分利用其生产能力，从而获得更多的收益。同时，这种需求偏好多样性也会导致市场竞争更加激烈。因为当消费者对产品的需求偏好差异越大时，企业之间的竞争就会越激烈。为了在市场竞争中获得优势地位，企业需要不断提高生产效率、降低成本、提高产品质量和服务水平等。这些都需要企业进行规模报酬递增的生产活动，以实现可持续发展。当最终产品涉及多种中间投入品时，在中间投入品的制造过程中每增加一个单位的生产要素，将给最终产品带来超过一倍的产出增长。在这种情况下，增加生产要素可以带来更大的产出增长，这是因为中间投入品的制造过程需要多个生产要素的配合，其中一个生产要素增加，会促进整体生产效率的提高，进而带来更大的产出增长。这也就说明，中间投入品的存在使企业规模扩大而生产成本降低（陈建军等，2009）。

其次是冰山成本。区域之间的交易费用与运输成本相互联系，降低运输成本可以有效地降低交易费用。这种降低可以带来一系列好处，包括增加区域间贸易量、促进经济发展以及增强企业竞争力。当一个地区的开放程度越来越高时，该地区的产业可能会因为集聚力的增强而逐渐集聚。然而，这种集聚的过程并不是平稳的，而是可能在某个时刻突然发生，这是因为当集聚力超过分散力时，产业会突然开始向该地区集聚。当一个地区的产业开始集聚时，该地区的“本地市场效应”和“价格指数效应”也会被放大。这种放大效应会吸引更多的产业向该地区集聚，从而形成一种累积循环的因果关系。如果一个地区的运输成本较低，那么该地区的产业会更容易地集聚并保持稳定。较低的运输成本可以降低产业的运营成本，从而使产业在该地区更有竞争力。

1.1.4　协同集聚相关理论

1.1.4.1　产业关联理论

1906 年，美国经济学家 Wassily Leontief 开创性地提出了产业关联理论。1941 年，他发表了《美国的经济结构，1919—1929》，系统阐述投入产出理论的基本原理及发展，产业关联理论正式诞生。产业关联是指在经济活动中某产业与其他产业之间的关系。该理论借助投入产出表进行产业关联分析，对产业在生产、交换、分配之间进行定量分析，通过感应度系数和影响力系数，对产业技术优化、结构调整和转型进行研究，从而促进各产业间协同、健康发展。1953 年以后，产业关联理论步入动态化、最优化和应用多元化等新的发展时期。Hermann 于 1958 年提出前向关联和后向关联理论，产业关联一般有前向关联、后向关联。前向关联是指企业与其上游供应商或者生产商之间的关联，后向关联是指企业与下游分销商或者消费者的关联。在产业链中负责提供原材料和生产中间产品的部门称为后向部门，生产终端产品的部门称为前向部门。

生产性服务业与制造业协同集聚通过投入产出关联这一重要机制对产业结构合理性产生影响（刘宏霞，2020）。随着市场规模扩大，社会分工不断深化，要素资源流动加速，产业之间形成更加紧密和广泛的产业关联，产业关联通过产品市场和要素市场之间的供求形成相互促进、相互制约的关系。在社会生产过程中，原材料、设备、能源和劳动力等要素将产业连接在一起，任何产业都无法摆脱其他产业带来的影响。每个产业既是供给方，又是需求方，拥有双重身份。某一产业的生产需求增加，产业进行扩张，其他产业也会被带动进行直接或间接的物质交换。产业关联能够影响产业专业化分工、纵向产业关联度、产业组合中相关和不相关品种（刘阳等，2022）。

产业联动是集聚分工和产业协同集聚的基础，是一种为追求某一共同目的或利益而表现出的动态行为过程。产业联动是以产业关联为基础，促进产业链同一环节或不同环节的企业之间进行产业协作，形成价值链增值的过程，同时不同区域、产业链不同环节、企业间打破资源配置原有的界限，在产业之间产生较好的协同效应，提高产业链的工作效率（吕涛和聂锐，2007）。

1.1.4.2 产业协同理论

20世纪70年代，德国著名物理学家Hermann Haken创设了一门新的交叉学科——协同学，主要研究许多子系统的联合作用，以产生宏观尺度上的结构和功能，研究开放系统如何通过内部子系统之间的协同，交换外界的物质或者能量，从而由不稳定的无序状态转变为稳定的有序状态（刘冰等，2019）。协同效应是一种集体效应，由组成这个开放系统的子系统之间通过相互协调和配合而产生。协同作用是系统转变为稳定的有序状态的内驱力。

协同理论认为尽管各种系统的属性不同，但是在整个环境中，各系统间存在着既相互影响又相互合作的关系。其中包括通常的社会现象，例如在不同企业、不同单位、不同部门之间的配合协作、约束与竞争。由协同理论的内涵可知，该理论主要研究的对象是复杂、开放的子系统，并且这些子系统之间存在着相互影响、相互关联的关系。由此，产业协同也是一个复杂、开放的多元素系统，各个子系统之间通过产业关联进行配合、协作，或是通过“外部交易内部化”“内部交易外部化”等途径产生协同效应，形成协同竞争优势。

产业协同可以通过其特有的优势吸引人力资本和各种资源配套服务，在生产性服务业集聚视角下，随着制造业产业链的延伸，将吸引更多的相关产业甚至不同产业集聚，扩大地区产业规模。产业间和产业内部在生产、销售、运营和技术等方面相互配合、相互协作，通过规模报酬递增效应、竞争效应、知识溢出效应促进知识水平不断提高和创新能力不断增强，促进企业优化升级，实现“1+1>2”的协同效应。

1.1.4.3 价值链理论

价值链理论由Michael E. Porter于1985年提出，主要针对企业竞争优势源泉进行分析。Porter认为企业创造的价值产生于一系列的企业生产活动中，这些活动可以分为基本活动和辅助活动两大类。基本活动是涉及产品的物质创造、销售和售后服务的各种活动，包括物料、生产、后勤、销售、服务等；辅助活动是辅助支持基本活动，通过采购、开发、人力资源管理、基础设施保障等支持基本活动，这些活动分工明确、相互配合，共同实现了企业的创造价值。

在价值链理论提出的近40年里，许多学者和企业家对价值链理论进行了大量的实践研究，并且对价值链理论进行了延伸，其中Peter Hines在Porter的价值链理论上进行了重新界定，在价值链模型中加入了顾客需求和原材料供应商，使价值链由企业内部延伸到企业外部。随着科技的发展，网络和电子信息技术发展迅速，虚拟价值链的概念应运而生，其将实物价值链以信息的形式反映在虚拟的信息世界中。随后，美国的David Bovet、Joseph Martha等人在《价值网：打破供应链，挖掘隐利润》一书中提出价值网理论。价值网是一种动态网络，主要包括供应商、消费者、合作企业和它们之间的信息流动与交互。

价值链包含上游的制造商和供应商、下游的分销商和消费者，不同要素之间相互衔接，促进信息共享，优化资源配置，形成价值系统。价值链包含内部价值链和外部价值链。内部价值链是企业的基本活动和辅助活动创造企业价值的过程，外部价值链则联系了供应商、经销商以及竞争对手。制造业内部价值链延伸使服务业成为新的价值增值过程。随着社会分工的深化，由同一企业负责从生产到售后全过程价值链的经营模式被打破，一些企业也从制造业中被分离出来，专门从事为制造业服务的生产性服务业。生产性服务业企业也会承担制造业企业的外包服务，由此形成独立的价值增值过程。

1.2 文献综述

1.2.1 生产性服务业发展

在生产性服务业的发展进程中，出现了生产性服务业的空间集聚与层级分工。生产性服务业集聚可划分为专业化集聚、多样化集聚两种。其中，专业化集聚表现为同一产业领域内同类企业在特定区域的高度集中；而多样化集聚则是指城市产业结构相对丰富，生产性服务业内部结构较为均衡（Duranton and Puga，2001）。层级分工是指在生产性服务业中，各个城市的专业化程度和市场覆盖范围与其在城市等级序列中的位置相对应。这种分工可以根据城市的支配力来划分不同层级的生产性服务业（宣烨和余泳泽，2014）。具体而言，高等级、强支配力的城市往往拥有更广泛、更专业化的生产性服务业，包括金融、法律、咨询等领域；而低等级、弱支配力的城市可能只能提供一些基础或局部的生产性服务。随着经济全球化和信息技术发展，层级分工在当今社会变得越来越重要。各个城市之间通过合作与竞争形成了一个复杂而多样化的网络结构，在这个网络中，每个城市都扮演着特定角色，并为整个系统提供独特价值。生产性服务业发展对制造业效率、城市经济、城市化发展以及生态环境产生巨大影响。

1.2.1.1 生产性服务业发展与制造业效率

虽然学术界对生产性服务业的定义和划分尚无定论，但对其特性的认识已经达成共识。首先，生产性服务业起源于制造业，作为一种服务行业，其产业关联性极强，不仅对制造业产生影响，还能影响其他服务业；其次，作为工业生产过程中的关键要素投入，生产性服务业与制造业紧密协作，有助于提高制造业的生产效率；最后，生产性服务业具有知识高度密集的特性，相较于其他行业，它对高素质人才、知识和技术的渴求更为迫切。通过交易成本降低、竞争效应，生产性服务业空间集聚能有效提升制造业效率（宣烨，2012）。企业空间聚集是生产性服务业空间集聚的主要表现，其集聚程度会正向影响企业之间的竞争程度与发展水平（宣烨，2012）。而竞争效应能够提升自身效率，进而间接推动制造业效率的提升。进一步的研究显示，在两种集聚形式之间，生产性服务业空间多样化集聚对企业生产率的提升效果更强（宣烨和余泳泽，2017）。

生产性服务业空间集聚对制造业生产效率有明显影响（于斌斌，2017）。众多学者的研究表明，生产性服务业集聚对制造业生产效率的影响效应受到一些因素的约束，包括集聚水平、区域结构、企业类型、城市规模等。制造业生产效率受到生产性服务业集聚的正向作用，而其提升幅度与集聚程度正相关（谢众等，2018）。不同地区生产性服务业集聚程度以及其对制造业生产效率的影响不同。东部地区生产性服务业集聚程度以及集聚对制造业生产效率的提升作用均高于西部地区，在生产性服务业集聚水平相对较低的中西部地区，生产性服务业集聚对提升制造业生产效率的作用受限（于斌斌，2017）。从企业类型的角度来看，对非国有企业，生产性服务业集聚对提升生产效率的作用并不明显。相比之下，国有企业生产效率受到生产性服务业集聚正向影响较大（宣烨和余泳泽，2017）。对于劳动密集型企业和资本密集型企业，生产性服务业集聚能够对生产效率产生显著的正向作用，但是，对技术密集型企业生产效率的正向作用尚不明显（谢众等，2018）。此外，低生产效率企业在把握生产性服务业集聚优势、提升制造业生产效率方面有所欠缺，相比之下，高生产效率企业更具优势。在高等级城市中，在提升制造业生产效率方面，生产性服务业多样化、专业化集聚显现出明显的作用，但在中小城市中，空间集聚对制造业生产效率提升作用并不明显（宣烨和余泳泽，2017）。

除了空间集聚，生产性服务业层级分工在提升制造业生产效率方面也有显著作用，并且存在明显的空间溢出效应（宣烨和余泳泽，2014）。层级分工能够提升生产性服务业自身的产业发展效率，而生产性服务业具有与制造业配套、服务于制造业发展的特征，所以制造业生产效率受到层级分工的积极影响而得以提升。并且，生产性服务业层级分工一方面提升周边地区的制造业生产效率，另一方面降低了内部竞争消耗，由此进一步提升制造业生产效率。

1.2.1.2　生产性服务业发展与城市经济

根据新经济理论，生产性服务业厂商集聚能够降低制造业生产成本，为厂商带来更大的利润空间，进一步吸引更多下游厂商集聚，进而使生产性服务业发展获得更加广阔的市场空间（王琢卓，2014）。生产性服务业发展对城市经济的影响的研究主要从集聚类型、集聚程度、城市规模、产业细分等几个方面展开。

多样化集聚与专业化集聚作为生产性服务业集聚的两种具体形式，都对城市经济增长有长期的均衡作用。王琢卓等（2012）的研究认为，生产性服务业多样化集聚促进城市经济增长，而专业化集聚却负向影响城市经济增长。李斌和杨冉（2020）的研究显示，在提升本城市和邻近城市的经济绩效方面，生产性服务业的专业化集聚和多样化集聚都具有正向作用。并且，考虑城市规模的调节作用之后发现，随着城市规模扩大，多样化集聚对城市经济的影响增强，与之相反，专业化集聚对城市经济的影响却会随着城市规模的扩大而减弱。另外，根据行业异质性和区域异质性，生产性服务业集聚分为高端集聚和低端集聚。城市经济效率提升受到高端生产性服务业集聚显著的积极影响，而低端生产性服务业集聚则未见明显作用（张浩然，2015）。

从城市规模来看，生产性服务业集聚对本地区及邻近地区的经济增长质量的影响在小规模城市并不显著。生产性服务业集聚对本地区经济增长质量提升的促进作用会随着城市规模的扩大而不断增强，而对邻近地区经济增长质量的抑制作用则会随着城市规模的扩大而逐渐减弱（曾艺等，2019）。从生产性服务业细分行业来看，部分生产性服务业能够对本地区经济增长质量提升有促进作用，包括交通运输、仓储与邮政业，信息传输、计算机服务与软件业，租赁与商务服务业，但是它们未对邻近地区经济增长质量产生显著影响。批发与零售业、环境治理和公共设施管理业虽然对本地区经济增长质量提升产生了显著的促进作用，但对邻近地区经济增长质量提升产生明显抑制作用。金融业、科学研究与技术服务业虽然抑制了邻近地区经济增长质量提升，但未对本地区经济增长质量提升产生显著影响。

另外，研究显示，能够有效提升城市绩效的生产性服务业集聚形式是低端专业化集聚和高端多样化集聚，并且高端生产性服务业多样化集聚显现出正向外部溢出效应。可以认为高端生产性服务业多样化集聚适用于大规模城市，而对中小城市，低端生产性服务业专业化集聚是更为理智的选择（李斌和杨冉，2020）。制造业和生产性服务业集聚对所在城市和相邻城市经济效率的影响存在显著的地域差异（张明斗等，2021）。制造业集聚对所在城市经济效率具有显著的正向影响，且不存在门槛效应；生产性服务业集聚同样对所在城市经济效率具有显著的正向影响，但存在门槛效应。制造业和生产性服务业集聚对相邻城市经济效率提升依旧具有促进作用。考虑到城市间吸收能力差距的影响，制造业和生产性服务业集聚的空间外溢效应减弱。最近有研究认为生产性服务业集聚对经济效率的作用呈现“先抑后扬”的趋势（吴风波，2022）。经济发展水平、科技水平以及城镇化程度对这种效应有促进作用，而政府规制表现出抑制作用。学者认为可能是政府缺乏科学规划，产业集聚没有得到正确引导，市场资源配置没有得到及时优化。

1.2.1.3 生产性服务业发展与区域经济

生产性服务业集聚对区域经济增长质量提升整体上具有较大的正向

促进作用，具体体现在生产效率提升、创新水平提高等方面（王瑞荣，2017；汤长安，2021）。产业协同集聚带来了区域内同类型企业之间的竞争，也创造了更多的企业合作机会。产业协同集聚加速了信息技术、知识以及经验在区域内的扩散，使企业创新成本降低，有效共享地区内信息技术与知识，创新水平得以提升。

但是，这并不意味着生产性服务业集聚必然促进区域经济增长质量的提升（王瑞荣，2017）。生产性服务业的盲目集聚会导致城市圈出现拥堵效应，城市环境恶化，环境改善的成本增加，经济效率随之下降，反而对区域经济增长质量带来不利影响。另外，不同区域的生产性服务业集聚与经济增长之间的关系不同（刘书瀚和于化龙，2018）。研究显示，在东、中部地区经济增长的过程中，生产性服务业集聚发挥了显著作用，而在西部地区并无显著影响。只有中部地区生产性服务业集聚对相邻地区存在正向溢出效应。并且目前国内生产性服务业与区域经济协调发展的耦合度与支持力度不够（杨朝继，2018）。生产性服务业与区域经济发展的确存在相互促进的作用，但是就中部地区而言，生产性服务业与区域经济内部因素之间的协调度尚未达到非常高的水平，还具有较大的发展潜力。

生产性服务业多样化集聚对区域创新存在正向空间溢出效应，而层级分工专业化能够产生虹吸效应，二者均能对区域创新水平的提升产生正向影响，并且雷振丹和陈子真（2019）的研究显示，多样化集聚的作用效果更加显著。何静等（2022）对黄河流域城市圈展开研究，研究显示生产性服务业集聚对本地区经济发展水平提升具有显著的促进作用，但是给邻近地区经济发展水平的提升带来阻碍。

1.2.1.4　生产性服务业发展与城市化

根据《国家新型城镇化规划（2014—2020 年）》，新型城镇化的定义是以人为中心，以新型工业化为动力，以统筹兼顾为原则，促进城市现代化、城市集群发展和农村城镇一体化。其目标是全面提升城镇化质量和水平，实现科学发展、高效利用资源、功能完善、环境友好、社会和谐、个性鲜明的大中小城市与小城镇协调发展。以往有关生产性服务业对城镇化作用的研究主要存在两种观点。一种观点认为，生产性服务业的集聚对城镇化发展起到了显著推动作用。另一种观点则认为，生产性服务业的集聚对城镇化整体影响是一个倒“U”形曲线。

部分学者的研究得出，生产性服务业集聚对促进城市化发展具有重要意义。生产性服务业专业化集聚具备明显的空间溢出效应，通过降低交易成本、推动非农产业和人力资本联动来促进城镇化，多样化集聚则在地区内实现了集中效应，通过优化产业结构和劳动力结构来推动城镇化进程（崔格格等，2022）。生产性服务业的专业化集聚和多样化集聚能够引发知识和技术的溢出效应，即动态外部性，这种动态外部性又能够反过来推动生产性服务业不断集聚，从而带动整个城市经济的发展，推动城市化进程（韩峰等，2014）。并且在两种集聚形式中，专业化集聚具有更加显著的效果。此外，城市化进程也受到生产性服务业集聚规模的影响。西部地区受到了生产性服务业专业化集聚的较大影响，而东、中部地区受到的影响相对较小；多样化集聚规模则从东向西递减。国内市场和国际市场也不同程度影响各地区生产性服务业的集聚效应。生产性服务业对经济增长的促进作用受到城市化水平的影响（戴鹏和吴杰，2022）。城市化水平越高，生产性服务业对经济增长的带动效应越明显。实践也证明，生产性服务业能够成为经济增长的新动能。从全国层面来看，发展生产性服务业对经济增长有显著的推动作用，且存在显著的单门槛特征，当城市化水平超过54%时，生产性服务业对经济增长的影响显著加大；分行业来看，金融业对经济增长的促进作用最大，科学研究和技术服务业影响最小。

另外有学者认为生产性服务业的集聚对城镇化整体影响呈倒“U”形曲线（冯严超和王晓红，2018）。在本地层面上，协同集聚对新型城镇化具有虹吸效应，而在全国范围内则表现为动态关系的倒“U”形曲线，然而在不同区域和规模层面上存在明显的空间异质性。此外，新型城镇化也具有明显的时间惯性，并且在考虑到这一因素时，协同集聚与新型城镇化之间的空间关联效应并不强。

1.2.1.5 生产性服务业发展与生态环境

一些学者从生态文明建设、绿色经济发展、碳排放效率、绿色创新等方面探索生产性服务业发展对生态环境的影响。

生态文明建设在经济发展过程中一直是不容忽视的关键问题。生产性服务业集聚能够推进本地区的生态文明建设，但与此同时，其邻近地区的生态文明建设受到阻碍。产业集聚加快了生产要素资源向本地流入，产生虹吸效应。虹吸效应的增强使部分地区拥有相对高的产业集聚水平，从而能够享受到资源红利，而与其邻近的地区则受到虹吸效应的负面影响，面临资源短缺的困境（杜欢和卢泓宇，2022）。

绿色经济的核心理念是用最小的资源消耗和环境损失，来获得最高的社会经济收益，从而达到社会经济发展与资源环境之间的优化平衡（黄志斌等，2015）。生产性服务业的专业化集聚对绿色经济效益产生的正向作用显著，其多样化集聚也在很大程度上推动本市绿色经济效益的增长（任阳军等，2022）。另外，生产性服务业集聚对绿色经济效益的影响存在明显的层级异质性。

另外有研究显示，生产性服务业多样化集聚与专业化集聚均有助于改善生态环境，专业化集聚的作用更加明显。但是专业化集聚不能够对区域绿色经济发展产生显著促进作用，而多样化集聚作用明显（张光忠等，2023）。也有研究认为生产性服务业集聚对绿色低碳循环经济发展水平的影响呈“U”形曲线关系（原白云等，2023）。并且环境规制对生产性服务业集聚与绿色低碳循环经济发展水平之间的“U”形曲线关系有强化作用；在生产性服务业集聚作用于绿色低碳循环经济发展水平的过程中，人口集聚表现为中介效应，政府干预程度表现为遮掩效应；从地区来看，东部地区生产性服务业集聚正向促进绿色低碳循环经济发展水平提高，但在中部地区和西部地区作用不显著。

从不同产业层级来看，高端和低端生产性服务业的多样化集聚对区域绿色经济发展水平有明显的提升作用，并且前者的促进作用更加显著，但是高端和低端生产性服务业的专业化集聚均无法对绿色经济发展水平提升产生促进作用（张光忠等，2023）。另外，生产性服务业集聚通过促进人力资本空间流动、加强交通网络共建共享、提升绿色创新研发水平，有效促增绿色发展绩效（聂永有和姚清宇，2023）。

生产性服务业集聚是减碳增效的重要产业组织形式。根据张明志等（2023）的研究，国家绿色能源政策引导对生产性服务业集聚的减碳增效有显著的促进作用；从行业来看，黄河流域生产性服务业集聚的减碳增效作用呈现“金融服务业>交通服务业>科学研究服务业>信息传输服务业”的格局，租赁和商务服务业的减碳增效效应尚未产生；从地域来看，黄河中游资源型城市生产性服务业集聚的减碳增效作用最显著；黄河流域减碳增效的重要机制来源有绿色科技创新与金融规模等，但是金融规模的中介作用呈“U”形，且当前未越过拐点。不同类型的集聚外部性在黄河流域不同规模城市中的作用方向与作用程度有所差异。

另外，长江经济带碳排放效率具有明显的正向空间溢出效应，在时间维度上具有路径依赖特征，前一期碳排放效率对本期碳排放效率会产生较大影响，呈现“雪球效应”。生产性服务业集聚与碳排放效率之间存在“U”形关系（及添正等，2023）。无论是直接效应还是溢出效应，生产性服务业集聚对碳排放效率的作用均会由负转正。产业结构高级化、技术创新显著提升生产性服务业集聚对碳排放效率的促进作用，而市场化水平的提升则有利于缓解生产性服务业集聚对碳排放效率的不利影响。

生产性服务业集聚能够促进本省制造业的绿色创新（韦帅民，2023）。不同地区之间的资本、技术、人力等要素流动会形成空间溢出效应，生产性服务业集聚借此能够增加制造业绿色创新活动，促进制造业绿色创新水平的提升。在邻近地区，生产性服务业集聚能够实现资源共享，有利于制造业绿色创新的研发模式实现趋同，促进制造业知识溢出与技术创新扩散，使制造业绿色创新水平得以提升。

1.2.2 分工的发展与层级分工的研究

1.2.2.1 分工的发展

分工理论的研究经历了漫长的发展历程，涌现了多个不同流派的观点，其中包括古希腊时期的分工思想、古典经济学派、新古典经济学派以及新兴古典经济学派等，它们各自对分工理论进行了独特的发展和补充。本小节将按照时间顺序介绍和梳理这一发展历程。

（1）古希腊时期

关于分工的思想最早可以追溯到古希腊时期的著名哲学家、思想家 Plato 的著作《理想国》。Plato 将分工的起源与城邦的起源联系在一起。Plato（1986）认为“我们每个人为了各种需要，招来各种各样的人。由于需要许多东西，我们邀集许多人住在一起，作为伙伴和助手，这个公共住宅区，我们叫作城邦”。同时，Plato 从个人能力的有限性和其需求的多样性的角度出发，对社会分工的本质进行阐述，他认为“之所以要建立一个城邦，是因为我们每一个人不能单靠自己达到自足，我们需要许多东西”。此外，Plato也谈到社会分工是以禀赋为起源的，这种禀赋并不局限在性别上，而是因为每个人天赋、能力不同，所以适合的工作也不同。他认为没有任何一项工作因为女性在做而专属女性，或因为男性在做而专属男性。虽然Plato对分工的研究更多局限于哲学上的思考，并且存在一些局限性，比如Plato在职业选择上忽视个体选择，他主张一个人要把一种职业当作毕生事业，并必须放弃其他职业，但是Plato的分工的思想依然对后来的经济学家有着启迪作用，特别是对后来的马克思主义经济学说、西方主流经济理论等都有重要影响。

（2）古典经济学

到了古典经济学时期，古典经济学的奠基人Adam Smith在充分吸收Plato的分工思想后，对分工理论赋予经济的内涵。在*An Inquiry into the Nature and Causes of the Wealth of Nations*开篇，Adam Smith便提到了分工，他把分工看作国家经济、国民财富增长的源泉，确立了分工在经济学中的首要地位。创新理论的开创者Schumpeter（1996）认为在Adam Smith之前，没有任何人意识到分工的重要性。Adam Smith主张，在社会发展的过程中，劳动分工日益深化、不断演进是推动经济增长的最根本原因。而新的劳动分工的深化取决于市场范围的扩大，还指出分工与城镇的形成有着直接的联系，后来学者将其称为“斯密定理”。同时，Adam Smith从三种角度对分工能够提高劳动生产效率的原因进行了阐述：第一，分工帮助劳动者提高其工作的熟练度，最终促进工作量的增加；第二，减少了工作过渡中产生的时间损失；第三，分工有利于大量机器的发明创造。此外，他也尝试证明了区域分工的合理性及其福利效应。Adam Smith的分工理论为后来学者关于分工的进一步研究奠定了重要的思想基础。

（3）马克思主义分工理论

Karl Marx在对Plato、Adam Smith等前人的分工思想、理论进行批判性继承之后，提出了自己的分工理论。首先，Marx非常重视分工，他主张一个民族的生产力发展水平的高低集中表现在这个民族分工的发展程度上。其次，对于分工对劳动力生产效率的作用机制，Marx有着和Adam Smith不一样的理解，Marx认为分工和协作不仅有助于提高个人的生产力，而且创造了集体力。再次，Marx揭示了工场手工业分工与社会分工的联系与区别，Marx认为它们之间既是统一的，又是冲突的。最后，Marx辩证地看待了分工在人类历史中的作用，他不仅认为社会分工可以促进生产力的发展，而且认为社会分工是人片面和畸形发展的根源，分工会在历史的发展过程中消亡。

（4）新古典经济学

Alfred Marshall是19世纪末经济学的大师和集大成者，其分工理论主要分为以下几个方面。首先，Marshall讨论了不同等级的工人之间出现的分工问题。Marshall认为分工在不同等级的工作上的收益是不同的。对低级工作而言，由于这是一种日益形成的例行工作，可以通过熟能生巧来减少失误，因此分工可以提高低级工作的效率；但是对高级工作而言，这要求员工拥有更活跃的创新思维和更加综合的劳动素质，所以分工的影响效果是不明显的。同时，Marshall讨论了机械对分工产生的影响，他认为机械的改良和技术的发展为分工的发展创造了机会。其次，Marshall在萨伊提出的资本、劳动、土地的生产三要素说的基础上，将组织作为重要的生产要素纳入其中。最后，Marshall提出了分工的外部性原理。在讨论规模经济和分工之间的关系时，Marshall认为可以把任何一种产品生产规模的扩大而发生的经济分为两种：一种是依赖产业的整体发展的经济，另一种是依赖从事该产业的个别企业的资源、组织和经营效率的经济，而其中，前者代表生产规模扩大产生的外部经济，后者代表在组织生产规模扩大时产生的内部经济。Marshall通过比较分析不同规模企业中机械与劳动者之间的分工与专业化程度的问题，证明规模经济下分工带来的效益更容易获得。在外部性原理的基础上，Marshall讨论了分工与专业化产业区的关系。他首次提出了产业区概念，并将分工的外部性原理视为专业化产业区形成的重要原因。他认为由于各种客观因素的影响，比如自然条件和政策支持等，因此往往会形成专业化的产业区。不同的产业区实现了产业之间的分工，并且在产业区内部也会出现分工。但是，由于缺乏处理分工的数学工具，以及Marshall之后的西方经济学家对Marshall理论的批判和边际报酬递减等理论的发展，分工思想在研究中的作用逐渐被经济学家忽视，从此以后，主流的经济学的研究逐渐由经济组织转向资源配置问题。

Allyn Abbott Young 的 *Increasing Returns and Economic Progress* 的出版标志着分工思想重新回归经济学，开始再次受到学者们的重视。Young从市场规模与分工的关系、报酬递增与分工以及企业规模等方面对他的分工理论进行了阐述。首先，Young 对斯密定理进行了补充和发展，他认为市场不仅具备资源配置的功能，还具备创造功能，也就是说，它在促进交换的同时，会刺激新需求的产生，从而为新分工的出现提供机会，因此 Young 主张“分工一般地取决于分工”，这就是所谓的杨格定理。Young 也对具体的原因进行了详细的解释：第一，市场规模的大小决定了劳动的分工，Young 认为市场规模的大小是决定一个国家产业效率的重要因素之一；第二，市场规模大小受到劳动分工的制约，Young 认为劳动分工影响生产效率，生产效率影响购买力，而购买力是制约市场规模的因素之一，所以劳动分工能够决定市场规模大小。其次，Young 对报酬递增与分工的关系进行了进一步的解释，他认为报酬递增取决于分工的发展，这表现为报酬递增的经济是生产的资本化或迂回方法的经济，这种经济又主要与现代形式的劳动分工经济等同。Young 强调不应该将大规模生产（指大企业或大产业生产）和大生产（指社会化大生产）分开来讨论，如果仅仅聚焦于个别企业或者个别产业，或许会认为企业规模是实现报酬递增的关键因素，但是如果将视角落在整个行业或整个经济社会时，就会发现报酬递增的根本动力是行业分工不断完善、不断细化。后来学者们也把上述 Young 关于分工的理论概括为杨格命题，即报酬递增的实现依赖劳动分工的演进；不但市场大小决定分工程度，而且市场大小也受分工程度制约；需求和供给是分工的两个侧面。

（5）新兴古典经济学

在20世纪的80年代之后，出现了以杨小凯等为代表的新兴古典经济学家，他们用超边际分析方法，在对新古典经济学进行批判性继承的基础上，构建了新兴古典经济学的基本框架。杨小凯对分工理论的贡献主要体现在以下两个方面。首先，杨小凯（2003）对分工和专业化的概念进行了明确的定义，并且认为分工和专业化是两个紧密联系的概念。杨小凯将分工界定为一种生产结构，这种生产结构由基于各自特定约束且追求利益最大化的不同的微观经济主体组成，并且在这些微观经济主体中至少有一个主体只生产一种产品，同时每个主体的生产结构是不相同的，这种不同具体可以表现为每个经济主体所生产的产品种类和数量的差异。专业化则是针对个人，表明个人就其所支配的资源（尤其是劳动量）在生产不同产品时的分配。杨小凯认为专门从事某项生产劳动的人们的劳动生产效率必然比非专业人士的劳动生产效率要高，也即专业化经济。此外，分工经济还包含专业多样化，这是由人们多样化消费的需要而产生的。所以，杨小凯认为分工的经济性体现在专业化经济和多样化经济两个方面。其次，杨小凯认为分工的发展和市场规模的扩大具有相互的促进作用，也即分工的发展会促进市场规模的扩大，而市场规模的扩大又会推动分工的发展。因为存在分工好处与分工产生的交易费用的冲突问题，所以杨小凯认为分工的水平取决于交易效率的高低，交易效率越高，折中二者冲突的空间就越大，分工的水平也就越高（杨小凯和张永生，2003）。

1.2.2.2 产业分工的研究

（1）国外研究

在国外，学者们认为产业分工对经济的发展有着重要作用，如产业分工有利于市场规模的扩大（Young，1928）、区域的产业分工为经济的发展提供了技术支持和空间支持（Lampard，1955）等。也有学者从世界经济的视角出发来研究产业分工的作用，Kadar（1977）认为发达国家和发展中国家之间的产业分工可以对东西方之间贸易的僵化起到改善作用。同样的，国外学者也对产业分工进行了相关的实证研究，Audretsch 等（2011）基于德国的行业数据，将城市功能专业化的实证发现与区域动态相结合，发现拥有基础研究或者研发一体化的城市有利于企业的活动，而只有行政职能和以服务业为主的城市圈为制造业企业提供的外部性较小，但有利于服务业企业的发展。另外，还有一部分学者将研究拓展到了产业链分工，Duranton 和 Puga（2005）基于 1977 年到 1997 年的美国就业数据，对区域内各个城市的部门功能化和专业化的发展情况进行了研究和分析，他们认为城市之间的分工伴随着产业分工的加深而不断深化，城市从部门专业化转变为功能专业化，也就是从总部和工厂一体化转变为总部和商业服务业集聚在较大的城市，工厂集聚在较小的城市。Amighini（2005）以中国的 ICT 行业为研究对象，通过对 20 世纪 90 年代中国 ICT 行业的显示性比较优势指数进行统计和分析，他认为中国的 ICT

行业处于分工价值链的底端，即主要以劳动密集型产品的生产为主，很少参与技术密集型产品的生产。

除了研究产业分工带来的积极作用外，也有一部分学者对产业分工的测度指标和正负外部效应进行了研究。Dewhurst 和 Mccann（2002）通过比较 11 种不同的测量区域产业专业化或多样化的衡量标准，发现各组之间存在显著的差异性，因此他们认为对区域产业分工专业化或多样化的研究结果受到使用的产业分工实证标准的影响。Hammond 和 Thompson（2004）使用来自美国大都市和非大都市地区的数据，对区域就业的两个不稳定因素——人口特征和产业分工进行了分析，研究发现人口特征和产业分工的影响在不同等级的城市表现有所不同。同时随着产业分工的深化，产业多样化程度逐渐降低，进而加强了就业的波动性，但是考虑人口特征后，这种波动性会大幅减弱。Billings 和 Johnson（2012）引入了非参数微观数据对单个城市进行产业专业化测试，结果发现城市中心以服务业分工为主，而制造业分工主要位于城市边缘的郊区，并且商业服务业比非商业服务业的分工程度更高，而制造业包含专业化场所的行业代表性最低。Kaygalak（2018）通过本地化系数和专业化系数，对土耳其制造业地理维度的近期变化进行分析。第一个指数用于分析制造业本地化情况，而第二个指数则用于分析各行业和整个制造业的专业化趋势，结论为制造业的集中度和本地化程度呈明显上升趋势，并且由此带来了诸多负面影响：如东西部地区的差距拉大、新兴工业化省份失去了创造工业多样化的能力等。Barbieri 等（2020）对 ICT 对地方的可持续发展影响进行了研究，以中国东莞 ICT 专业镇为研究对象，他们发现 ICT 能否发挥科技创新作用，受到来自制度环境、集群外关系以及人口教育水平等多个因素的影响，并且对 ICT 的依赖虽然有利于产业分工的深化，但如果地方缺乏相匹配的社会和经济条件，那么可能会陷入中等收入的发展陷阱。

（2）国内研究

国内学者目前主要以某些区域为研究产业分工的载体，大部分研究地区主要集中在长三角、京津冀、珠三角等地区，而研究也大都集中于制造业层面或者城市圈之间整体上的产业分工。对于长三角地区，邱瑞平和杨海水（2005）通过对基于相似系数的分析和基于专业化行业数量的分析，得出江浙沪三地在产业结构升级中不同的调整速度使各地区的工业结构表现出不同的特征，此外，产业结构的升级演变以及产业的地域扩散两个因素会对地域分工产生影响。孙彦军（2007）在对长三角地区的三次产业发展的状况以及对制造业各部门的情况进行实证分析的基础上，认为在产业分工初步显现时，上海地区的劳动密集型产业就逐步转移至周边地区，并且地区之间竞争是产业分工、转移的根本原因，企业间技术合作是产业分工、转移的主要途径，而政策是产业分工、转移的催化剂。对于京津冀地区，孙久文和姚鹏（2015）利用地区相对专业化指数、地区间专业化指数等，对京津冀地区的制造业发展状况进行测算后发现，京津冀地区之间形成了不同产业分布格局，劳动密集型、资源密集型的产业正逐渐由北京地区向河北、天津地区扩散，而北京主要以高新技术的制造业为主。对于珠三角地区，李斌等（2007）将区域产业分工与合作的出现的前提条件概括为资源的互补性、产业结构的差异性以及产业水平的空间梯度，并基于此进一步阐述了珠三角地区产业分工合作的空间组织的分工合作发展战略。对于中原城市群，李学鑫和苗长虹（2006）将区位熵灰色关联分析法应用到中原城市群的实证分析当中，认为区域内部的城市产业结构越相似，对产业的区域分工产生的负面影响越大，但是如果能够降低城市之间的产业结构的同构性，就会促进产业的区域分工，而降低产业结构的同构性则需要通过不断细化产业来实现。此外还有对其他省份和地区的产业分工研究，如辽宁沿海经济带（姜晓丽等，2014）、兰西城市群（林柯，2021）、成渝地区双城经济圈（金晓雨和张婷，2020）、粤港澳大湾区（谭锐，2020）、台湾和大陆两岸产业分工（张冠华，2003）等。

也有一些学者将产业分工的研究领域具体到服务业和生产性服务业，如樊福卓（2009）利用指数分析法从城市路径和产业路径两个角度对长三角地区的服务业分工情况进行研究，他认为从城市路径来看，长三角地区不同城市的专业化系数不同，即大城市的专业化水平要比中小城市的专业化水平要高；而从行业路径来看，各服务行业的地方化系数也有所差异，具体表现为小城市的服务业发展水平要比大城市要低。许媛等（2009）以软件产业为生产性服务业的代表产业，基于利益均衡和演进的视角，对长三角地区的产业分工布局问题进行研究后发现，长三角地区基于地理因素和自身经济发展，对生产性服务业的需求拉动作用已经在软件产业分工体系的构建方面具备领先优势，其中以上海地区的软件产业优势最大。此外，也有学者对产业分工与城市发展、区域经济的关系等进行研究，如方磊等（1988）认为城市的发展与产业分工密不可分，产业分工与劳动地域分工是社会分工的两个方面，社会分工是经济发展的标志，所以产业分工与劳动地域分工不断加深的过程就是生产力发展与经济发展的过程。塞风和朱明春（1990）认为区域产业分工与简单的专业化分工是有所不同的，其更多是在专业化基础上的区域经济综合发展的表现，所以在发展专业化分工的同时，要兼顾以专业化主导产业为核心的多样化综合发展。

（3）产业分工的影响因素

关于影响产业分工的因素和内在机制，不同学者从不同的研究角度出发得到了不同的结果。Kim（1995）从产业分布的因素和本质出发分析了产业分工的成因，结果发现地区之间会因自然资源禀赋的不同而出现分工，即自然资源丰富的地区有发展资源密集型产业的潜力，而自然资源匮乏的地区则需进行人力资本投资来发展技术密集型产业。此外，每个区域的经济发展初期会形成不同程度的产业集中情况，产业集中程度高的地区分工程度高、层级较多，而产业集中程度低的地区分工程度低、层级较少。刘志迎和唐义春（2009）在对泛长三角各地区的产业分工进行分析和研究后发现，由于原料、土地、人力等要素价格的上涨，长三角地区一些传统优势行业正在逐渐向周边地区进行产业转移。而对于影响区域分工的因素，他们认为主要有以下六种，分别为：生产力水平和技术水平、目前的分工格局、要素禀赋、市场化程度和政策因素、市场容量、消费水平和消费习惯。吴殿廷（2009）认为影响区域产业分工的因素主要分为以下几个方面：第一，要素禀赋的差异和区域之间要素的不完全流动是形成区域产业分工的前提条件；第二，市场是区域产业分工形成和发展的基础；第三，区域间的贸易促进了区域产业分工的进一步深化，并且对区域产业分工起引导作用；第四，微观企业的组织结构对区域产业分工的影响力度正在日益加大，特别是由于大型企业内部的产业分工正在不断深化，其对产业分工的发展的推动作用也在不断加大；第五，利益诱导，因为区域的产业分工会通过形成专业化的效益而产生额外的经济效益，所以为了追求更多的利益，区域分工会进一步深化。马燕坤和张雪领（2019）认为在不同的阶段，城市群产业分工的具体表现都不同，他们基于此认为生产成本、技术水平、基础设施、区域经济一体化、空间集聚、行政体制、传统历史文化都会对城市群的产业分工产生影响。不同于大多数学者从宏观角度分析产业分工，王婷和芦岩（2010）立足微观角度，对完全竞争和不完全竞争市场下的比较优势分析框架进行重新界定，认为影响城市群内部产业分工格局的决定性因素为相对效用价格比优势，同时城市群内部的城市等级和规模结构、人均收入水平、不同城市的收入水平差距、目前已形成的产业结构、政府的行为以及跨国公司的产业转移都会对城市群内部产业分工格局的形成产生影响。

1.2.2.3 城市圈和层级分工的研究

（1）城市圈的研究

城市圈，又称城市带、城市群、都市群或都市圈（Urban Agglomeration）等。德国学家 Thünen 于 1826 年在他的著作 *Der isolierte Staat in Beziehung auf Landwirtschaft und Nationalökonomi* 中提出了一个重要观点，即有效配置农业用地的关键因素是其距离中心城市的远近。他构建了以城市为核心的农业区位布局模式，奠定了“区位理论”的基础，这一理论对后来的城市圈经济理论和模型构建产生了深远的影响。Christaller（1966）进一步提出“中心地理论”，该理论通过中心地能够作用到的区域服务范围来对城市等级进行划分，并由此构建有规律的城市分布格局，塑造更加合理的城市体系。而城市圈的具体概念则起源于 20 世纪 50 年代的美国，Gottman（1957）在对美国东北海岸因为产业集聚而形成的一体化城市集聚区现象进行分析和研究的基础上，首次提出了大都市带（Megalopolis）的概念，他认为这是在工业社会和后工业社会城市化历史进程中的必然表现形式。此外，Gottman 还从“枢纽”和“孵化器”两个功能角度对大都市带形成的机制进行阐述，他认为新兴技术的出现、交通基础设施的完善、产业结构的变动都会对城市带的形成产生影响。到了 60 年代，日本学者针对城市的扩张、人口迁移以及社会经济的发展状况，提出了都市圈的概念，并且规定都市圈的中心城市的人口要达到 10 万人以上的规模、外围城市到中心城市的通勤率要达到 5%以上的标准。

这一概念强调了中心城市和周边城市的依存性和关联性，凸显了城市之间在经济、社会和基础设施等方面的紧密关系。都市圈的概念在日本以及其他国家的城市研究和规划中产生了深远影响。

对城市圈的内涵和定义，不同学者有着不同的看法。顾朝林（1992）对城市群的构成进行了阐述，他认为城市群是由多个中心城市组成的，每个城市在基础设施及独特经济结构方面均扮演特殊的经济社会角色，从而构筑起一个融合社会、经济和技术的有机网络，呈现内在的协调性与一体性。代合治（1998）将城市群视为由多个基本地域单元组成的连续区域，同时根据城市群的面积、总人口、城市人口、城市数量等指标，可以将城市群划分为特大型、大型、中型、小型四个等级。此外，他认为我国城市群在空间分布上有着地域广阔、整体上呈现由东向西的梯次分布，以及沿海、沿江、京广沿线及东北地区可望崛起成为巨型城市群等三个特点。姚士谋等（2006）主张城市群在特定地域范围内，汇聚了数量较多、性质类型各异以及不同规模的城市，这些城市在一定的环境条件下，以一个或两个特大或大城市为区域经济的核心，并依靠综合运输网络的广泛联通，形成并不断发展各个个体之间的内在联系，最终共同构筑出一个相对完备的城市群。谢守红（2008）认为都市圈是一个综合功能丰富的特大城市，在其强大的辐射作用下，推动周边大小城市的发展，进而形成具备一体化特征的城市功能区。他认为都市圈代表着城镇密集区域的一种发展阶段和空间呈现方式。陈建军和王国正（2009）根据文化、地理和行政三大要素，以及经济、时空、总量、发展四大指标对都市圈进行了界定，他们认为都市圈是一种由多个城市在经济上紧密联系、地域上相互连接、社会文化上融为一体、资源上相互补充耦合而成的。

大量学者也对城市圈的形成机制和影响因素进行了研究。薛东前等（2000）将关中城市群作为研究载体，认为在城市群形成过程中，内在的凝聚力、外在的辐射力以及内部功能的紧密联系共同构筑了支撑城市群形成的体系。历史沿革和地理位置的独特性为关中城市群的崛起提供了必要的前提条件。资源的充分开发以及工业项目的迅速推进进一步促进了城市群的蓬勃发展。完善发达的交通网络则成为城市群形成的纽带。而商品经济，特别是蓬勃发展的农业，更是在推动城市群形成过程中发挥了关键作用。王婧和方创琳（2011）通过对京津冀城市群、环鄱阳湖城市群、山东半岛城市群等23个城市群的分析比较后，认为推动中国城市群发展的五大新型驱动力分别为：经济全球化、新型工业化、信息化、交通快速化以及新政策。王浩等（2017）以淮海城市群为考察目标，借助涵盖经济、社会、资源环境三大子系统的综合评价指标体系，经由评估结果的分析，认为在淮海城市群发展进程中，要素配置、交通联通、中心城市集聚、空间分异以及政府合作等五个核心方面充当主导性的动力机制。

此外，也有很多学者对城市圈发展中所存在的问题进行了研究。顾朝林和张敏（2000）将长三角都市连绵区作为研究区域，经过对其现状特征及推动机制的深入考察和分析，阐述了长三角都市连绵区所面临的诸多问题，如水资源和土地资源的逐渐匮乏、行政管理的协调难度显著增加、城市间分工模糊不清、开发区过度设置等。毛艳华等（2014）将大珠三角城市群与世界级城市群进行对比后发现，大珠三角城市群目前面临五大显著问题：核心城市香港与国际知名城市之间仍存在一定差距；粤港澳三地受限于各自所属的不同关税区域，面临一定的制度限制；行政区域的经济差异制约了区域一体化市场的形成，从而影响了整体发展；区域性基础设施网络的互联互通面临一定的困难；城市群的持续发展受到资源环境问题的制约。还有学者对城市层级的划分进行了研究，崔大树和李鹏举（2017）运用城市流强度模型、因子分析法和系统聚类法等方法，对长三角城市群的26座城市进行层级划分和空间分析后研究发现，长三角城市群已经形成了以上海为核心，以杭州、苏州、南京、宁波、无锡等城市为核心区，以其余20座城市为腹地的空间层级结构。

（2）层级分工的研究

层级分工指的是生产性服务业的专业化程度和市场范围的大小与它们所在的城市在城市圈等级序列中的排位是相对应的，不同等级与支配力的城市对应不同层次的生产性服务业（陈殷和李金勇，2004；邱灵，2013，2014；宣烨和余泳泽，2014）。虽然层级分工具体概念是由宣烨和余泳泽在2014年首先提出的，但关于城市圈的层级分工现象在很早之前就已经被其他学者发现，如Horwood和Boyce（1959）通过对CBD内核—外框空间结构模型的论证，认为生产性服务业从大都市向多级城市进行扩散，并且高端或者承担总部功能的生产性服务业会在大都市核心区聚集。Massey（1979）在阐述劳动的空间分工的时候，认为劳动的空间分工中包含企业内部的区域间职能分工问题，这种分工模式最初是企业为了降低劳动力成本而进行的区位战略选择，例如将生产部门搬到劳动力资源丰富的地方，而负责研发和管理的公司总部位于大城市，这就形成了一种"总部—分厂"的经济模式，这时企业的研发、管理和生产便出现了空间上的分隔和明显的层级划分，并且随着分工的空间化的进一步发展，每一层级的劳动分工逐渐出现了区域集聚现象，在空间上的分化越来越明显。此外，又由于各个城市之间规模和功能差异以及各城市的不同特点，不同城市的生产性服务业之间形成一种圈层级别的结构，即高等级的城市通常专注于提供专业化的服务，而低等级的城市则更倾向于提供一般性的服务（Harrington，1995）。Daniels（1985）认为生产性服务业在空间的集聚和扩散主要分为四个阶段：首先，在中心商务区集聚；其次，开始向城市边缘地区扩散，并且呈现随意扩散的状态；再次，在城市边缘的关键节点上集聚，逐渐形成双中心；最后，随着生产性服务业的进一步扩散，城市边缘的集聚点得到巩固，并且与中心城市的生产性服务业形成明显的功能分工。Connor 和 Hutton（1998）在对亚洲地区的生产性服务业布局情况进行研究后发现，生产性服务业主要在城市圈的中心城市集聚。

国内对城市圈生产性服务业层级分工的研究起步较晚，然而，随着中国经济的发展和城市化进程的加快，以大城市为核心的城市圈成为中国经济发展中的重要空间架构。在此背景下，城市圈内生产性服务业的合理分工不仅对城市圈内部的空间协调和整合发展至关重要，而且在中国经济的整体发展中也具有重要的推动作用。因此，学者们开始集中关注城市圈内生产性服务业的层级分工问题，并进行相关研究。钟韵和闫小培（2005）发现生产性服务业在不同等级的城市分布不均，并且生产性服务业的布局对城市结构有巨大的影响。Zhong 和 Yan（2008）以珠三角的生产性服务业为研究对象，通过对珠三角 9 个城市生产性服务业的空间差异分析和对相关经济指标进行划分，发现生产性服务业的发展水平和城市层级确实存在相关性，具体来说，高端生产性服务业会集中在高等级城市，而低等级城市则会优先发展低端生产性服务业。对于长三角城市圈，王聪等（2014）发现尽管与当前已形成的城市等级系统存在一定的差异，如昆山、义乌等在网络联系中发挥了重要的中心作用，但整体上长三角城市圈的生产性服务业存在显著的层级特点。不同功能的生产性服务业在城市网络中的分布也有所不同，如银行、金融、保险和IT等生产性服务业形成了明显的网络层级现象，但像房地产、证券和物流等生产性服务业虽然涵盖范围较广，但形成的城市网络层级现象不太明显，功能中心的分布也较为分散。对于京津冀地区，李靖（2015）以京津冀城市圈为研究对象，对以产业链分工为代表的新型产业分工现象进行分析研究后发现，不同于传统分工，新型产业分工的发展会促进地区功能的专业化，并且表现出层次性。

除对城市圈的生产性服务业层级分工进行研究外，也有学者对生产性服务业在单个超大城市内部不同层级的分工特征进行探究。蒋海兵等（2015）发现杭州市的生产性服务业形成以城市中心为核心、在周边地区局部集聚的空间格局，并且不同功能的生产性服务业的空间演变格局存在差异。从数量角度来看，公司数量总体上呈现由中心向周边逐渐减少的圈层趋势，而某些特定行业在周边地区数量较为集中；从功能角度来看，商务服务业和金融保险业在空间上稍有扩展，但仍主要以向核心区域的集聚为主，计算机应用与科研服务业则表现出向核心区域集聚的趋势，也具有向外扩张的显著特点，房地产与交通运输服务公司明显呈现向外扩张的趋势。这一点与王聪等（2014）对长三角城市圈的研究结果类似。宋昌耀等（2018）则以处于后工业化时期的北京市为研究载体，研究发现北京市内部产业分工特征在中心城区与外围地区之间呈现显著差异，具体表现为高端生产性服务业更加集中于中心城区，如金融、科技、信息和商务服务等；而低端生产性服务业，如房地产服务业和交通运输业，主要分布在外围地区。此外，从整体上看，北京市的生产性服务业呈从中心到外围的专业化程度逐渐提升、多样化程度逐渐降低的趋势。甄峰等（2008）以南京为例，进行研究后发现生产性服务业的各细分行业有着不同的空间分布，并且发现信息技术的快速发展、市中心的高地价和高租金等因素使部分生产性服务业逐渐向城市边缘扩散。

对层级分工的作用，学者们也进行了大量的研究。首先，生产性服务业的层级分工带来的专业化创新会形成MAR外部性，并通过产业链之间的供需匹配、行业内的知识交流、行业内的劳动力共享、相关政策以及市场需求等方面的影响促进区域创新（雷振丹和陈子真，2019；Duranton and Puga，2004）。生产性服务业层级分工所形成的多样化集聚带来的 Jacobs 外部性也对区域创新产生积极的促进作用，并且相比于专业化创新形成的 MAR 外部性，多样化集聚的促进作用更强。这两种效应对不同发展阶段、不同区域以及不同规模大小的城市都存在一定的差异（雷振丹和陈子真，2019）。其次，生产性服务业在空间上存在差异，即层级分工已经成为城市体系重塑和城市崛起的重要推动力（Taylor，2001；梁红艳，2018）。张平和李秀芬（2010）以甘肃省城市圈为例，从分工角度出发，研究发现产业分工的程度和范围通常会直接对城市圈层级结构形成产生影响。邱灵（2013，2014）认为在宏观层面上，生产性服务业的等级体系与所处城市的体系结构密切相关，城市等级越高，所布局的生产性服务业越高端，而在微观层面上，生产性服务业的集聚与扩散也会对城市的空间结构产生影响。张萃（2016）从城市规模等级的角度分析了生产性服务业和制造业在不同等级城市的分工和集聚现象，并基于此发现中国的生产性服务业主要在高等级的城市集聚，并且还在进一步集聚。最后，层级分工可以用来刻画区域的市场规模和专业化分工程度（张虎等，2017）。

而对层级分工形成原因和影响因素，宣烨和余泳泽（2014）从人才与知识因素、市场容量因素、信息资源因素、成本因素、制度因素五个方面对生产性服务业层级分工形成的核心逻辑进行讨论。同时，他们发现生产性服务业对制造业生产效率提升的影响主要是从生产性服务业自身生产效率的提升、空间外溢、降低竞争内耗等三个角度产生的。姜丽佳（2020）对长三角城市圈城市功能分工和产业分工进行研究，发现政府干预与创新水平对两者均有显著影响。

上述研究都表明，生产性服务业的分工与城市的等级是息息相关的，因此政府要基于城市等级因地制宜实施层级分工，实现合理布局，这与该领域的大部分学者的观点一致。

1.2.2.4　生产性服务业层级分工产生的内在机制

影响生产性服务业出现层级分工现象的原因是多方面的，既有不同层级生产性服务业自身需求的原因，也有不同等级城市供给能力的原因。

从需求的角度来看，不同层级的生产性服务业自身的异质性导致生产性服务业需求存在一定的差异，进而影响到生产性服务业的区位选择。从供给的角度来看，不同等级的城市资源禀赋不同、城市定位不同，导致资源供给能力和对不同层级生产性服务业的吸引力不同。因此，各个层级的生产性服务业往往会结合各自的行业属性特征来选择合适的城市进行布局（张志斌等，2019）。对此，本书将在已有研究的基础之上，结合实际情况，从不同层级生产性服务业的资源需求和不同等级城市的供给能力两个方面，对我国生产性服务业层级分工形成的内在机制进行分析。

（1）不同层级生产性服务业的资源需求

第一，生产性服务业的人力资本和知识资本密集的特征决定了其通常依赖具有特定技能和知识的劳动力资源，并且服务的质量在很大程度上也取决于劳动力的素质，所以生产性服务业对所在区域的人才集聚以及知识创造提出了很高要求（祝新，2011；沈能，2013；梁红艳，2018；王玉玲，2020）。不同层级的生产性服务业对劳动力资源的需求有着很大的差异。在批发和零售业，交通运输、仓储和邮政业，以及租赁和商务服务业等低端生产性服务业中，对劳动力的需求主要集中在体力劳动、设备操作、资源管理以及客户关系维护等职业技能要素，因此低端生产性服务业所需劳动力有着受教育程度一般、数量大、流动性弱等特点。而在信息传输、计算机服务和软件业，金融业以及科学研究、技术服务和地质勘查业等高端生产性服务业中，对劳动力的要求更多地集中在持续学习、复杂问题处理以及技术研发等知识创新要素上，所以它们的劳动力特点主要表现为受教育程度高、相对稀缺、流动性强等（柯丽菲，2016）。

第二，生产性服务业作为其他产品或服务生产的中间投入服务，比起其他因素，对接近顾客、同行和外部等信息资源更为重视（胡国平等，2012）。生产性服务业所需的信息主要包括两个方面，一方面主要是与企业自身发展有关的信息，另一方面是服务对象的信息（宣烨和余泳泽，2014；宋大强，2017）。不同层级的生产性服务业对信息资源有着不同的重视程度，结合产品生命周期理论，对高端生产性服务业来说，其处于产品创新阶段，产业的核心竞争力在于科技创新、技术研发、独家信息等，因此高端生产性服务业更加注重与企业自身发展的信息。新知识和新信息的获取成为影响其发展的重要因素（沈能，2013）。而低端生产性服务业所提供的产品和服务已经实现标准化、成熟化，这导致其所处市场竞争激烈，产品和服务由技术密集型转变为劳动密集型。并且为了满足用户各种定制化的需求，及时与用户进行面对面接触和交流，低端生产性服务业更倾向于服务对象信息的获取。

第三，生产性服务业具有不可存储、生产消费的同步性、服务的定制化、异质性、产出无形性等特征，而这些特征意味着生产性服务业对本地市场的用户规模、市场容量有着很强的依赖性（Harrington，1995；汪德华等，2007；顾乃华，2011）。特别是对批发和零售业，交通运输、仓储和邮政业，租赁和商务服务业等低端生产性服务业来说，由于自身服务半径较小，以及所提供的产品和服务替代性强、交易频率大，因此服务对象相对高端生产性服务业更加依赖本地社区和城市的市场容量、规模（顾乃华，2008；姚永玲和赵宵伟，2012）。但不是所有类型的生产性服务业都必然集中在其服务对象的周围，尤其是高级生产性服务业主要满足金融和商业流通的需要，并不以制造业为中心，而是向知识密集型劳动力较多的城市中心集聚（Sassen，2001；陈殷和李金勇，2004；邱灵等，2008；陈建军和陈菁菁，2011）。对高端生产性服务业来说，其所提供的产品和服务具有稀缺性、高附加值以及不可代替性等特性，目标用户愿意跨地域来寻求特殊的、优质的专业化服务。此外，信息技术的革新缩短了空间距离，不需要与服务对象进行面对面的交易，扩大了高端生产性服务业的服务半径，打破了区域边界，形成了较大范围的本地市场（Karlsson，2004；陈建军等，2009；祝新，2011；宣烨和余泳泽，2014）。

第四，生产性服务业的相关研究普遍表明，成本是影响企业布局的重要原因（甄峰等，2008；邱灵，2013；柯丽菲，2016）。这些成本因素包括要素成本和交易成本，其中要素成本表现为企业生产和运营中的直接成本，主要包含土地成本或租金价格、劳动力成本等；交易成本则是交易过程中所产生的间接成本，与政府部门运作效率、市场化程度、区域经济信息可获得程度等方面有关（安礼伟等，2004；江静和刘志彪，2006；陈建军和崔春梅，2010；周正柱和孙明贵，2013）。由于不同层级的生产性服务业所面临的行业门槛、市场竞争程度以及产品附加值有所差异，并且同一类型成本在不同层级的生产性服务业的总成本中占比也有所不同，因此不同层级的生产性服务业具有不同的成本敏感度。对低端生产性服务业来说，一方面服务提供商数量多、行业门槛低，另一方面提供的产品和服务标准化程度高、可替代性强，客户容易受到价格的影响，成本因素成为市场竞争的重要手段，所以低端生产性服务业对基础性要素成本更为敏感，追求更低的劳动力成本、更低的土地成本或租金价格。而对高端生产性服务业来说，高端服务和产品的提供商数量相对较少、行业门槛高、客户忠诚度高，并且产品具有差异化、稀缺性和较高的利润的特点，所以它们对土地成本或租金价格等成本并不敏感。但是高端生产性服务业受技术更新速度、市场信息、政府政策等因素影响较大，因此为了保证行业竞争力，它们对知识、人才、技术等高端生产要素的获取和交易成本更加敏感（江静和刘志彪，2006；江静等，2007；宣烨和余泳泽，2014）。

第五，政府的宏观调控措施和相关政策会对生产性服务业的布局和集聚产生直接影响（Eschenbach and Hoekman，2006；任英华和邱碧槐，2010；张波，2012），如北京（陈秀山和邵晖，2007；邵晖，2008；邱灵，2013）、上海（宁越敏，2000；陶纪明，2009）、广州（林彰平和闫小培，2006）、深圳（王如渊和李燕茹，2002）等地的生产性服务业的集聚发展和产业都是政府规划和市场化共同作用的产物。生产性服务业经济属性之外的其他属性和特性，如金融涉及国家经济安全、科学研究和信息技术涉及关键核心技术且容易出现“卡脖子”风险等，使生产性服务业相较于其他行业，受政府的影响更为明显，对政策的依赖性更强（Mattoo et al.，2006；汪德华等，2007；陈建军等，2009；刘纯彬和杨仁发，2013）。并且由于部分欠发达地区存在市场机制不完善的问题，完全依赖市场化来推动生产性服务业的发展阻碍大、时间长，因此在发展初期，政府有必要干预（冯薇，2006；沈能，2013）。因此对信息传输、计算机服务和软件业，金融业以及科学研究、技术服务和地质勘查业等高端生产性服务业而言，其行业属性关系国民经济命脉，发展环境由政府政策所决定。此外，如芯片、新能源技术研发等还处于发展初期的高端生产性服务业由于本身就是政策的载体，高度依赖政府补贴和政府订单，因此其对政府政策极其敏感。而对低端生产性服务业来说，因为技术含量较低、对政府支持依赖度低等，所以其对政府政策的敏感度并不高。

综上，由于不同层级的生产性服务业对劳动力资源和信息资源的需求不同，同时在用户规模、相关成本和政府政策等方面的敏感度存在差异，因此其对所布局的区域或城市的等级提出了不同的要求。

（2）不同等级城市的供给能力

第一，高素质人才的供给是影响生产性服务业的重要区位条件，这意味一个地区吸引力的强弱（刘曙华和沈玉芳，2007）。对于劳动力资源的供给能力，城市等级和劳动力素质之间存在一定的匹配关系，低技术的劳动力主要来自中小城市，而高技术的劳动力主要集中在大城市（杜群阳和俞航东，2019）。这主要有两个原因：一方面，高等级城市汇聚了大量的高水平、高层次的高等院校和科研院所，拥有对人才的教育培养和向社会输送的能力；另一方面，由于虹吸效应（刘和东，2013）、马太效应（周伟林，2005）、势差效应（郑文力，2005）的存在，高等级城市天然具有对高技术、高素质人才的吸引力。此外，高等级城市拥有更多的就业机会、更为完善的基础设施以及良好的生态环境，所以为了实现自身价值以及追求更高的生活质量，高素质人才也更倾向于流向高等级城市（张虎等，2017；董亚宁等，2021）。为了满足行业对高素质劳动力资源的需求，信息传输、计算机服务和软件业，金融业以及科学研究、技术服务和地质勘查业等高端生产性服务业更愿意选择在高等级城市布局。与之相反，中低等级城市缺乏上述优势和条件，因此只能吸引低端生产性服务业集聚。

第二，信息资源对不同层级的生产性服务业的影响差异导致高端生产性服务业倾向于在大城市集聚，而低端生产性服务业在大中小城市均能发展（申玉铭等，2015）。城市的供给能力、支配能力与城市的等级息息相关，等级越高的城市，知识密集程度越高，适合公司总部以及科技含量高、技术水平高的行业集聚和布局，而城市等级低的城市集聚知识密集程度较低的行业（张虎等，2017）。城市规模越大，市场、技术以及其他与竞争有关的各种知识与信息越会在城市内大量集聚，使城市内的生产性服务业企业更容易接近自身所需要的信息资源（胡国平等，2012）。大城市是技术、政策、知识等信息资源的发源地和聚集地，由此带来的知识溢出能够促进生产性服务业实现技术创新，提高生产效率。信息的核心属性是空间属性，而接近性是获取信息的关键（陈殷和李金勇，2004），大城市具有完备的信息资源共享机制，而一个安全的信息共享环境会促进区域内企业的快速发展（Gordon et al.，2003）。因此，高端生产性服务业基于对新知识和新信息等要素获取的重视，更愿意选择在高等级城市布局。而中小城市集聚了众多低端生产性服务业的主要服务对象，能够满足低端生产性服务业及时获取用户需求信息的需求，为其及时与服务对象进行面对面交流沟通提供了有利条件。

第三，作为从制造业中分离的行业，生产性服务业处于需求遵从地位，需求的规模和发展潜力是影响生产性服务业区位选择的关键因素（曾国宁，2006；韩德超和张建华，2008；盛龙和陆根尧，2013）。一般来说，高等级城市作为政治、经济、文化中心，具有影响力大、辐射范围广的特点，这决定了其拥有更大的市场容量，可以满足高端生产性服务业对用户规模的需求。同时，高端生产性服务业选择高度发达的中心城市布局，一方面可以有效利用这些城市的生产要素，尤其是人力资本等，另一方面能够发挥这些中心城市对周边地区的制造业辐射功能（江静和刘志彪，2006；贺小丹，2017），进一步扩大本地市场，获得更多的服务对象。此外，高端生产性服务业作为知识密集型行业，也更愿意在空间集中、人口密度比较高的区域布局（Glaeser，1999）。对中小城市而言，虽然其经济规模相对较小、城市辐射能力也比较弱，但在此布局可以获得较低的生产成本，因此适合中低端生产性服务业。

第四，众所周知，城市等级与生产成本和交易成本有着显著的关系。包括土地成本或租金价格等在内的成本因素仍是导致低端生产性服务业以及小规模生产性服务业向郊区等生产成本更低的地区集聚的主要原因（邱灵，2014）。而相较于低端生产性服务业，有着高利润的高端生产性服务业和大规模生产性服务业一般对土地成本有着较高承受能力，因而往往在城市核心区域集聚（张志斌等，2019）。并且高等级城市的政府运作效率、市场化程度都更高，可以有效降低交易成本，因此高端生产性服务业更倾向于在高等级的大城市布局。此外，高端生产性服务业的技术和资本密集程度更高，出于对降低高级生产资料成本的考虑，其更青睐那些具有高附加值生产要素和资源的地区（王聪和曹有挥，2019）。

而对低端生产性服务业来说，中小城市租金低、劳动力成本低的优势可以帮助企业降低生产成本，在市场竞争中获得优势，因此在中小城市布局更符合低端生产性服务业的需求。

第五，企业的布局和发展离不开政府的作用。有利的政策，如开放的经济政策、活跃的市场经济、较少的政府干预等，都会对生产性服务业产生吸引力（王聪和曹有挥，2019；余得生和刘俊，2017；柯丽菲，2016），而不利的政策会限制生产性服务业的发展，如地方保护主义的存在抑制了高端生产性服务业的发展（贺小丹，2017），过大的政府规模、过度的政府干预也对生产性服务业的发展不利（汪德华等，2007；沈能，2013）。高等级城市具备相对中小城市发展高端生产性服务业的政策制度优势。高等级城市一般是区域的政治中心，具有政策制定能力，并且政府工作效率高、市场化程度高，高端生产性服务业选择在此布局，可以以最快速度获取相关政策信息，及时调整企业发展战略。并且布局在这些城市不仅能够近距离与决策部门及时沟通，容易从政策上获取政府支持，还能够影响政策制定的走向（宣烨和余泳泽，2014）。此外，高等级城市具有先试先行的政策制度优势，通过政府补贴和政府订单，促进还处于发展初期的高端生产性服务业的发展。而对低端生产性服务业来说，中小城市恰恰符合其对生产成本敏感而对政策和制度不敏感的行业特性，所以低端生产性服务业更倾向于布局在中小城市。

综上，不同等级城市在劳动力资源、信息资源、市场容量、用户规模、成本、政府政策上的供给能力不同，吸引了不同层级的生产性服务业来此布局。最终，基于不同等级城市之间的优势和不同层级生产性服务业的行业特性，形成了高端生产性服务业在高等级、核心城市布局，低端生产性服务业在中小城市布局的层级分工现象。

1.2.3　产业集聚

根据党的二十大报告，以城市群、都市圈为依托是推动构建新发展格局的重要举措之一，坚持把发展经济的着力点放在实体经济上，推动制造业高端化、智能化和绿色化发展，将有利于从根本上改善生态环境，实现美丽中国的目标。我国制造业规模大、产业链配套齐全，发挥这一优势是推动经济高质量发展的着力点。

产业集聚是多重因素共同作用的结果，这些因素包括但不限于以下几个方面：获取新兴或互补技术、削减交易成本、克服市场准入壁垒、实现协同经济效益、分散创新风险等。出于这样一些因素，密切相关的企业、相关机构、中介组织以及客户纷纷借助价值链的作用在一个相连的区域空间内集聚（匡致远，2000）。运输成本、报酬递增、外部性、市场因素、知识溢出等方面也是影响产业集聚的因素（梁琦，2004，2009）。报酬递增是分工与集聚联系的媒介，分工是报酬递增的源泉，而集聚是报酬递增得以实现的空间组织形态。我国制造业主要分布于沿海地区，自然优势是推动行业间共同集聚的首要因素，投入产出关系、劳动力池与知识溢出是影响共同集聚的重要因素，且劳动力池的影响系数高于其余二者（刘念和范剑勇，2023）。在地区经济的发展过程中，要素资源的流动促进了产业集聚。相对丰富的人力资源、完善的基础设施和信息技术网络的发展，使产业集聚持续发挥正外部性效应。要素禀赋在空间上的集聚推动了市场规模效应和协同效应的加强，节约了交易成本，其中主要是生产成本和运输成本，提高了生产效率和资源配置效率（芮明杰等，2017）。

改革开放以来，我国经济发展迅速，中国成为世界第二大经济体，极大地促进了产业集聚。产业集聚可以实现资源的优化配置，提高产业间的生产效率，促进经济可持续发展和产业转型。对产业集聚能否带来绿色创新发展的研究较为丰富。产业集聚能够促进绿色创新的发展，利用技术创新和制度创新，改变原有的化石能源生产模式，改用清洁能源，走可持续发展路线（郭卫军和黄繁华，2021）。绿色创新效率在各城市之间存在显著的空间正相关性，随着互联网融入企业生产发展的产业链中，专业化和多样化的产业集聚能够显著提升绿色创新效率（陈兵和王伟龙，2021），并且多样化集聚的作用更强（曲延芬和于楚琪，2021）。数字化转型能够带动上下游产业的集聚发展，促进区域经济水平的提升。数字经济一方面改变资源要素的配置方式，另一方面促使企业改变生产经营方式，影响并改变产业集聚的表现形式。数字经济可以通过人力资本效应和知识溢出效应促进产业在专业化集聚和多样化集聚上的发展（寇冬雪和张彩云，2023）。产业集聚在城乡融合发展中起到了中介作用，其集聚效应、扩散效应等推动了数字物流的发展，并且数字物流的普及程度越高，城市和农村之间的运输时间越短，运输成本越低，资源要素流动越快，城乡融合的能力也越强（杨守德和李佳，2023）。产业集聚也在数字经济驱动区域经济韧性的提升中起到了中介作用，即数字经济可以通过产业集聚提升区域经济韧性（丁亮，2023）。

不同城市圈内产业集聚与技术创新息息相关，并且二者之间的相互关系对经济增长有着影响。产业集聚促进技术创新，技术创新也会带动企业转型，以长江中游城市圈为例，产业集聚和技术创新之间的互动能够推动地区经济增长。产业集聚是技术创新的催化剂，其可以从宏观和微观两个方面促进技术发展。宏观方面能够减少企业壁垒，降低运营风险，减少运营成本；微观方面能为产业中企业提供管理经验，不同层级产业集聚能够促进企业创新，并且企业可以利用丰富的管理经验构建长期竞争的发展模式，促进科技成果商品化和产业化快速发展（孙志超等，2023）。竞争能够激励企业开展更多绿色创新活动，产业集聚能够使企业更容易观察到竞争对手在产品设计、广告模式等方面的改进和创新。同时，企业间会利用协同效应，整合资源、共享信息、互联互通，深化绿色创新合作，加速产业间的互动融合，实现互利共赢（王晗和何枭吟，2022）。

与此不同，生产性服务业的集聚在一定程度上抑制了区域经济的增长。产业间技术创新互动并未对区域经济增长产生显著影响（郝永敬和程思宁，2019）。创新、共享均对城市生态效率提升带来显著的正向影响，尤其体现在长三角城市圈较发达地区；协调、开放对城市生态效率有双向影响，对大部分城市的生态效率提升具有促进作用，但对其他小部分城市生态效率提升存在抑制效应（蔡雅西，2022）。集聚地区技术创新能力会在很大程度上影响制造业和生产性服务业协同集聚的经济效益。只有在技术创新能力达到一定水平时，协同集聚才对区域经济增长产生积极影响；反之，协同集聚则可能抑制区域经济增长。产业过度集聚也会阻碍技术创新，地方保护主义会限制中国制造业的区域集聚（路江涌和陶志刚，2007）。在产业集聚不断增强的情况下，产业吸引更多的人力资本，带动地区经济的快速发展。此时，地方政府也会采取相应的措施，给予集聚企业优惠政策来促进本地区集聚产业的发展。大量企业涌入该地区，在突破规模效应和协同效应的临界点后，集聚企业的拥挤效应开始显现。中小企业会采取恶意的价格竞争，导致大型企业或者国有企业难以竞争，行业整体利润率下降，闲置产能增加，此时缺少技术创新的能力，全要素生产率逐渐下降，企业技术升级和转型越加困难（芮明杰等，2017）。

不同行业的集聚与城市生态效率有关。生产性服务业集聚，尤其是高端生产性服务业集聚，虽然短期内会对城市生态效率提升造成一定程度的抑制，但在长期内，这种集聚能够显著促进生态效率的提升；与单一产业的集聚相比，生产性服务业与制造业的协同集聚对生态效率的提升效果更加显著。制造业集群通过外部规模经济、成本节约、知识溢出三个集群效应能够促进技术的改进以及环境的改善，从而提升城市群生态效率水平。制造业集聚程度越强，越能够改善本地以及邻近地区的环境（罗书岐，2022）。

不同的产业集聚模式在影响城市生态效率方面存在门槛效应，两者之间呈现显著倒“U”形关系；制造业集聚趋势明显，但具有城市差异性，城市规模对产业集聚与城市生态效率之间的关系起到了负向调节作用（张广胜和陈晨，2019）。这种倒“U”形关系同样适用于制造业集聚对绿色经济协调发展水平的影响。我国绿色经济协调发展水平参差不齐，存在显著的空间正相关关系，呈现东部地区高值和高值集聚、西部地区低值和低值集聚的空间状态。对先进制造业而言，其在东部地区集聚水平最高，但是在中部地区的促进作用最为明显。

不同的产业集聚能够促进经济高质量发展。产业集聚能够有效降低交易成本，通过知识溢出效应、技术创新、金融融资、交通基础设施优化等方面促进经济高质量发展。环境规制对促进经济高质量发展存在显著的正向空间溢出效应，但同样存在地域空间的差异，对上游经济高质量发展的促进能力强，对下游则存在较高的环境规制门槛（周韬和张俊丽，2023）。专业化集聚和多样化集聚对邻近地区经济产生空间外溢效应。这两种类型的集聚都会对产业结构产生影响，专业化集聚提高了区域同类型产业的竞争水平，多样化集聚则是加强了产业结构的多样化，能够更好地满足生产发展的需求。但是在产业过度集聚或者产业发展空间失衡下，产业集聚对经济高质量发展的影响不显著并逐渐减弱，甚至抑制经济高质量发展（乔小明和唐婷婷，2023）。产业集聚与贸易开放的关联效应能够促进新型城镇化质量的提升，贸易开放能够加速国内外要素的自由流通，加强要素累积循环效应，扩大市场规模，促进产业结构升级，提高高质量发展水平；但是产业集聚与投资开放的关联效应不利于新型城镇化质量的提升，FDI 的区位选择使产业集聚未能发挥示范效应，容易造成集聚区产业低端化、同质化，加剧拥挤效应和污染效应（冉启英等，2023）。

1.2.4　生产性服务业与制造业协同集聚

生产性服务业与制造业之间存在需求关联和成本关联。一方面，生产性服务业具有在制造业集聚区布局的偏好，它的发展离不开制造业企业为其提供的市场需求，使市场互通，形成需求关联。另一方面，制造业企业在生产性服务业集聚区布局能够降低成本，形成成本关联（陈建军和陈菁菁，2011）。

众多学者总结了我国制造业与生产性服务业协同集聚的发展过程及现状。早期我国制造业与生产性服务业之间的协同集聚程度整体较低（陈建军和陈菁菁，2011），然而 2010~2019 年全国及各省份生产性服务业与制造业耦合发展水平总体呈上升趋势。2014 年之后我国生产性服务业与制造业融合发展形势较好，2017 年后生产性服务业发展情况相比制造业发展情况较优（靳留乾和方新，2023）。我国生产性服务业与制造业融合程度不断加深，从起初的制造业主导走向二者协同融合模式（孙正等，2022）。在产业层面上，随着互联网技术的发展，高端生产性服务业与制造业的协同融合程度加深；在城市层面上，生产性服务业与制造业总体呈一定的区域空间集聚化发展趋势，逐渐转变为城市圈内部的协同集聚。而不同地区发展情况差异显著，多数省份生产性服务业与制造业耦合发展水平属于优秀协调或良好协调，相比西部地区，中部和东部地区的两业间协同集聚水平更高（靳留乾和方新，2023）。产业协同集聚水平在东部沿海地区各省市之间也存在较大差异（陈晓峰和陈昭锋，2014）。在长株潭地区，制造业的集聚效应相对较强，然而与制造业相比，生产性服务业的集聚效应较弱（周明生和陈文翔，2018），即生产性服务业在该地区的集中程度相对较低。

生产性服务业与制造业的协同集聚效应明显，正向促进经济增长

（胡艳和朱文霞，2015）。但是也有学者研究显示，生产性服务业与制造业之间的相互促进和受益程度有限（周明生和陈文翔，2018）。协同集聚与经济增长之间可能存在非线性关系。这意味着随着协同集聚水平的不断提高，经济增长可能呈现一种非线性的变化模式，并且经济增长的速度可能会因协同集聚水平的不同而有所差异。

生产性服务业与制造业协同集聚对经济的影响包含以下几个方面。

一是提升创新效率，驱动经济增长。生产性服务业与制造业协同集聚可分为支持性生产性服务业—制造业协同集聚与基础性生产性服务业—制造业协同集聚两种（陈子真等，2019）。支持性的协同集聚有助于提高本地区和邻近地区创新水平，其空间溢出效应随着距离的增加而逐步衰减。后者对本地区创新水平的影响不显著，会对邻近地区创新产生“虹吸效应”。两业协同集聚对企业创新水平的影响程度也受到部分学者的持续关注，有研究显示：企业间的交易成本结构、市场进入和退出决策行为以及研发创新激励水平受生产性服务业与制造业协同集聚影响较大。两业协同集聚能够优化创新资源配置，扩大市场规模，提高企业的技术创新水平。与此同时，企业的所有制类型、要素和沟通密集度、城市规模等异质性因素也会对协同集聚产生影响（刘胜等，2019；纪祥裕和顾乃华，2020）。

二是通过关联产业之间共享物质、信息、资金等促进经济增长。两业协同集聚能够有效推动区域经济增长、提升产业间专业化水平以及促进二者之间的有效互动和融合，从而提升区域产业竞争力与产业效率，发挥企业的协同创新效应，降低研发成本，推动价值创造（江曼琦和席强敏，2014）。产业融合在城市空间层面上并不显著，投入产出关系则是两业在城市间集聚的动因之一。部分行业有着较强的空间协同集聚倾向，例如部分技术密集型的制造业和城市交通运输服务业。制造业与生产性服务业之间的产业融合能够提高区域经济韧性，并且表现出区域异质性。两业融合过程中产生的高度信息化、便利的交通和良好的空间品质也会提高区域经济韧性。尽管数字普惠金融的调节作用尚不明显，但是政府有关的政策支持能够起到提高区域经济韧性作用（汪慧玲等，2022）。另外，生产性服务业的空间集聚能够提升区域总体就业水平，增加生产性服务业和制造业的就业人数（庄德林等，2017）；产业集聚能够显著增加制造业的就业人数，但不会显著增加生产性服务业的就业人数。两业在区域内的协同集聚虽然总体上会降低就业水平，但是从省际协同集聚角度出发，其产生的显著空间互补效应能够促进就业水平的提升（庄德林等，2017）。

三是通过集聚外部性影响经济发展。不同的城市规模对协同集聚有着不同的影响。城市规模影响协同集聚对经济增长的作用（豆建民和刘叶，2016）。生产性服务业和制造业协同集聚不仅直接影响人口和经济城镇化，而且会影响空间和社会城镇化，其影响程度在经济发展的不同阶段会存在明显差异（伍先福和杨永德，2016）。生产性服务业和制造业协同集聚能够提高产业结构合理化水平，但与产业结构高级化水平之间存在倒“U”形关系。地区不同，产业结构合理化受到协同集聚的影响不同：在中、西部地区有积极影响，能优化产业结构；在东部地区则有消极影响，抑制产业结构合理化。协同集聚对产业结构高级化的非线性影响主要集中于中、东部地区，在西部地区则有负面影响。同时，不同行业间的协同集聚也会对产业结构合理化产生影响，例如交通运输业和制造业协同集聚能够提升产业结构合理化水平，科学技术服务业与制造业协同集聚能够提升产业高级化水平（周小亮和宋立，2019）。产业协同集聚与经济高质量发展之间呈倒“U”形关系，产业耦合协调在产业协同集聚的驱动下，能够显著推动经济高质量发展，其对经济高质量发展的作用受到区域特征的影响（章润兰和刘明慧，2022）。生产性服务业在地区间的集聚分为高端生产性服务业与低端生产性服务业。制造业与高端生产性服务业之间的集聚能够促进经济的高质量发展，与低端生产性服务业之间集聚对经济的促进作用不明显。两业协同集聚会对产业发展顺序产生影响。生产性服务业与制造业相互影响：一方面，生产性服务业的区位选择会影响制造业的空间集聚；另一方面，制造业也会影响生产性服务业的空间集聚。当城市规模较大时，制造业的大量集聚会吸引生产性服务业的集聚，从而促进生产性服务业的发展（陈建军和陈菁菁，2011），最终实现两业协同发展，共同提高区域经济发展水平。在较大规模的城市中，先要关注生产性服务业的集聚和发展，其发展程度能够促进产业转型和升级；在中间规模或者较小规模的城市中，则需关注制造业的集聚和发展。当制造业完成较高质量的发展时，会对生产性服务业集聚于此产生较强说服力与吸引力，从而促进两业间的协同发展。经济高质量发展水平与产业协同集聚指数密切相关，并且二者之间具有较强的空间关联性。两业协同集聚对城市经济高质量发展具有显著正向的直接效应与空间溢出效应（王晶晶和李灵玉，2022）。协同集聚确实存在空间溢出效应和空间反馈机制，这意味着制造业和生产性服务业在某个地区的发展可能会相互促进和受益。知识溢出、技术创新以及层级分工程度对两业间的协同集聚具有积极的影响。这意味着，当知识和技术在一个地区得到有效共享和应用时，制造业和生产性服务业之间的协同发展将更加有利（陈建军和陈菁菁，2011）。产业协同集聚必须迈过产业规模和产业发展潜能门槛才能发挥对城镇化的正向作用（金浩和刘肖，2020）。

第2章　我国生产性服务业发展现状与国际经验

2.1　我国生产性服务业发展总体状况

按照我国的统计口径，生产性服务业包括金融保险、现代物流、商务服务、计算机和信息服务、通信服务等服务部门。从宏观层面来看，我国生产性服务业增加值占 GDP 的比重基本保持不变，长期处于比较低的水平，表明我国生产性服务业对经济增长的贡献率还比较低，我国经济增长的主要驱动力量还是不断增加的对基本生产要素的消耗和资本的大量投入，经济增长方式表现出明显的粗放型特征。从国际比较的角度看，我国经济增长对生产性服务业的依赖程度不高，2020 年我国工业对生产性服务业的消耗水平明显低于同时期美国和欧盟的水平，表明在由工业经济到服务经济、由粗放增长到集约增长的这一发展阶段，还有很长的路要走。生产性服务业的发展与经济效率的提高密切相关，对经济增长方式的转变至关重要。

2.1.1　生产性服务业与国民经济

随着我国经济发展，生产性服务业规模不断扩大，对经济发展的拉动作用也日渐凸显。由表 2-1 可以看出，我国国内生产总值从 2009 年的 34.85 万亿元增加到 2019 年的 98.65 万亿元，总量增长了近 2 倍；其中第三产业产值从 2009 年的 15.48 万亿元增加到 2019 年的 53.54 万亿元，对国内生产总值的贡献超过了 50%。我国生产性服务业产值也从 2009 年的 5.74 万亿元增加到 2019 年的 20.74 万亿元，10 年间增加了 2.61 倍，这表明生产性服务业产值一直保持增长趋势，且增速超过了国内生产总值的增长速度。

表 2-1　2009~2019 年我国生产性服务业产值、第三产业产值及 GDP

单位：亿元，%

年份	生产性服务业产值	第三产业产值	国内生产总值	生产性服务业产值占第三产业产值比重	生产性服务业产值占 GDP 比重
2009	57397.4	154765.1	348517.7	37.09	16.47
2010	66581.4	182061.9	412119.3	36.57	16.16
2011	80218.5	216123.6	487940.2	37.12	16.44
2012	91577.9	244856.2	538580.0	37.40	17.00
2013	105308.6	277983.5	592963.2	37.88	17.76
2014	118642.6	310654.0	643563.1	38.19	18.44
2015	137497.6	349744.7	688858.2	39.31	19.96
2016	150153.6	390828.1	746395.1	38.42	20.12
2017	167054.5	438355.9	832035.9	38.11	20.08
2018	189324.8	489700.8	919281.1	38.66	20.59
2019	207371.0	535371.0	986515.2	38.73	21.02

资料来源：2010~2020 年《中国统计年鉴》。

2.1.2　生产性服务业与社会就业

从表 2-2 中可以看到，2009~2019 年，我国生产性服务业城镇单位就业人数不断增加，自 2015 年以后一直保持着每年 80 万—100 万人的稳步增长趋势，占第三产业城镇单位就业人数的比重也是呈上升趋势。以 2019 年为例，我国生产性服务业城镇单位就业人数达到了 3047.4 万人，占第三产业城镇单位就业人数的 31.80%，带动就业作用显著。

表 2-2　2009~2019 年我国生产性服务业城镇单位及第三产业城镇单位就业人数

单位：万人，%

年份	生产性服务业城镇单位就业人数	第三产业城镇单位就业人数	生产性服务业城镇单位就业人数占第三产业城镇单位就业人数比重
2009	1820.3	6668.6	27.30
2010	1889.4	6898.6	27.39
2011	1966.0	7294.5	26.95
2012	2041.1	7649.5	26.68

续表

年份	生产性服务业城镇单位就业人数	第三产业城镇单位就业人数	生产性服务业城镇单位就业人数占第三产业城镇单位就业人数比重
2013	2521.1	8592.7	29.34
2014	2621.4	8828.5	29.69
2015	2695.7	8985.9	30.00
2016	2786.8	9127.8	30.53
2017	2871.1	9277.4	30.95
2018	2958.0	9429.5	31.37
2019	3047.4	9584.1	31.80

资料来源：国家统计局。

2.1.3　生产性服务业与外商直接投资

随着我国经济快速发展，我国在国际资源配置方面发生了巨大的变化，实际利用外商直接投资额（FDI）整体呈上升趋势，在国民经济中占比越来越高。从 2009 年到 2019 年，我国生产性服务业实际利用 FDI 是逐年增加的。受 2008 年金融危机影响，发达国家出现经济危机，与此对应的是，我国生产性服务业实际利用 FDI 增长率波动较大。2013 年以后，得益于上海自由贸易试验区的挂牌、全面取消贷款利率管制以及降低服务业投资门槛等一系列经济改革措施的实施，我国生产性服务业实际利用 FDI 开始呈高速增长的态势：2013~2019 年，我国生产性服务业实际利用 FDI 增加了 704 亿美元，2019 年生产性服务业实际利用 FDI 相比于 2013 年的数据增长超过 3 倍（见表 2-3）。

表 2-3　2009~2019 年我国生产性服务业实际利用 FDI 情况

单位：万美元，%

年份	生产性服务业实际利用 FDI	生产性服务业实际利用 FDI 增长率
2009	1298208	1.72
2010	1495102	15.17
2011	1863995	24.67
2012	2025789	8.68
2013	2254024	11.27
2014	2713340	20.38

续表

年份	生产性服务业实际利用 FDI	生产性服务业实际利用 FDI 增长率
2015	3756961	38.46
2016	4647254	23.70
2017	5801011	24.82
2018	7308864	25.99
2019	9298430	27.22

资料来源：国家统计局。

值得注意的是，在金融危机发生后的一段时期内，为了应对全球经济变化，我国政府曾采取多种措施稳定国内经济发展，并对外商投资采取了必要限制性措施，导致生产性服务业实际利用 FDI 出现阶段性波动。如 2008 年金融危机的爆发使我国生产性服务业实际利用 FDI 骤减，当年生产性服务业实际利用 FDI 增长率仅为 1.72%，明显落后于当年国内生产总值增速，在刨除通货膨胀因素影响后甚至表现为下降；在此之后，为刺激经济，我国政府又采取了一系列经济刺激措施，主要表现为 2011 年之后，我国生产性服务业实际利用 FDI 开始快速增长，除了 2012 年和 2013 年以外，其他年份增速均超过 20%（见图 2-1）。这一变化一方面得益于政府相关政策的大力支持，另一方面也离不开我国生产性服务业在经济发展和带动就业方面的强劲表现，给 2008 年金融危机后的市场注入了一针强心剂，巩固了国内外投资者对中国整体经济和生产性服务业未来发展的信心。

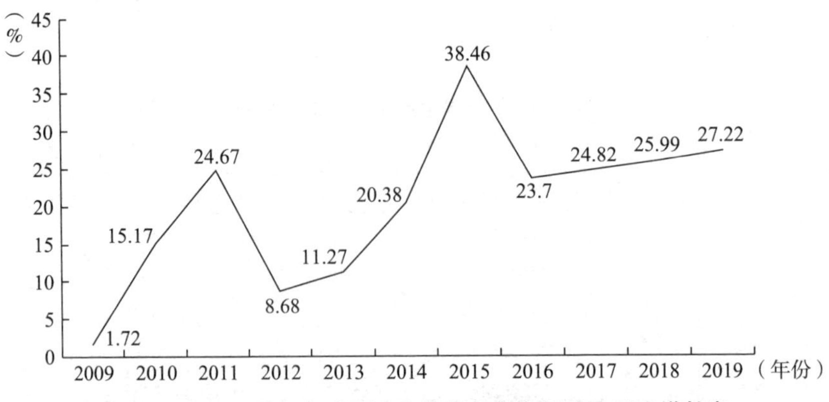

图 2-1 2009~2019 年我国生产性服务业实际利用 FDI 增长率

资料来源：国家统计局。

2.1.4　生产性服务业的内部结构

根据以往学者的研究，在生产性服务业内部的六大行业中，按照附加值和知识技术的密集度划分，信息传输、计算机服务和软件业，金融业以及科学研究、技术服务和地质勘查业被划分为高端生产性服务业；租赁和商务服务业、批发和零售业以及交通运输、仓储和邮政业这三大行业被划分为低端生产性服务业。与后者相比，在我国国民经济中，低端生产性服务业发挥的作用较为突出，对国民经济和就业的带动作用也更加显著。从表 2-4 的相关数据中可以看出，虽然生产性服务业内部的六大行业均实现了持续增长，但各行业产值依然存在明显差异，且从数值来看有不断扩大的趋势。其中，批发和零售业在 2009 年至 2019 年一直是产值最高的行业；金融业紧随其后，有稳步上升的趋势；信息传输、计算机服务和软件业以及科学研究、技术服务和地质勘查业的产值在第三产业产值中的占比不断提升，从 2009 年的 5.27%和 3.05%分别上升到 2019 年的 6.24%和 4.23%。考虑到这十年间我国第三产值的增长速度，可以认为这两大行业发展迅速，增长空间巨大。在低端生产性服务业中，租赁和商务服务业产值占第三产业产值的比重在十年间增长了约 2 个百分点；交通运输、仓储和邮政业以及批发和零售业的产值占第三产业产值的比重略有下降，体现了传统服务业的贡献度相对下降，符合行业发展的规律。但是从数值上来看，这两大产业的产值十年间分别增长了 1.57 倍和 2.3 倍，依然表现出巨大的增长潜力（见图 2-2）。

表 2-4　2009～2019 年我国生产性服务业各行业产值

单位：亿元

年份	交通运输、仓储和邮政业	信息传输、计算机服务和软件业	金融业	租赁和商务服务业	科学研究、技术服务和地质勘查业	批发和零售业
2009	16522.4	8163.8	21798.1	6191.4	4721.7	29004.6
2010	18783.6	8950.8	25680.4	7475.4	5691.2	35907.9
2011	21842.0	10304.8	30678.9	9453.4	7939.4	43734.5
2012	23763.2	11928.7	35188.4	11248.2	9449.4	49835.5
2013	26042.7	13729.7	41191.0	13335.0	11010.2	56288.9

续表

年份	交通运输、仓储和邮政业	信息传输、计算机服务和软件业	金融业	租赁和商务服务业	科学研究、技术服务和地质勘查业	批发和零售业
2014	28500.9	15939.6	46665.2	15276.2	12260.7	63170.4
2015	30487.8	18546.1	57872.6	17111.5	13479.6	67719.6
2016	33058.8	21899.1	61121.7	19483.3	14590.7	73724.5
2017	37172.6	26400.6	65395.0	21887.8	16198.5	81156.6
2018	40337.2	28733.5	70610.3	29468.5	20175.3	88903.7
2019	42466.3	33391.8	76250.6	32638.0	22624.3	95650.9

资料来源：国家统计局。

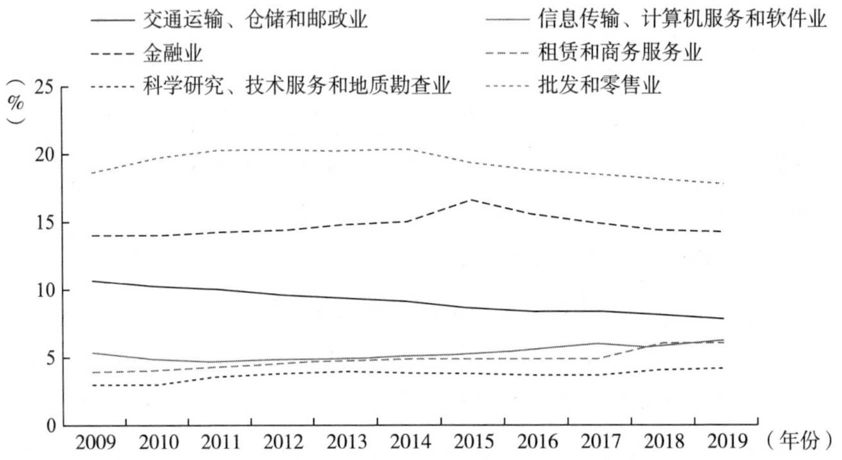

图 2-2　2009~2019 年我国生产性服务业各行业产值占第三产业产值的比重

资料来源：国家统计局。

在 2009 年至 2019 年的这段时间，我国生产性服务业经历了金融危机的冲击后迅速复苏，以高于国内生产总值增长率的速度取得了举世瞩目的成就，为我国这一时期的经济奇迹做出了巨大贡献。上述演变轨迹形成的原因，一方面是中国整个社会经济转型升级的发展需求的增加；另一方面是中国知识、技术的日益积累，尤其是大数据、云计算、平台经济、物联网等信息技术的发展及应用。同时，得益于近年来各级政府出台了一系列推进生产性服务业发展的政策措施，营造了加快生产性服务业发展的政策环境。如 2014 年，国务院发布了《关于加快发展生产性服务业促进产业结构调整升级的指导意见》，这是国家层面发布的第一个关于生产性服务业的政策文件。随后，全国绝大多数省、市、县政府也出台了类似文件、政策措施。知识、技术的积累，市场需求的增加以及政策环境的优化，推动了我国生产性服务业发展速度加快、结构优化。

生产性服务业各行业不断发展，也拉动我国第三产业就业人数的增长。从就业结构看，我国生产性服务业的就业主体仍然是批发和零售业、金融业以及交通运输、仓储和邮政业。从图 2-3 可以看出，生产性服务业各行业在 2009 年至 2019 年吸纳就业人数虽偶有小幅降低，但整体上保持着上升的趋势。从表 2-5 可以看出，交通运输、仓储和邮政业就业人数自 2013 年以后一直保持在 800 万人以上；信息传输、计算机服务和软件业，科学研究、技术服务和地质勘查业就业人数分别有不同程度的增加。

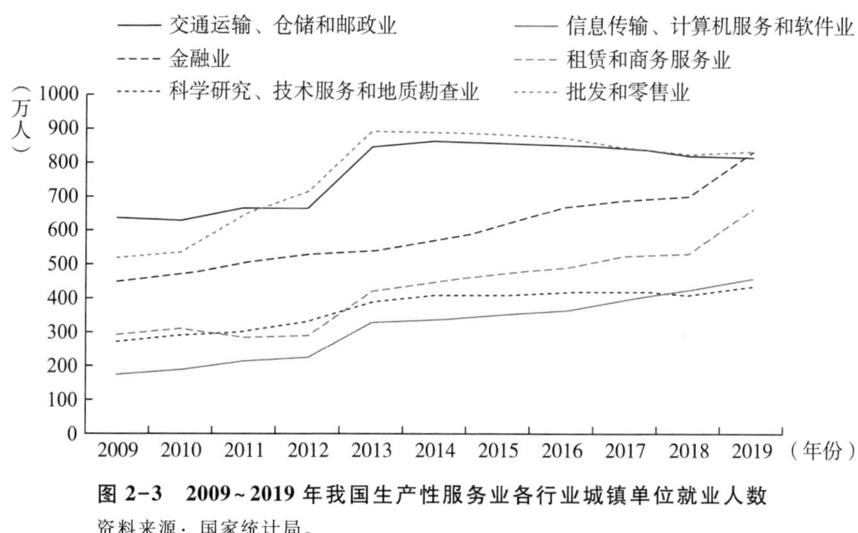

图 2-3　2009~2019 年我国生产性服务业各行业城镇单位就业人数

资料来源：国家统计局。

表 2-5　2009~2019 年我国生产性服务业各行业城镇单位就业人数

单位：万人

年份	交通运输、仓储和邮政业	信息传输、计算机服务和软件业	金融业	租赁和商务服务业	科学研究、技术服务和地质勘查业	批发和零售业
2009	634.4	173.8	449.0	290.5	272.6	521.0
2010	631.1	185.8	470.1	310.1	292.3	535.0
2011	662.8	212.8	505.3	286.6	298.5	647.0

续表

年份	交通运输、仓储和邮政业	信息传输、计算机服务和软件业	金融业	租赁和商务服务业	科学研究、技术服务和地质勘查业	批发和零售业
2012	667.5	222.8	527.8	292.3	330.7	712.0
2013	846.2	327.3	537.9	421.9	387.8	891.0
2014	861.4	336.3	566.3	449.4	408.0	889.0
2015	854.4	349.9	606.8	474.0	410.6	883.0
2016	849.5	364.1	665.2	488.4	419.6	875.0
2017	843.9	395.4	688.8	522.6	420.4	843.0
2018	819.0	424.0	699.0	530.0	412.0	823.0
2019	815.0	455.0	829.0	660.0	434.0	830.0

资料来源：国家统计局。

虽然高端生产性服务业就业人数在持续增加，但是交通运输、仓储和邮政业等传统服务业就业人数多、比重高，在所有生产性服务业中仍处于领先地位，这说明我国生产性服务业的就业结构优化的路仍然很长。

从实际利用 FDI 情况来看，生产性服务业是我国经济增长的新发动机，也是我国产业竞争力的重要体现，它既能反映我国利用外商投资的能力，也能反映我国市场对国外资本的影响力，更能提振外国投资者对中国经济的信心，还能反映我国生产性服务业不同领域的对外开放程度。因此，深入了解生产性服务业各行业的实际利用 FDI 情况至关重要。

图 2-4 显示，批发和零售业、租赁和商务服务业以及金融业是我国生产性服务业中实际利用 FDI 较高的行业。2009～2013 年，生产性服务业各行业实际利用 FDI 呈上升趋势，且增长速度较为平缓。2014～2019 年，租赁和商务服务业，信息传输、计算机服务和软件业以及金融业实际利用 FDI 实现了大幅增长，批发和零售业呈下降趋势，其他行业的情况变化相对较小。

这一变化是与经济全球化进程的不断推进相适应的。随着我国金融市场的开放力度的加大，国外大量的资金涌入我国金融业，特别是在 2014 年，金融业实际利用 FDI 达到了 41.8 亿美元，相比于 2013 年增加了 18.5 亿美元。2015 年更是创造新高，是 2014 年实际利用 FDI 的 3.58 倍，相比于 2014 年实际利用 FDI 增加了 107.9 亿美元。2016 年及以后金

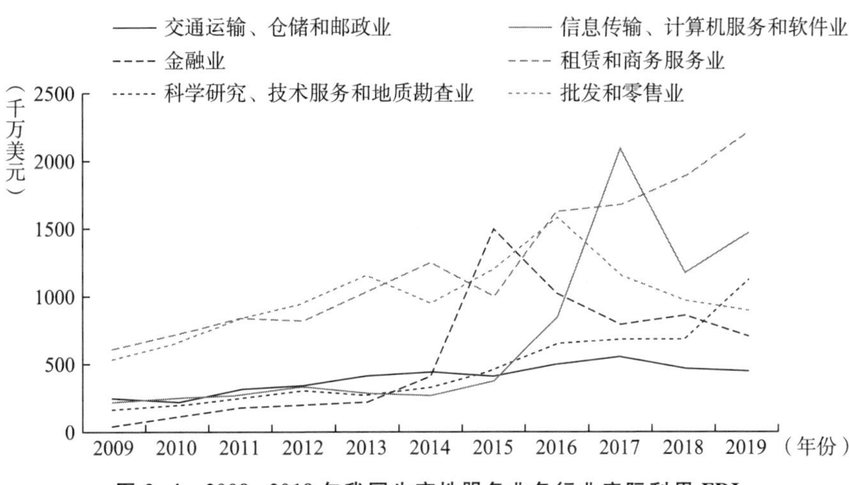

图 2-4　2009~2019 年我国生产性服务业各行业实际利用 FDI

资料来源：国家统计局。

融业实际利用 FDI 出现下降，这主要是因为，2013 年我国采取了积极的开放金融领域措施，刺激了该领域 FDI 的爆发式增长；2016 年金融业实际利用 FDI 处于调整阶段，开始进入正常发展轨道（见表 2-6）。

表 2-6　2009~2019 我国生产性服务业各行业实际利用 FDI

单位：千万美元

行业	2009 年	2010 年	2011 年	2012 年	2013 年	2014 年
交通运输、仓储和邮政业	252.6	224.3	319.1	347.4	421.7	445.6
信息传输、计算机服务和软件业	224.5	248.6	269.9	335.8	288.1	275.1
金融业	45.7	112.3	190.8	211.9	233.1	418.2
租赁和商务服务业	607.8	713.0	838.3	821.1	1036.2	1248.6
科学研究、技术服务和地质勘查业	167.4	196.7	245.8	309.6	275.1	325.5
批发和零售业	539.0	660.0	842.5	946.2	1151.1	946.3
行业	2015 年	2016 年	2017 年	2018 年	2019 年	
交通运输、仓储和邮政业	418.6	508.9	558.8	472.7	453.5	
信息传输、计算机服务和软件业	383.5	844.2	2091.9	1166.1	1468.2	
金融业	1496.8	1028.9	792.1	870.4	713.2	
租赁和商务服务业	1004.9	1613.1	1673.8	1887.5	2207.3	
科学研究、技术服务和地质勘查业	452.9	651.9	684.4	681.3	1116.8	
批发和零售业	1202.3	1587.0	1147.8	976.7	905.0	

资料来源：国家统计局。

在金融业实际利用 FDI 下降的同时，其他行业，诸如租赁和商务服务业以及科学研究、技术服务和地质勘查业，在 2016～2019 年呈上升趋势。这表明，我国生产性服务业的发展取得了实实在在的成就，在金融业政策红利逐步消退的同时，外国投资者也发现了我国生产性服务业中其他行业的飞速发展和蕴含的巨大潜力，进而将资金转向这些行业。从整体的角度看，我国生产性服务业实际利用 FDI 呈上升趋势；从行业分布的角度看，金融业实际利用 FDI 下降，一定程度上减少了非理性增长可能产生的风险，给了行业调整和进一步发展的空间，也给其他行业提供了接受外商投资的机会，从行业结构和资金布局的方面来看是一次好的转变。

2.2 我国代表性城市群生产性服务业发展现状

2.2.1 长三角地区生产性服务业发展现状

2.2.1.1 区域发展总体情况

截至 2020 年，长三角地区的总人口超过 2350 万人，占全国的比例为 16.7%；总面积 35.8 万平方公里，占全国的比例为 3.7%；地区生产总值 24.5 万亿元，占 GDP 的比例为 24.1%。从比例上看，长三角地区的经济发展水平明显高于全国平均水平，在我国国民经济中起到带头作用（陈志林，2022）。

虽然长三角地区的产业结构以服务业为主导，但各个省市又呈现独有的特色。上海已然成为典型的服务型经济城市，其服务业蓬勃发展。相较之下，江苏省呈现二、三产业并行发展的趋势。在这一格局中，安徽省第一产业基础较为雄厚，但第三产业发展相对滞后。与江苏和安徽相对照，浙江省的第三产业展现出更为明显的优势，且其发展势头更加平稳。

2014 年至 2020 年，长三角地区的生产性服务业实现了快速增长，对 GDP 增长的贡献率不断攀升。具体而言，这一时期长三角地区的生产性服务业增加值以年均 10.4%的增速，从 4.87 万亿元增长到 8.84 万亿元；生产性服务业增加值在地区生产总值中所占比重从 32.6%上升至 36.1%。

生产性服务业在内部发展方面存在较大差距。批发和零售业，信息传输、软件和信息技术服务业以及金融业合计贡献了近 70%的产值，对经济增长的拉动作用明显。近年来，随着新兴生产性服务业的比重上升，传统生产性服务业的比重下降。

生产性服务业在各地区的发展也存在不平衡的现象。2021 年，浙江、上海、江苏和安徽的生产性服务业增加值分别为 2.33 万亿元、2.11 万亿元、3.25 万亿元和 1.15 万亿元。从占地区生产总值的比重来看，上海的生产性服务业增加值占比达到 54.6%，排名第一，浙江、江苏和安徽分别为 36.1%、31.6%和 29.7%（陈志林，2022）。从以上数据可以看出，虽然长三角地区整体的生产性服务业发展状况优于全国平均水平，但是在长三角三省一市之间，特别是地市级层面，生产性服务业的发展状况仍存在差异。

2.2.1.2　生产性服务业发展现状

长三角地区是中国经济发展势头最为迅猛的地区之一，具备显著的区位优势和发达的外向经济与商品经济。该地区在落实国家新发展理念和推进区域协调发展战略方面扮演着重要角色，而长三角城市圈建设则是推进长三角地区率先发展、高质量发展的重要一环。在产业结构调整和经济发展方式转变的关键时刻，国家发布了《关于加快推动制造服务业高质量发展的意见》，明确指出制造业和服务业融合发展是在经济全球化背景下的大趋势。生产性服务业的发展与制造业竞争力提升密切相关，同时，现代化经济体系和经济高质量发展也更加依赖生产性服务业的支持。

长三角地区作为中国经济最活跃的地区之一，在服务业发展和集聚速度方面处于全国前列。生产性服务业的集聚化发展在推动长三角城市圈升级和再造过程中发挥重要作用，不仅能推动整个长三角地区经济的发展，还能通过辐射效应带动邻近地区乃至整个国家的经济增长。然而，在关注长三角地区经济增长的同时，也不能忽视经济增长引发的一系列负外部性问题。为此，相关政策制定者提出了各种措施。例如，《长江三角洲城市群发展规划》要求全面推进绿色低碳生态城区建设。此外，长三角地区一体化上升为国家战略，要求建立区域产业协作机制，弥补低碳发展的短板。这些措施旨在推动产业结构转型，实现经济增长和环境保护的协调发展。与此同时，生产性服务业的集聚化发展也是实现这一目标的重要途径之一（刘志彪，2021）。

2.2.1.3 在长三角地区发展生产性服务业的措施和意义

（1）持续推动区域产业结构升级与优化

产业结构升级与优化是国民经济持续发展的关键驱动力。考虑到长三角地区生产性服务业发展的地区间差异，要发挥生产性服务业在促进低端制造业发展方面的作用，通过产业集聚等手段引导中高端制造业更好更快发展；同时，借助长三角地区在科学研究和技术服务方面的优势，为高端制造业的创新项目提供支持服务。

（2）全面提升区域协同发展水平

为实现生产性服务业差异化发展，推动区域产业结构优化升级，首先需要进一步打破行政壁垒，优化物流体系，降低流通费用和交易成本，促进生产要素在区域内自由流动，更好发挥市场机制对资源配置的调节作用。此外，还需要加强省级、地市级以及跨级政府间合作，以《长江三角洲区域一体化发展规划纲要》等文件为指引，构建和优化区域经济发展规划和协调机制，强化各省市的经济和社会发展规划的衔接，全面提升区域协同发展水平。

（3）积极扩大生产性服务业的集聚规模

从宏观层面来看，长三角三省一市应基于自身优势，进一步引导生产性服务业向高端化和专业化方向发展，在价值链中努力占据更高端的位置。为此，相关部门需要进一步扩大生产性服务业的集聚规模，积极构建产业园和相应的配套设施，促进产业园内部以及产业园之间的企业合作和沟通，实现不同规模、不同发展阶段的企业之间的互补互促，更好发挥规模化集聚作用（贾燮颖，2021）。

2.2.2 京津冀地区生产性服务业发展现状

2.2.2.1 区域发展总体情况

京津冀地区的产业结构发展状况主要表现为以下特征：北京、天津、河北三地的产业结构存在较大差异。在这三个地区中，北京服务业占据绝对主导地位；天津为第二、第三产业共同驱动，且第三产业发展相对更快；河北以第二产业为主导，第三产业主要是资源密集型产业，对国民经济发展的贡献较小。这表明，京津冀三地的发展存在明显的不均衡，其中河北的第三产业发展明显滞后，这种区域间发展水平的断层在一定程度上影响了生产要素的区域间流动，限制了区域整体的生产性服务业的发展。

2.2.2.2 生产性服务业发展现状

根据党的二十大报告要求，现阶段应加快传统产业的优化升级，加快发展现代服务业，提高区域发展水平。为此，我们需要加快生产性服务业在条件较好的城市群的集聚发展，并以此为基础推动城市群整体水平的提升。十年来，我国政府充分重视京津冀地区在国民经济发展中的作用，并出台了一系列政策。2014 年，中共中央和国务院将京津冀协同发展战略提升为国家战略。2016 年，“十三五”规划提出以京津冀城市圈和其他城市圈为主体形态。

随着京津冀区域一体化进程的不断推进，京津冀地区的生产性服务业与制造业的产业空间分工体系已初步形成。生产性服务业主要布局在北京和天津地区；河北的产业结构仍然以制造业为主。这一产业布局带来的后果是，京津冀三地未能形成良性协同发展关系，许多地区存在单打独斗的现象，无法发挥产业集聚的作用。生产性服务业的过分分散不仅导致相关产业的比较优势逐渐丧失，而且产生了一系列经济和环境问题：北京周围出现了“环首都贫困带”；天津缺少足够的发展动能，经济发展水平相比其他大城市而言稍显滞后；河北迟迟未能实现从制造业一家独大向制造业与服务业并重的转型。这一系列问题制约了京津冀地区生产性服务业的后续发展，也给相关部门带来了挑战（张靳雪等，2023）。

虽然京津冀地区生产性服务业发展在现阶段还存在一系列问题，但是我们应该认识到，在我国政府出台的一系列政策的引导和规范之下，京津冀地区内产业的梯度分布在不断优化，地区间的互补关系日渐凸显。河北的中低端生产性服务业布局可以很好地承担产业链上游的角色，缩短产业链各环节之间的物理距离；天津和河北的部分中高端生产性服务业可以借助北京疏解非首都功能的契机，承接产业转移，实现产业快速更新换代。因此，我们应该充分利用三地间产业的互补性和梯度优势，实现优势互补、资源共享，形成更加协调的产业布局。推动区域产业快速发展，促进京津冀地区经济整体实力的提升。

2.2.2.3 在京津冀地区发展生产性服务业的措施和意义

加大公共支出、政策整合与协同发展、人才培养与引进、优化营商环境以及促进创新和技术进步等方面的政策措施可以推动京津冀地区生产性服务业的快速发展和产业结构的升级。

（1）明确分工定位并优化产业布局，实现错位发展

合理分工和错位发展可以有效减少区域内部各行业同质化发展导致的无效竞争。因此，需要充分发挥京津冀地区的区位优势和产业优势，合理规划产业布局发展蓝图，在全国一盘棋战略指引下，另辟蹊径，通过开辟新赛道或者细分市场等措施，结合地区特色和发展现状，实现错位发展。

（2）完善产业链，促进产业融合

京津冀地区产业融合的主要障碍是地区间产业发展不平衡导致的产业链断层，这导致相对落后地区产业承接能力弱，部分项目转移至其他地区，无法形成区域内部的良性循环。在现有局面下，为促进京津冀地区产业融合，亟须加快产业衔接，完善区域内部产业链。这就需要相关部门出台相关支持和激励政策，引导和推动企业进行上下游、区域间和行业间的协同发展，实现区域内产业的深度融合和优化升级。综上，优化产业结构、加强创新驱动、加大政府支持力度、加强人才培养与引进以及加强区域协同发展等方面的政策措施可以推动河北省生产性服务业的快速发展，并与京津地区形成良性互动，为京津冀城市圈的发展做出积极贡献（周文通和陆军，2015）。

2.3 国外生产性服务业发展现状

为了确保数据的可比性，本书选择了美国和欧盟作为国外生产性服务业发展的研究对象，选取其生产性服务业的整体规模和增长速度为指标进行分析比较。同时，结合国内外学者已有的研究成果，展开综合分析。对美国和欧盟这两个地区的生产性服务业进行比较和总结，旨在深入了解和揭示该行业的发展趋势、影响因素以及相关政策的有效性，从

而为国内相关政策制定和发展提供参考和借鉴。综合分析可以更全面地认识生产性服务业的国际发展现状，为本书的研究提供基础和理论支持。

2.3.1 美国生产性服务业发展现状

根据美国商务部的分类，生产性服务业可以被划分为六大类，包括批发和零售、交通和仓储、通信、金融保险、不动产租赁以及专业商务服务。这种分类方式能够全面覆盖各个领域的生产性服务业，从而更好地理解和分析该行业的不同特点和发展动向，通过明确分类，可以更加准确地掌握生产性服务业的结构和规模，为相关研究和政策制定提供有益的参考和指导。

2.3.1.1 美国过去四十年生产性服务业的发展历程

20 世纪末以来，由于技术创新所带来的效益，美国的生产性服务业发展速度远超整体服务业，增长迅速。

20 世纪 80 年代起，美国股市呈现高速发展态势，开启了美国生产性服务业四十年的黄金发展时期。1999 年，美国废除了《格拉斯—斯蒂格尔法案》，放宽对金融业的管制，赋予市场机制更大的调节空间，金融市场呈现欣欣向荣的发展格局，开启了高速发展通道。然而，这一时期许多金融机构无序扩张，导致整个金融市场的杠杆率处于极高水平，在推动市场繁荣的同时，也为日后的金融危机埋下了隐患。

20 世纪 90 年代，随着国际局势的变化，美国政府也开始调整战略布局，将部分用于军事研发的资金转移到民用研究领域、基础研究领域和教育领域。这一时期，美国的中高端生产性服务业发展迅速，其中电脑、软件等产业已达到全球领先水平（李江帆和毕斗斗，2004）。

21 世纪初，美联储通过连续降低基准利率刺激金融业的发展。在充足的资金和宽松的监管环境下，美国金融业蓬勃发展，新兴产品和业务模式不断涌现，形成了行业内部的良性循环。然而，2007 年次贷危机爆发后，金融行业受到了巨大的冲击。政府加强了对房贷市场和金融行业的限制，导致美国金融保险业的产出不断下降，生产性服务业的发展也因此受到限制。从 2010 年开始，金融体系逐渐恢复健康，生产性服务业的产出比重逐渐回升。

在过去的十多年里，生产性服务业在美国国民经济中的比重逐渐增大，并贯穿于制造业的价值链。目前，美国的生产性服务业仍然保持着高速发展的趋势，其中金融保险业、市场营销业和广告咨询业等发展速度最快。据统计，截至 2022 年，美国的生产性服务业增加值占整体服务业的 70%以上。

2.3.1.2 结论和启示

在美国生产性服务业发展的早期，在金融保险业迅猛发展的带领下，行业整体呈上升趋势。过去二十年，美国生产性服务业的发展主要依靠金融保险、不动产租赁以及专业商务服务这三大产业拉动。在此期间，这三大支柱产业逐步与制造业分离，产生了“产业空心化”的问题，不仅不利于产业深度融合，而且对未来产业布局规划提出了挑战。为此，美国提出了制造业产业回流政策，在一定程度上缓解了这一问题，但还是无法改变美国生产性服务业增速放缓的趋势（时鹏科，2019）。

在美国的生产性服务业发展过程中，金融业和高新产业曾经起到了举足轻重的作用。在 20 世纪末和 21 世纪初美国自由宽松的大环境下，科技和产品创新层出不穷，整个市场呈现生机勃勃的景象（杨玲，2009）。然而，在 2000 年美国互联网泡沫和 2007 年美国次贷危机后，美国政府重新审视了原来宽松的监管政策，在一定程度上影响了市场活跃度。同时，金融保险、不动产租赁以及专业商务服务这三大支柱产业的高速发展和高额回报，也抑制了资本向其他行业流入，这导致美国生产性服务业在现阶段“产业空心化”问题未得到解决的同时，缺乏其他增长动能，也对未来生产性服务业的结构优化升级、行业全面发展产生了不利影响。

2.3.2 欧盟生产性服务业发展现状

2.3.2.1 欧盟生产性服务业产生的背景和发展历程

工业革命以来二百多年的发展，使欧洲，特别是德国、法国等老牌工业强国在制造业和服务业领域打下了深厚的基础。然而，近年来，受全球金融危机和经济不景气的影响，随着新兴市场国家的快速崛起，欧洲一些传统产业优势在逐渐减弱。在这一大背景下，欧盟国家基于生产性服务业发展的机遇，逐步探索产业转型升级之路。

第七次欧盟创新调查的数据显示，服务业对欧盟 GDP 增长的贡献超过 60%。在全球产业转移的大背景下，新兴市场国家凭借人力资源、成本等方面的优势承接了发达国家中低端产业转移，并充分发挥其市场体量的优势，对欧盟中低端制造业的发展产生了巨大冲击。为了应对这一挑战，一方面，欧盟发挥其在高端制造业方面的优势，采取科技创新、品牌升级等战略，深耕中高端精细化产品市场，通过提高产品附加值、品牌价值等形式，提升行业竞争力；另一方面，加快现代服务业发展，尤其是知识密集型生产性服务业的发展。这两条路径在一定程度上是相辅相成的：生产性服务业的发展，尤其是金融和科技创新等中高端生产性服务业的发展，有助于进一步巩固其高端制造业的创新优势，形成“产业护城河”；高端制造业对知识和创新的需求也促进了欧盟国家对科技创新的重视，由此产生的一系列支持政策为知识密集型生产性服务业的发展提供了重要保障。湛军（2015）指出，发展现代服务业，特别是中高端生产性服务业，已经成为欧盟现阶段提升产业竞争力和增强综合实力的重要举措，对我国后续的深化经济改革和产业转型升级也具有参考价值。

2.3.2.2　欧盟现代生产性服务业发展的主要特点

根据第七次欧盟创新调查和经济合作与发展组织相关数据的综合分析，中小企业是欧盟生产性服务业发展的主要推动力量，同时是生产性服务业产值的主要贡献者。在成熟的市场环境下，科技创新能够给中小企业带来领先于同行的技术优势和进一步发展壮大的契机，并有效提高企业在市场竞争中的生态位。湛军（2015）在研究欧盟 28 个国家的创新活动中发现，中小企业是欧盟生产性服务业发展的主要驱动力。虽然相比于大型企业，中小企业的规模较小、产值较低，但是从宏观层面来看，中小企业对行业产值的贡献更大。如果按照员工人数划分，将员工人数超过 250 人的企业划分为大型企业，那么在欧盟 28 个国家中，超过 60% 的产值是由中小企业创造的。中小企业在创新方面表现出来的自发性和积极性，以及中小企业在宏观经济层面表现出来的巨大体量，对欧盟地区层面和国家层面的创新活动产生了重要的推动作用。

在认识到中小企业是欧盟生产性服务业发展的主要推动力量的同时，一个不容忽视的问题是，欧盟生产性服务业领域的中小企业在创新活动中，往往会受到企业体量、资源分配等因素的约束，对创新的时间、资金等资源的投入有限。为了打破资源方面的桎梏，欧盟中小企业探索出了两条行之有效的路径：一方面，借助外部创新成果，通过技术转让等途径跳过前期不确定性较大、风险较高的研究阶段，专注于开发阶段创新成果的商业化应用与转化；另一方面，中小企业之间建立起产业联盟，通过共享资源和技术，发挥产业集聚的优势，以降低创新成本、共享创新成果、优化创新路径、减少同质竞争。数据显示，在中高端生产性服务业和知识密集型服务业中，特别是在金融服务、IT与信息服务、商业服务等行业，中小企业更倾向于采用产业联盟的方式实现创新发展。总而言之，欧盟的中小企业之间具有突出的联合与集聚效应，具备创新的柔性和灵活性特点。

欧盟生产性服务业还表现出开放性和国际化的特征。得益于中欧平原和西欧平原独特的地貌、欧洲国家在历史上不同时期错综复杂的归属关系、欧盟大部分国家相对较小的体量，以及欧盟这一区域性组织提供的便利条件，欧洲国家之间的交流往来非常频繁。这一历史文化因素使欧盟国家的生产性服务业的中小企业天然较少受到行政壁垒的约束，更倾向于通过企业间、地区间和国家间的创新活动获取丰富的创新资源。

当然，与我国生产性服务业发展的区域差异类似，在欧盟生产性服务业发展历程中，历史、文化、经济等各方面的原因，导致了国家间、地区间生产性服务业的发展状况存在差异。第七次欧盟创新调查的数据显示，德国等西欧国家和瑞典等北欧国家的生产性服务业发展在欧盟内部排名较高，而罗马尼亚等中东欧国家的发展相对滞后。这一结果表明，欧盟内部各国的经济、地理因素以及加入欧盟的时间长短，都可能影响该国的生产性服务业发展状况和发展速度，进而产生区域差异。

值得关注的是，欧盟在积极支持企业创新的同时，还出台了一系列相应的区域层面和国家层面的支持和激励政策。2020年，欧盟委员会公布了未来十年欧盟经济发展计划，即“欧盟2020战略”，通过政府采购、市场化创新成果补贴与扶持等方式，在区域层面奠定了支持企业创新发展的总基调。

对重点领域，特别是中高端生产性服务业领域，德国、法国等老牌强国都给予了充分重视，出台了一系列措施促进创新成果的转化和产业结构优化升级。这些行业在前期通常需要投入大量的时间、资金等资源，在成果商业化转化阶段也存在不被市场接受的风险，如果全靠市场机制自发调节，企业可能会基于自身的短视行为，不愿意投入资金用于科技创新，也可能因为盲目创新浪费大量资源。如今，政府的支持和引导有效调动了企业科技创新的积极性，对中高端生产性服务业的进一步发展具有深远的影响。

2.3.2.3 结论与启示

与美国不同，欧盟生产性服务业的发展相对而言更加均衡，主要表现为创新驱动中高端生产性服务业，带动相关产业和配套产业共同发展。欧盟生产性服务业具有科技含量高、附加值高、开放程度高、国际交流频繁等特点，在市场中展现出很强的适应力和竞争力，是欧盟国家经济发展的重要贡献者，也是欧盟内部各国国家竞争力和综合国力的重要组成部分。

从欧洲国家产业发展的历程来看，欧盟生产性服务业的发展，离不开工业革命以来行业发展经验的积累。生产性服务业的创新活动不仅能够促进本行业的发展，带动国民经济发展，而且其部分创新成果能够产生溢出效应，为制造业科技创新提供路径指引和必要条件。

欧盟生产性服务业的发展，还离不开政府的支持。一系列支持和激励政策，成为欧盟生产性服务业发展的助推器；行业准入门槛的设定，规范了生产性服务业的发展模式，在遏制无序扩张和无效竞争的同时，引导行业实现良性发展。同时，基础设施的建设和依托条件的完善，为生产性服务业的运作提供了必要的支持。高水平的研发能力和资金获取能力，为生产性服务业的创新和竞争力提供了保障。此外，行业水平和能力的提升，也决定了生产性服务业的发展水平和质量。与此同时，欧盟生产性服务业的发展也离不开市场需求的支撑。需求空间和市场容量的扩大，为生产性服务业提供了更广阔的发展空间。供给能力和供给水平的提高，则保障了生产性服务业能够满足不断增长的市场需求。

在借鉴欧盟生产性服务业发展经验的过程中，欧盟领先全球的科技创新和研发能力也是一个不容忽视的因素。欧盟各国，特别是德国、法国等老牌强国，坐拥众多高校和科研院所，为生产性服务业的科技创新提供了丰富的灵感源泉和技术保障。同时，自希腊财政危机以来，尽管欧盟经济增长乏力，存在一系列经济和环境问题，但是欧盟大多数国家并没有削减科研创新投入。2020 年 12 月欧盟相关统计数据显示，欧盟 28 个成员国的研发支出平均增长率达到 4.3%，高于 GDP 的增长率。欧盟各国在科技创新领域的深厚基础和高度重视，为欧盟生产性服务业，特别是中高端生产性服务业的发展提供了有力保障。

此外，中小企业推动欧盟生产性服务业发展和产业结构优化升级的现象，对我国生产性服务业发展也具备相当的借鉴意义。中小企业的成功，离不开政府营造的市场环境，比如具备合理引导作用的行业规范、方便快捷的沟通交流、能够自由流动的生产要素市场、有序的市场竞争等。政府为中小企业构建良好的营商环境，中小企业在运用政府政策的杠杆作用和市场机制的资源配置功能发展壮大的同时，带动整个行业的发展，形成宏观层面的良性互动。

2.3.3 生产性服务业的国内外发展总结及对我国的启示

从国内外的发展现状来看，生产性服务业在全球范围内都发挥着越来越重要的作用。在国际上，许多发达国家已经经历了服务业转型的过程，生产性服务业成为经济的重要支柱。这些国家的生产性服务业往往具有高附加值、高技术含量和高知识密集度的特点，为经济增长和创新提供了强有力的支持。此外，一些发展中国家也开始重视发展生产性服务业，通过政策支持和投资吸引，促进生产性服务业的发展。这些国家借鉴了发达国家的经验，将生产性服务业作为实现经济结构转型和提高竞争力的关键领域。

对我国来说，国内生产性服务业发展正逐渐崭露头角。近年来，我国生产性服务业的增长速度明显快于传统制造业，已经成为经济增长的新引擎。特别是在高技术制造业、科技研发、信息技术、金融服务等领域，生产性服务业迅猛发展，已经在国内取得了一定的竞争优势。然而，我国的生产性服务业仍面临一些挑战和问题。一方面，生产性服务业的发展水平相对较低，服务质量和技术水平有待提高。另一方面，与发达国家相比，我国生产性服务业仍存在规模小、创新能力不足、人才短缺等问题。从国内外生产性服务业的发展经验来看，我国未来发展生产性服务业可以借鉴以下几点。

首先，要加大科技创新和研发投入，提高生产性服务业的技术水平和创新能力。其次，要建立和完善相关政策和法规体系，为生产性服务业的发展提供有力的支持和保障。再次，要注重培养和引进高素质人才，发挥生产性服务业的人力资源优势。最后，要加强国际交流与合作，吸取国际先进经验，与发达国家进行技术合作和市场拓展，提升我国生产性服务业的国际竞争力（扈美玲，2017）。

综上，国内外生产性服务业的发展经验为我国未来发展提供了重要的启示。通过加强科技创新、健全政策支持体系、加强人才培养和国际合作等措施，我国生产性服务业有望实现更快速、更健康、更可持续的发展。

2.4　生产性服务业发展的国际经验借鉴

根据前文提到的美国和欧盟生产性服务业的发展经验，并结合对我国生产性服务业发展的作用分析，我们可以从以下几个方面借鉴国际发展经验，更好地促进我国生产性服务业的发展。

2.4.1　密切区域合作，共建产业园区

生产性服务业的空间分布具有高度集聚的特点，建立区域产业集群有利于发挥互补和共享等外部效应。在欧盟，共建产业园区成为扩大产业合作的重要平台，也是推动跨地区生产性服务业协同发展的关键途径。然而，在我国，由于存在行政壁垒等问题，生产性服务业的布局较为分散，缺乏集聚效应。因此，在未来的发展中，我国可以借鉴共建产业园区的经验，通过建立产业园区来实现产业转移和合作。这样的合作可以促进区域之间的要素流动、技术溢出和人才培养，形成区域间产业融合发展和优势互补的良好格局。

2.4.2　强化配套服务，加快公共平台建设

根据我国的资源优势和资源配置特点，可以围绕产业功能定位，培育和建设对接和协作基地。跨地区合作可以提升产业合作和梯度转移的平台合作水平，从而由松散式的产业协作向体系化、网络化的渠道转变，实现资源和要素的跨区域优化配置。在借鉴欧盟生产性服务业发展经验

的同时，还需要培育和建设覆盖多地的公共物流信息、公共科技、金融服务、电子商务等区域共享的公共服务平台。重点建立技术创新平台、科技成果转化平台，推进区域内产业转移，形成科技服务体系，为生产性服务业的发展提供良好的环境。

2.4.3 营造友好的创新环境，激励企业创新

为了推动生产性服务业的发展，我们需要营造一个友好的创新环境。政府可以采取支持创新的措施，如资金支持、优惠税收政策、知识产权保护等，为企业提供创新的动力和保障。此外，政府还可以鼓励企业加强创新合作，促进产学研合作，提升技术水平和创新能力。同时，企业应积极推动创新，提高自身研发能力，投入足够的资源和人力开展创新活动。企业可以与高校、研究机构等合作，共享科研成果和人才资源，实现技术创新和转化，营造友好的创新环境，为生产性服务业的发展提供良好的创新生态。

营造友好的创新环境需要政府和企业的共同努力。政府提供支持创新的措施和企业积极参与创新活动，可以推动生产性服务业的创新发展，提升竞争力和核心能力，实现可持续发展。作为支持创新的重要力量，政府还应加大对科技创新的投入和支持力度，鼓励企业加强自主创新和技术引进，并提供相应的政策保障和资金支持。此外，政府还可以建立创新体系和平台，为企业提供创新孵化、技术转化和市场推广等服务；通过引入风险投资、设立创新基金等方式，支持初创企业和创新型企业，为其提供融资、人才和市场拓展等方面的支持。企业也应积极参与创新活动，加强内部创新人才的培养和引进，通过建立创新团队、开展创新项目、建立创新机制等措施，推动企业内部创新。同时，企业还可以与其他企业、研究机构和高校开展合作，共享资源和技术，开展联合研发和开放创新，促进创新能力的提升。

生产性服务业创新需要一个友好的创新环境。政府可以通过政府采购等方式来支持企业创新，扶持有潜力的创新企业。企业应积极进行创新，提供全新的产品和服务，实现政府和企业之间的良性互动。通过政府和企业的共同努力，创造一个友好的创新环境，生产性服务业中的中小企业能够获得更多的创新机遇和支持，从而推动行业的进步和发展。

2.4.4 强化人力资本的保障和支撑作用

生产性服务业以知识密集为特点，符合当前“再工业化”对创新驱动、高附加值、高产出和高拉动效应的需求。它在发达欧洲国家的经济发展和就业市场中起到了重要的作用，成为经济发展不可或缺的重要力量。美国和欧盟国家的生产性服务业的从业人员具备较高的专业素质，这为生产性服务业提供了对高素质人才的需求保障。未来，我国教育，特别是高等教育的快速发展，将为我国生产性服务业的发展提供强有力的支撑。人力资本对生产性服务业的发展具有重要的保障和支撑作用，需要给予重视。具体而言，相关部门和单位要加强人力资本的培养和储备，通过加强教育培训，提高从业人员的专业素质和技能水平，培养适应生产性服务业发展需求的高素质人才。此外，要注重培养创新能力、团队合作和跨学科知识的综合素质，以适应行业变革和创新发展的需求。

此外，人力部门应改进人力资源管理机制，激励人才的积极性和创造力。建立科学的激励机制和竞争机制，吸引和留住优秀人才，提高员工的工作满意度和忠诚度。同时，相关部门和单位还要注重人才流动和交流，促进人才的跨领域学习和经验共享，在不同企业和行业之间形成良性的人才互动和合作关系；注重人才队伍的结构性问题，注重在不同层次和岗位上培养和选拔合适的人才，实现人力资源的优化配置。重视人力资本对生产性服务业发展的保障和支撑作用是推动行业健康发展的重要举措。加强人力资本的培养和储备、改进人力资源管理机制以及关注人力资本的可持续发展，可以提高生产性服务业的人力资源素质和竞争力，推动行业的长期发展。

生产性服务业依靠知识密集的特点，能够实现经济的转型和升级。它不仅能创造高附加值产品和服务，也能为经济发展提供拉动效应。在这一过程中，合格的人力资源扮演着至关重要的角色。美国和欧盟国家的生产性服务业的从业人员拥有较高的专业化素质，这为其取得成功并持续发展奠定了基础。而在我国，教育，尤其是高等教育正快速发展。高等教育的快速发展将会培养出更多高素质、专业化的人才，为我国生产性服务业的发展提供强有力的支撑。这将有助于满足生产性服务业对高水平技术、管理和创新能力的需求，推动行业实现更高水平的发展。

生产性服务业在经济发展中扮演着重要的角色，它不仅能提供高附加值产品和服务及拉动效应，还能创造就业机会。对我国来说，教育产业，特别是高等教育的快速发展将为生产性服务业提供强大的人才支持，加快推动行业的发展和升级。国际发展经验可以为我国生产性服务业的发展提供有益的指导和启示。加大创新投入和研发力度、建立健全的政策体系、注重人才培养和引进以及加强国际合作与交流，可以进一步推动我国生产性服务业的发展，提升竞争力，实现可持续发展。

第3章　层级分工与生产性服务业高质量发展

本书中层级分工的定义借鉴宣烨和余泳泽（2014），是指生产性服务业专业化程度和市场范围的大小与所布局的城市等级序列中的排位相对应，不同等级与支配力的城市对应不同层次的生产性服务业。生产性服务业层级分工的直接外在表现就是生产性服务业在空间上的集聚，高端生产性服务业倾向于布局于发达的高等级城市，而中低端生产性服务业则分布在中低等级城市。其在空间上集聚能产生正向外部经济性，形成更加专业的分工，进而形成一个自反馈机制，最终形成不同等级城市发展具有比较优势和竞争优势的细分产业。

生产性服务业往往在大城市集聚，当集聚到一定程度时，劳动力获取成本、土地价格等生产成本以及用户规模、政策信息等会产生“挤出效应”，这反映了该地区的产业过于集中，从而迫使生产性服务业进行产业升级和产业区位的迁移。依据梯度推移理论，由于中低端生产性服务业所提供的产品附加值低、知识技术含量低，并且产品和服务已经实现标准化，成本成为市场竞争的关键因素，因此为了降低成本，中低端生产性服务业向大城市的周边城市进行转移，并且在周边城市形成新的集聚中心。由此，城市群内部的生产性服务业的部分企业会形成与城市等级相匹配的层级分工。

3.1　层级分工与生产性服务业创新发展

生产性服务业的层级分工能够促进产业创新。层级分工能够促进制造业企业的空间集聚，在制造业企业不断发展、规模逐渐扩大时，原先制造业内部的生产性服务业不能满足现有制造业的发展需求，此时需要高质量的生产性服务业进行生产。生产性服务业也从原先的制造业中独立出来，其在发展过程中不断累积和释放学习效应，其经营越发专业化，提高技术创新水平，降低服务成本，进一步加速生产性服务业外部化

(韩德超和张建华，2008)。生产性服务业需要进行技术创新来面对当前激烈的市场竞争环境，其在地区进行集聚、分工之后，各企业间的交流更加密切，但是同样能够快速窥探到竞争对手的竞争策略。市场内部行业细分程度越高，层级分工越明显，同地区内生产性服务业的专业化水平会提高，但是这也会使企业间通过竞争来获取区域内更多的生产资源，扩大其生产规模。根据马尔歇外部性理论，随着生产性服务业层级分工的发展，生产性服务业水平高的城市会拥有更多的资源，吸引高素质人才进入市场，降低企业获取劳动力的成本，强化知识溢出效应。同时随着高素质人才的引进，技术资源也会相应增加，从而拥有创新的资金支持，促进产业创新。

层级分工对专业化创新的作用体现在集聚的正外部性、规模经济效应、竞争性创新以及专业化集聚形成的区域比较优势上。生产性服务业空间集聚纳入层级分工后，通常会产生专业化分工细化效应。一方面，产业大量集聚会带来当地有效市场规模的进一步扩大，以往单一的市场需求变为整齐、统一、标准化的市场需求，导致由规模报酬递增形成的正向外部性。另一方面，生产性服务业的空间集聚会带来在空间范围内的技术、资金、平台载体以及人才等要素的有效集聚，这不但有利于厂商之间稳定的供求链条的形成，而且有利于生产需求规模扩大，有利于细分市场的形成，为生产性服务业细分领域的形成奠定市场基础。企业通过技术创新、广告营销创新等能够保持以及扩大自身竞争优势。技术创新带来的产业技术化升级和转型能够促进企业生产效率的提升，此时地区内企业也会通过产业关联效应、知识溢出效应等在这一地区内良性发展。在集聚视角下，上下游产业可以快速匹配供求，共享人力资源，促进知识技术交流和创新产品交换，从而提高生产性服务业的创新水平(雷振丹和陈子真，2019)，促进生产性服务业高质量发展。

3.2 层级分工与生产性服务业协调发展

生产性服务业的层级分工能够加速产业关联，促进产业间相互协调。生产性服务业的发展提升了自身效率，降低了制造业的生产成本，提高了制造业的竞争力，制造业企业此时对生产性服务业的需求会进一步扩大，进而促进生产性服务业的发展水平和生产效率的提升。生产性服务业与制造业密不可分，由于分工的深化和迂回化的发展，两业之间产生了产业整体体系的规模报酬递增效应。企业追求经济利益最大化，其中最主要的是促进生产效率的提升，通过优化生产流程、优化供应链管理、建立完善的生产管理体系等方式实现经济利益最大化。生产性服务业在空间上的集聚降低了上下游产业之间交流的成本，降低了不同地区产业之间的搜寻和交易成本，各要素在空间上有效集聚。纳入层级分工之后，行业细分更加明显，专业化的产业集聚逐渐深化，此时就需要生产性服务业企业制定新的企业战略方针，在同区域内的企业竞争中保持自身的优势。等级高的城市拥有更高层级的、更加丰富的资源，会吸引人力资本、资金资本以及技术资本等进入市场，此时生产性服务业需要采取措施进行各种要素的合理高效配置，例如通过加强员工培训、提高员工的技能和工作能力、优化生产工艺、改善物流管理模式、优化产业供应链管理、构建完整的生产、控制、监督等生产管理体系，提高生产性服务业的生产效率和产品质量，提高企业竞争力。制造业和生产性服务业可以相互促进、相互协调。生产性服务业内部行业间可以通过分工产生规模报酬递增效应，促进其升级与转型。以长三角地区为例，生产性服务业的发展能够沟通上下游产业，获取人力资本和知识资本，降低企业间的交易成本，通过专业化分工促进制造业的发展（楚明钦，2016）。当市场需求规模较小时，生产性服务业重点满足制造业主要需求；随着城市规模的扩大，市场规模也随之扩大，制造业的发展层次逐渐提高，生产性服务业会进行产业升级来满足多样化的需求，生产性服务业逐渐走向综合性发展模式（陈曦，2017）。

生产性服务业能够促进产业间相互融合。协同创新效应、知识溢出效应等关联融合效应能够促进制造业和生产性服务业之间进行产业融合，加速产业关联（邓丽姝，2015）。在同一地区内，产业间的协调发展能够促使更具有竞争力的产业集聚，能够扩大产业规模，进而产生规模报酬递增效应，提高产业整体的经济效率。生产性服务业在地理层级分工的过程也是优化资源配置、吸引要素资源交换和流通、完善生产流程的过程，能够提高创新能力、提高运营效率、推动产业结构升级。从宏观层面看，产业融合是产业在空间上的集聚；从本质上看，是对原有的产业链进行分解重组，通过分工不断深化这一过程，从而提高生产效率，形成更具有优势的产业价值链。

产业的协调发展更多体现在生产性服务业和制造业的协同集聚、协同发展方面。生产性服务业和制造业的协同发展经历两个阶段，第一阶段，两业在空间上协同集聚。“经济外部性”和“技术外部性”共同形成外部经济规模效应，这使两业之间在空间上邻近。第二阶段，产业内部之间的协同发展。随着产业分工越发专业、细化和深入，生产性服务业和制造业之间会出现产业关联、融合发展的现象，这促进了两业之间的协调发展。同时，生产性服务业和制造业的互补性促进产业协调发展，表现为生产性服务业带动制造业向高端化、高级化发展，制造业的优化升级能够为生产性服务业的发展提供支撑，提升生产性服务业的发展层次。随着协调发展的深入，生产性服务业的市场份额将会进一步增加。

3.3 层级分工与生产性服务业绿色发展

层级分工促进空间集聚，高等级城市拥有高端生产性服务业，例如研发和金融服务业。此类生产性服务业在地区间的数量相对较少，企业间的竞争程度相对较低，产品的附加值较高，所造成的污染较小。低等级城市的生产性服务业较为低端，例如仓储物流服务业、存贷款服务业。此类行业的门槛低，企业数量多、交易频率大，企业间竞争相对激烈（宣烨和余泳泽，2014）。企业间的竞争主要表现为生产成本的竞争，在这种成本竞争下，制造业污染大的企业往城市周边搬迁，由于生产性服务业集聚在制造业周围，此时生产性服务业也会往周边城市发展，结果是中心城市的污染小、周边城市污染大。目前，“双碳”政策正在如火如荼地实施，越来越多的制造业企业响应国家号召，进行技术创新和改革，用新技术代替旧技术，污染小的代替污染大的，生产性服务业也相应进行改革，促进全要素生产率的提高，促进绿色健康发展。

在生产性服务业的空间集聚程度不断提高的状态下，生产性服务业层级分工越发明显，主要分为专业化集聚和多样化集聚。面对严格的环境规划制度，地理上的集聚可以加速绿色技术和知识的传播，激发企业对绿色创新发展的热情和愿望。专业化集聚和多样化集聚能更好地将高技术生产性服务业集聚在一起，此类企业具有知识密集度高、专业性强、产业关联性强的特点，对技术创新、产品质量要求高，竞争效应、知识溢出效应明显，能够从绿色发展角度出发，减少环境污染。鉴于门槛效应的存在，产业集聚与绿色创新效率之间存在倒“U”形关系，但是不可否认的是，专业化集聚和多样化集聚对促进绿色创新发展有着正面作用，还能够通过数字经济推动绿色技术创新和带动企业技术转型，显著促进生产性服务业高质量发展。

3.4　层级分工与生产性服务业开放发展

当前经济全球化的重要特征之一是全球价值链的生产分工形式。随着生产扩大和技术流动，许多产品和服务的增加值都贯穿在整个生产过程之中，各国都凭借自身要素禀赋占据价值链的某一环节（梁经伟和刘尧飞，2021）。为了适应“双循环”的新发展格局，生产性服务业需要不断提高自己的核心竞争力，为国内和国际制造业提供更加专业化的服务，与此同时，制造业企业也会将内部服务流程各环节外包给更加专业化和多样化的生产性服务业。生产性服务业发展水平和增加值创造能力之间存在正相关关系（黄繁华和洪银兴，2020），处于制造业全球价值链高端的企业，对生产性服务业的需求和质量有着更高的要求，这也促进生产性服务业进行知识创新、技术升级，进而推动生产性服务业高质量发展。生产性服务业的层级分工能最大化地促进生产性服务业企业的专业化和多样化发展，高等级的城市更能吸引高端生产性服务业的集聚。高等级的城市往往能够吸引高层次人才，更容易获取新技术和信息知识、政府人脉资源和政策信息（宣烨和余泳泽，2014），在对外提供高质量、高水平的生产性服务业时，能够更好地满足制造业的服务要求。

生产性服务业的空间集聚与外商投资之间也有着密切联系。在纳入层级分工之后，生产性服务业逐渐进行行业细分和专业细分，专业化集聚的程度提高。高要素投入、高生产技术的生产性服务业能够提升我国制造业企业在国际上的竞争能力，并且吸引外商投资，促进 FDI 的正向流入。我国的生产性服务业更多的是通过中间品方式参与生产，提高其可贸易的程度。当前生产性服务业虽然已经从制造业中分离出来，但是也仅仅局限于高端、专业化和多样化程度高的生产性服务业，制造业和生产性服务业没有大规模实现主辅分离，我国的生产性服务业还没有大量融入全球化分工体系，但是已经向着良性发展的方向迈进（王娟和张鹏，2020）。

生产性服务业空间集聚可以降低中间投入品的生产成本，扩大制造业的价格优势来吸引外商投资（李园，2023）。生产性服务业的空间集聚可以促进行业内竞争，同区域内的生产性服务业企业可以更易观察到竞争企业的广告宣传、运营模式等，促进生产性服务业提升服务质量，进而有效吸引外资。纳入层级分工后，生产性服务业集聚的专业化更加明显，提高了生产性服务业的生产效率，上下游企业之间的生产联系更加密切并且有效促进两业之间协同发展，吸引 FDI 流入。通过知识溢出效应，技术中的隐性知识通过人力资本的流通进行传播，这种传播同样需要稳定可靠的信息网络支撑。加强科研人员之间的交流与学习，能够推动跨国企业之间人才的互动发展。

3.5 层级分工与生产性服务业共享发展

随着服务经济的发展和社会分工的深化，生产性服务业从原来的制造业中分离出来，成为区域经济发展中占据重要战略地位的产业部门。生产性服务业的层级分工现象逐渐显现。近年来，有关学者将都市圈生产性服务业的层级分工作为产业分工研究新的切入点，从而得出层级分工与城市间经济共享的关系。生产性服务业在都市圈不同等级的城市之间的分布具有非均衡性，生产性服务业发展水平越高，其所属城市的服务功能和中心性就越强（席强敏和李国平，2015）。这就说明，不同等级的城市在生产性服务业的功能上有着本质区别，从而可以促进城市之间进行产业地域的分工。

生产性服务业层级分工对区域创新的空间效应受到区域位置的影响。在东部地区，纳入层级分工的专业化集聚和多样化集聚都对区域创新具有明显的推动作用，能够产生正向的空间溢出效应。这在中西部地区主要表现为虹吸效应，此时与专业化集聚相比，多样化集聚能对周边城市产生更强的虹吸效应（雷振丹和陈子真，2019）。武暾辉（2018）分别从区域分工和行业细分视角对我国三大都市圈生产性服务业分工的空间和行业特征进行分析，结论显示未来都市圈的分工会不断优化升级，城市行业间的比较优势得到加强，通过中心城市的带动溢出效应，不断向多中心多核格局拓展，有效提升都市圈的整体竞争力，从而促进地区间的共享发展。

综上所述，层级分工、空间集聚是生产性服务业发展的典型模式。层级分工可以通过协调各区域、城市生产性服务业有序健康发展，带动整体新兴服务业态比重提升以及提高生产性服务业的生产效率。生产性服务业的空间集聚在层级分工的基础上，通过专业化、规模化、聚集化实现“1+1>2”的分工效应。产业层级分工发展旨在提高地区间、城市间产业关联程度，促进优势互补和相互依存，在这个过程中，地区间产业层级分工促进区域内部生产要素的加速流动和优化配置，产业层级分工发展的要求与生产要素向优势产业集中的趋势将带来区域层面产业集聚，最终推动地区生产性服务业高质量发展。

第4章　空间集聚与生产性服务业高质量发展

近年来，生产性服务业集聚已经成为城市内部空间的主要现象之一。城市内部生产性服务业的空间集聚可以通过经济正外部性、知识溢出效应、竞争效应等提高生产性服务业的生产效率、创新发展水平，同时制造业与生产性服务业的协同集聚能够加强产业关联，优化产业结构，对生产性服务业的绿色创新发展水平产生影响。从全球角度看，生产性服务业的空间集聚在推动城市经济发展、重塑城市空间结构、支撑全球运营等方面发挥重要作用。但是生产性服务业的空间集聚也会给生产企业带来负面影响。当生产性服务业的集聚水平超过一定的门槛时，就会产生“拥堵效应”，若是“拥堵效应”占支配地位，集聚所产生的规模效应就会造成负面影响。

4.1　空间集聚提升生产性服务业创新发展水平

2019年8月，中央财经委员会第五次会议表明当前进行要素发展的主要空间形式是中心城市和城市群。在高质量发展的区域经济新格局下，未来经济和人口会逐渐向中心城市及中心城市周围的城市群等空间集聚（邓慧慧和李慧榕，2021）。城市规模不同、发展状况不同，其拥有的通信设备、交通设施和市场要素等也会存在差异。大城市基础设施较为完善，拥有大量的高素质人才和潜在用户，创新能力强，有更多的政策支持，会吸引大量生产性服务业集聚于此。在国内大循环视角下，生产性服务业集聚能够显著促进企业成长，城市内的生产性服务业的服务功能也因为就业人数的增加而更加多元化。

生产性服务业的空间集聚能够促进生产性服务业创新发展。生产性服务业集聚的空间特点，如城市劳动力水平较高、市场需求大、服务可用度高等对创新发展起到了关键作用。生产性服务业的空间集聚能够促进创新人才集聚和知识共享。在市场中，人力资源流动性和知识交流的交互性，能够推动生产要素进行流通和交换，促进创新知识和产品等交换。这能强化企业间的竞争与合作，提高企业的技术创新能力，从而增强知识溢出效应。同时，这不但使研发创新水平得到显著提升、空间分工格局得以优化，而且能显著优化外部经济的运作机制，促进制造业和生产性服务业全球价值链地位的提升。基于基本知识生产函数，物质资本和人力资本的投入是知识创造的主要生产要素，信息传播是知识积累过程中的重要途径之一（郭海生等，2023）。生产性服务业空间集聚可以加速知识信息传播，使产业间的技术和知识能够更容易流动，增加地区整体的知识存量，有利于信息间的融合。

生产性服务业空间集聚的外部经济可以归纳为共享、匹配和学习三个方面。首先，生产性服务业企业可以充分利用和共享基础设施和服务，从城市多样化和个人专业化中受益。其次，不同企业间可以通过生产性服务业空间上的邻近，使用多种方式进行信息合作和交流，提高劳动力和企业匹配度，节约双边搜寻成本，也能够节约上游供应商和制造商与下游分销商和客户之间的运输成本。在空间上的邻近意味着企业间的规模效应、品牌效应和广告效应能够更加快速地被同一市场中的企业熟知。企业间需要制定相应的对策来应对面临的市场竞争，从而推动区域内生产性服务业的良性发展（郭海生等，2023）。最后，企业可以借助学习机制刺激创新研发，促进技术和创新发展（刘依凡等，2023）。

4.2 空间集聚优化生产性服务业产业结构

生产性服务业是产业专业分工的产物。空间集聚带来产业关联，各生产链之间的交流增加。生产性服务业企业集聚在制造业企业周围，其发展与制造业的发展密切相关。产业集聚能够降低制造业服务成本，降低上下游产业间的运输费用和交易费用，进而降低制造业的生产成本，提高制造业生产效率。制造业生产效率提高，企业技术升级和转型也随之而来，对生产性服务业的服务质量有更高的要求，同样优化了生产性服务业的产业结构。生产性服务业的空间集聚能够扩大该地区的市场规模（王晶晶和姜玉婷，2021），扩大企业的生产规模，从而促使生产性服务业提升生产效率，更高效地为制造业提供服务。在数字经济得以快速发展之前，制造业企业仅仅局限于本地区购买生产性服务业服务，或是耗费大量成本寻求其他地区的服务业。随着互联网的快速发展和生产性服务业在空间上的集聚，制造业能够快速匹配全区域内最适合的金融或技术等服务（陈丽娴，2022），倒逼生产性服务业高质量发展。同时，两业协同集聚能够充分发挥集聚效应，节约生产性服务业的生产成本，降低运营风险，进一步推动生产性服务业的集聚发展（郭海生等，2023）。

生产性服务业的空间集聚具有多样化的特征，能够促使不同行业进行知识和技术交流，扩大企业市场规模，企业可以获得多样化的技术和人才要素，提高创新能力和技术水平，从而提高生产性服务业的生产效率，促进生产性服务业的发展。生产性服务业在空间上集聚后，能够快速满足制造业企业的需求，也会进行技术升级和产业转型，更加适配所服务的制造业企业。随着互联网和信息技术的快速发展，不同地区的生产性服务业能够形成相互关联的网络系统，能够及时进行服务反馈，并且通过集群的学习效应提高服务质量，最终促进产业协调发展。

生产性服务业的人力资本流动通过技术创新对产业结构进行优化。在不同地区、不同市场中，由于高素质劳动力的流通，知识交流得以高效进行，生产性服务业能够进行技术和知识传播，能够准确传递隐性经验类知识，并且为周边地区产业带来正外部性（陈丽娴，2022）。企业在协调区域生产经营活动时产生了对生产性服务业的需求，当企业的规模较小时，其产品主要面向当地市场，企业对跨区域生产经营的需求小，对生产性服务业的需求有限；随着产业集聚和生产性服务业集聚，企业开始逐步选择中心城市作为其总部和营销、研发中心，借助完善的城市交通系统和信息服务系统对分散在各地的生产经营活动实施有效控制（韩坚和宋言奇，2007）。生产性服务业的空间集聚更加有利于产业升级。结合上述分析，生产性服务业在空间上的集聚能够提高创新能力，原先未独立于制造业的生产和经营模式得以改变，以知识溢出效应突破空间限制和行业限制，有效促进企业在创新网络中的发展，促进行业协同发展，促进技术进步、产业升级和经济增长。

4.3　空间集聚推动生产性服务业绿色发展

实现“双碳”目标是推动高质量发展的内在要求。制造业是我国实现“双碳”目标、加快绿色发展的关键领域之一。生产性服务业依附于制造业，其空间集聚能够提高制造业和生产性服务业企业间的生产效率。在“双碳”背景下，生产性服务业的空间集聚也向着节能减排方向努力发展，但是目前学术界对于生产性服务业集聚对污染减排的影响持有不同看法。一种观点认为生产性服务业集聚能够提高绿色全要素生产率和减少环境污染，主要作用机制是生产性服务业的空间集聚能够发挥规模经济效应、技术溢出效应，促进产业间相互融合与竞争。从全国绿色发展水平来看，空间集聚会产生积极影响。另一种观点认为生产性服务业集聚对绿色创新的影响呈倒“U”形（张涛等，2022），虽然集聚能够降低本地区的污染排放，特别是碳排放量，但是污染型制造业会向周边地区发展，同时部分生产性服务业也会随之迁移，此类空间集聚会增加周边地区的污染排放量。

不同产业空间集聚所产生的规模经济有两种途径可以提高绿色全要素生产率：一是提高技术创新能力和进行产业升级，减少生产环节中产生的污染；二是降低污染治理成本，同时加快要素在市场中的流动，优化资源配给。实现资源的高效利用是产业集聚减少污染的重要途径。生产性服务业的空间集聚能够充分发挥规模效应，优化中间生产环节，从而推动产业融合发展，促进资源集中利用。生产性服务业的空间集聚能够加强地区间的分工和协作，通过信息网络促进创新知识的传播（刘岩等，2023），在吸纳创新要素之后，生产性服务业能够进行技术升级，完善区域创新网络，推动城市技术发展，提高区域内城市绿色全要素生产率。

在知识溢出下，生产性服务业专业化和多样化的空间集聚均能促进邻近地区生产性服务业绿色技术进步，进而提高绿色全要素生产率（高云虹等，2023）。专业化集聚有利于技术共享和传播，企业规模的扩大能够吸引资本和生产要素流入，产生的规模效应可以降低企业生产成本、提高生产效率，还有利于优化生产性服务业企业结构，积极降低碳排放强度（丁凡琳和赵文杰，2023）。生产性服务业企业往往集聚在城市或者区域的中心，对附加值低和能耗高的企业产生挤出效应，使这些企业向外围地区迁移，促使企业调整结构，减少产业体系中碳排放来源。多样化集聚是指在同一地区内不同类型的生产性服务业进行集聚。不同企业之间虽然存在宏观层面上的不一致，但是存在微观层面上的相似性，企业间可以进行知识和技术交流，不断扩大市场规模，实现企业间的协同创新和集成创新。多样化集聚能够在生产效率提升的基础上，为中间服务的企业提供多样化的污染治理服务。从地区长期发展角度看，加强生产性服务业的专业化和多样化的集聚有利于本地区碳排放强度的整体性、持续性降低，推动产业绿色发展。

4.4 空间集聚助力生产性服务业开放发展

生产性服务业集聚能够推动对外贸易的发展以及吸引外商进行投资，助力生产性服务业开放发展。目前的文章大多研究制造业集聚与对外开放的影响，因为制造业是我国对外贸易的主要产业，生产性服务业的发展还不够成熟。但是生产性服务业集聚、技术创新、产业升级等也会吸引外商投资、加快对外贸易的进程。

生产性服务业对外开放是发展的必然趋势，生产性服务业高水平对外开放是贯彻新发展理念的重要表现（太平和李姣，2022）。集聚经济理论认为，一个大的劳动力市场有利于产业的集聚。生产性服务业集聚可以吸引高素质人才进入市场，使高素质人才集聚在技术资源更丰富的区域。生产性服务业空间集聚可以构建劳动力国际交流模式，建立高素质人才跨国办公网络，对促进生产性服务业的快速发展具有重要作用（邱灵和方创琳，2012）。

空间集聚为生产性服务业对外开放提供路径指导，对外开放的高质量要求也倒逼生产性服务业进行技术升级、营造良好的行业发展环境。目前生产性服务业与开放发展主要集中在高技术、高质量的生产性服务业以及地区经济发展良好的沿海地区（王娟和耿琳，2023）。沿海地区对外开放水平较高，大量的跨国企业驻扎此处，跨国企业对生产性服务业的需求也会增多。高技术的产业集聚能够促进高质量生产性服务业的产生和发展。生产性服务业不断进行技术创新、企业转型，不断扩大产业规模，发挥集聚的经济优势，促进自身不断发展。

生产性服务业空间集聚与FDI相互影响。一方面，生产性服务业集聚能够促进人力、技术、信息等多种资源的集聚，能够形成分工明确、高效运行的产业链。生产性服务业通过集聚能够促进FDI的正向流入（李园，2023）。例如在金融服务中，空间集聚能够扩大行业规模，产生大量供给，优化行业资源配置，降低边际成本，提高经济效益，提升外商投资吸引力。另一方面，FDI的流入也会使生产性服务业进行更加专业化的分工，带来先进的技术和管理经验，不断调整和升级产业结构（谭丽莹，2023），促进生产性服务业绿色创新发展，也能够通过技术溢出效应促进制造业和生产性服务业之间的协同发展。

4.5　空间集聚推进生产性服务业共享发展

生产性服务业空间集聚推动城市经济发展。空间集聚促使生产性服务业产业结构优化升级，从而使生产性服务业的经济价值逐渐升高，推动城市蔓延。服务业对城市蔓延具有较强的推动作用源于服务业空间集聚实现了市场共享和交易成本降低，其中生产性服务业和生活性服务业都起到了至关重要的作用。由于人力资源的流动，生产性服务业集聚带来了就业人口，生活性服务业随着人口分布而发展（王家庭等，2017），本质上是由于生产性服务业的集聚而发展，这两类服务业协同发展，共同影响城市空间布局。

生产性服务业集聚过程会同时产生“集聚效应”和“拥堵效应”，对周边城市产生“引导示范效应”和“虹吸效应”。当前中国城市经济高质量发展的主要空间动力是生产性服务业的空间集聚（张涛等，2022），且对周边城市具有正向的外部溢出效应，通过外部溢出效应提高绿色技术效率和推动绿色技术进步，进而影响本城市经济高质量发展。随着生产性服务业集聚水平的提高，东部地区的产业能够得到更好的对接，促进产业升级。在产业基础较好的地区发展生产性服务业能够形成区域增长极，带动周边地区实现共享发展。但是如果未能实现资源合理配置、无法构建合理产业体系，或者产业过度集聚产生“拥堵效应”，就会对生产性服务业产生不利影响，从而阻碍城市经济发展的进程。

生产性服务业空间集聚促进了地区农业高质量发展。地区不同，对农业发展的影响也不同，对东部地区而言，生产性服务业空间集聚能够促进农业高质量发展，但是在中西部地区不显著（田孟和熊宇航，2023）。农业结构的优化也会增加对生产性服务业的需求，这就需要生产性服务业依据特定的行业特征进行技术升级和匹配发展，促进地区共享发展，最终目标是推动农业经济逐步走向服务经济（温婷，2020），促进产业结构升级，进而推动区域实现共享发展。

第5章　层级分工、空间集聚与生产性服务业高质量发展：实证分析

5.1　生产性服务业层级分工

5.1.1　生产性服务业层级分工的测度方法

目前学术界测度区域产业分工的主要方法包括克鲁格曼指数（Krugman，1992）、相似系数（樊福卓，2013）、区位基尼系数（贺灿飞和潘峰华，2007）等。这些方法虽然各自具有一定的合理性，但测度两个区域的层级分工有一些不适应性。因为这些方法仅能测度区域间的分工程度，至于是否存在层级分工、层级分工水平如何，这些方法难以测度；同时，这些方法主要关注的是两个城市间的分工情况，而对涉及两个以上城市的分工情况，这些方法也无法进行准确的评估。基于此，我们必须另辟蹊径。对生产性服务业的测度方法，本书主要参考了宣烨和余泳泽（2014）提出的赋权重的产业区位熵指数的变异系数，该方法也被众多学者在研究中借鉴（姜丽佳，2020；钟虹芳，2020；雷振丹和陈子真，2019；宋大强，2017）。采用这个方法的优点在于将权重与产业结合，更加体现层级的因素。总体分析逻辑是，按照技术密集程度以及人均创造的产值，先将生产性服务业分为高端行业、中端行业和低端行业三个层面，然后对其空间集聚程度（区位熵衡量）分别赋予0.5、0.3和0.2的权重。

理论研究和实践经验表明，高等级城市是高端生产性服务业集聚的正函数，是低端生产性服务业集聚的反函数，即在高等级城市，高端生产性服务业集聚度高，而低端生产性服务业集聚度低。与此同时，在低等级城市，高端生产性服务业比较少，往往集聚度不高，而低端生产性服务业集聚度相对较高。基于前文层级分工逻辑，高等级城市生产性服务业不同行业的集聚度呈现比较大的差异性，如果采用基尼系数测度这

种差异性，那么生产性服务业的行业分工的变异系数必然较大。以此类推，生产性服务业不同行业的集聚度变异系数在低等级城市中也必然呈现比较大的差异。但是，若不同等级城市层级分工不明显，或者说不同城市都均衡地发展了生产性服务业的不同行业，那么其体现集聚度的产业分工变异系数必然较小。基于上述分析，本部分应用赋权重的产业区位熵指数的变异系数来测度不同城市生产性服务业的层级分工。

$$G_j = \frac{\sqrt{\sum (W_i \cdot caps_{ij} - u_j)^2 / N}}{u} \tag{5-1}$$

在公式（5-1）中，i 代表生产性服务业细分行业，j 代表各类城市，N 代表城市的数量，u_j 代表城市 j 生产性服务业的细分行业区位熵指数的均值，G_j 代表城市 j 生产性服务业层级分工水平，W_i 代表不同层级生产性服务业权重赋予。$caps_{ij}$ 代表城市 j 生产性服务业细分行业 i 的区位熵指数，具体衡量方法如下。

$$caps_{ij} = \left(\frac{PS_{ij}}{X_{ij}}\right) / \left(\frac{PS}{X}\right) \tag{5-2}$$

其中，PS_{ij}、X_{ij} 分别代表城市 j 生产性服务业细分行业 i 的就业人数和城市 j 的全部就业人数，PS、X 用以代表所有城市生产性服务业的全部就业人数和所有城市的全部就业人数。数据均来源于历年的《中国城市统计年鉴》。

5.1.2 长三角城市群生产性服务业层级分工的测算结果

按照上述对生产性服务业层级分工的测度方法，首先，需要确定不同城市间生产性服务业是否真的依据上文阐述的那样，高端生产性服务业主要聚焦在高等级城市，而低端生产性服务业主要集聚在低等级城市。虽然前面我们已经对生产性服务业的层级进行划分，但出于数据的可获得性，并参考《国民经济行业分类》（GB/T4754-2017）和《生产性服务业统计分类（2019）》的划分标准，生产性服务业主要包括“批发和零售业”、“交通运输、仓储和邮政业”、“租赁和商务服务业”、“信息传输、计算机服务和软件业”、“金融业”以及“科学研究、技术服务和地质勘查业”。在此，我们采用这个标准，并依据人均创造产值和科技研发强度等指标，进一步将其划分为低端、高端两个层级，之所以没有将其划分为低端、中端、高端三个层级，是因为国家统计局划分的行业数量比较少。关于生产性服务业层级划分，其中“批发和零售业”、“交通运输、仓储和邮政业”和“租赁和商务服务业”为低端生产性服务业，“信息传输、计算机服务和软件业”、“金融业”以及“科学研究、技术服务和地质勘查业”为高端生产性服务业。其次，对不同城市进行等级分类。本部分依据各个城市的年末户籍人口①，并参照《国务院关于调整城市规模划分标准的通知》（国发〔2014〕51 号）的分类标准，将城市划分为五个等级，即超大城市（城区常住人口 1000 万人以上）、特大城市（城区常住人口 500 万人以上 1000 万人以下）、大城市（城区常住人口 100 万人以上 500 万人以下）、中等城市（城区常住人口 50 万人以上 100 万人以下）、小城市（城区常住人口 50 万人以下），并用Ⅰ、Ⅱ、Ⅲ、Ⅳ和Ⅴ分别进行表征。

本书选取长三角城市群的 41 个城市来考察生产性服务业是否存在层级分工及分工状况。之所以选择长三角城市群作为样本区域进行研究，是基于以下三个方面的考虑：其一，长三角城市群不仅制造业发达，生产性服务业也相对发达，其生产性服务业发展在国内具有比较大的影响力；其二，长三角城市群区域一体化程度高，区域产业协同、区域政策协同、区域产业合作水平比较高；其三，长三角城市群城市的等级差异明显，既有国际一流的上海，也有在国内具有比较大影响力的南京、杭州，还有经济规模、对外辐射力比较小的湖州、芜湖、马鞍山等中小城市。

按照上述划分标准，长三角城市群生产性服务业各细分行业不同等级城市的区位熵指数均值如表 5-1、表 5-2、表 5-3 所示。由于本书所研究的城市不存在满足上述条件的小城市，所以只讨论前四类城市的区位熵指数均值。从表 5-1、表 5-2、表 5-3 中可以看出，较为明显的层级分工是长三角城市群 41 个城市生产性服务业发展的典型特征，具体来说，Ⅰ类城市在信息传输、计算机服务和软件业，金融业，以及科学研究、技术服务和地质勘查业等高端生产性服务业有着相对集聚优势，而

① 本部分所说的年末户籍人口数是指 2009~2019 年的年平均人口，而不是单个年份的人口数。

城市等级比较低的Ⅳ类城市则在交通运输、仓储和邮政业以及租赁和商务服务业等低端生产性服务业有着相对集聚优势。从中可以看出，长三角城市群生产性服务业布局存在明显的层级分工。也就是说，依据城市的等级差异，高端生产性服务业集聚在高等级城市，低端生产性服务业集聚在低等级城市。而批发和零售业呈现了相反的结论，该行业主要表现为随着城市等级的提升，其集聚度也总体随之上升，这可能是因为在各个城市统计年鉴所统计的批发和零售业数据中包含了生活性服务业的数据，而生活性服务业主要集中在人口密度较大的城市中心（王娜等，2021；张家旗等，2022）与经济发达和规模较大的城市（王磊等，2022）。综合以上的分析结果，我们总结出长三角城市群生产性服务业层级分工的现状为：高等级城市在高端、高技术和高附加值的生产性服务业领域具有明显的集聚优势（信息传输、计算机服务和软件业，金融业，科学研究、技术服务和地质勘查业），低等级城市在具有“面对面”特征的相对低端的生产性服务业领域具有集聚优势（交通运输、仓储和邮政业，租赁和商务服务业）。

表 5-1 2009~2019 年长三角城市群生产性服务业各细分行业不同等级城市的区位熵指数均值（1）

年份	租赁和商务服务业				交通运输、仓储和邮政业			
	Ⅰ	Ⅱ	Ⅲ	Ⅳ	Ⅰ	Ⅱ	Ⅲ	Ⅳ
2009	0.108	0.080	0.089	0.381	0.420	0.182	0.183	0.409
2010	0.110	0.081	0.085	0.414	0.425	0.178	0.172	0.395
2011	0.111	0.076	0.074	0.167	0.376	0.176	0.172	0.457
2012	0.085	0.082	0.067	0.275	0.348	0.174	0.159	0.477
2013	0.165	0.098	0.086	0.173	0.372	0.180	0.171	0.467
2014	0.184	0.091	0.075	0.230	0.319	0.174	0.163	0.476
2015	0.175	0.093	0.074	0.253	0.305	0.170	0.154	0.474
2016	0.177	0.089	0.077	0.268	0.297	0.174	0.155	0.481
2017	0.179	0.090	0.082	0.276	0.282	0.167	0.147	0.476
2018	0.191	0.097	0.085	0.235	0.262	0.161	0.137	0.532
2019	0.225	0.138	0.123	0.211	0.212	0.138	0.114	0.469
平均值	0.155	0.092	0.083	0.262	0.329	0.170	0.157	0.465

资料来源：笔者测算得出。

表 5-2 2009~2019 年长三角城市群生产性服务业各细分行业不同等级城市的区位熵指数均值（2）

年份	批发和零售业				信息传输、计算机服务和软件业			
	Ⅰ	Ⅱ	Ⅲ	Ⅳ	Ⅰ	Ⅱ	Ⅲ	Ⅳ
2009	0.287	0.213	0.145	0.161	0.064	0.061	0.053	0.076
2010	0.284	0.211	0.138	0.141	0.065	0.065	0.052	0.074
2011	0.342	0.214	0.158	0.228	0.066	0.065	0.057	0.082
2012	0.362	0.189	0.162	0.212	0.065	0.074	0.058	0.072
2013	0.230	0.204	0.154	0.199	0.170	0.086	0.067	0.066
2014	0.376	0.194	0.150	0.183	0.095	0.083	0.059	0.066
2015	0.362	0.193	0.145	0.174	0.091	0.083	0.056	0.063
2016	0.351	0.186	0.141	0.174	0.100	0.085	0.056	0.063
2017	0.332	0.181	0.142	0.167	0.102	0.083	0.053	0.062
2018	0.337	0.174	0.135	0.154	0.112	0.083	0.052	0.062
2019	0.316	0.180	0.136	0.139	0.104	0.075	0.048	0.054
平均值	0.325	0.194	0.146	0.176	0.094	0.077	0.055	0.067

资料来源：笔者测算得出。

表 5-3 2009~2019 年长三角城市群生产性服务业各细分行业不同等级城市的区位熵指数均值（3）

年份	金融业				科学研究、技术服务和地质勘查业			
	Ⅰ	Ⅱ	Ⅲ	Ⅳ	Ⅰ	Ⅱ	Ⅲ	Ⅳ
2009	0.267	0.217	0.233	0.206	0.133	0.071	0.071	0.062
2010	0.275	0.209	0.224	0.218	0.141	0.076	0.074	0.080
2011	0.270	0.208	0.228	0.221	0.085	0.075	0.077	0.072
2012	0.264	0.215	0.226	0.228	0.085	0.081	0.076	0.106
2013	0.176	0.156	0.192	0.225	0.091	0.072	0.075	0.092
2014	0.213	0.147	0.188	0.246	0.092	0.071	0.073	0.077
2015	0.230	0.157	0.203	0.253	0.089	0.069	0.069	0.069
2016	0.264	0.175	0.235	0.260	0.090	0.072	0.067	0.066
2017	0.269	0.179	0.247	0.261	0.090	0.069	0.066	0.059
2018	0.248	0.177	0.227	0.251	0.094	0.066	0.061	0.057
2019	0.207	0.159	0.198	0.270	0.100	0.069	0.063	0.061
平均值	0.244	0.182	0.218	0.240	0.099	0.072	0.070	0.073

资料来源：笔者测算得出。

长三角城市群41个城市生产性服务业的层级分工水平 G_j 如表5-4所示，上海、南京、杭州以及舟山、阜阳、丽水等地生产性服务业具有较高的层级分工水平，而扬州、南通、宿迁、淮北、绍兴等地均衡发展了各生产性服务业细分行业。

表5-4　2009~2019年长三角城市群生产性服务业各城市的层级分工水平 G_j

城市	2009年	2010年	2011年	2012年	2013年	2014年
上海	0.5574	0.5817	0.5559	0.5422	0.6256	0.7074
南京	0.4226	0.4327	0.4357	0.4389	0.5174	0.5092
舟山	0.4154	0.4291	0.3994	0.4462	0.4068	0.4414
杭州	0.3524	0.3645	0.3768	0.3889	0.3953	0.3832
阜阳	0.3184	0.3203	0.3407	0.3380	0.3178	0.3756
丽水	0.3050	0.3059	0.3283	0.3481	0.3235	0.3217
连云港	0.3000	0.3023	0.3198	0.3229	0.3071	0.3288
亳州	0.3176	0.3108	0.3119	0.2726	0.3691	0.3739
合肥	0.3843	0.3919	0.3461	0.3229	0.3146	0.3113
池州	0.3629	0.3384	0.3110	0.3032	0.3521	0.3111
蚌埠	0.3758	0.3547	0.3294	0.3035	0.3435	0.3237
衢州	0.3145	0.3018	0.3116	0.3049	0.2756	0.2977
黄山	0.3137	0.3165	0.3074	0.3054	0.2994	0.3067
芜湖	0.2727	0.2645	0.2870	0.2941	0.2913	0.2915
宁波	0.2628	0.2792	0.2610	0.2825	0.2899	0.2988
徐州	0.3574	0.3736	0.3355	0.3267	0.2381	0.2395
镇江	0.2737	0.2655	0.2685	0.2670	0.2536	0.2243
滁州	0.2612	0.2711	0.2932	0.2813	0.2539	0.2686
常州	0.2839	0.2902	0.2607	0.2924	0.2368	0.2303
宣城	0.2470	0.2238	0.2396	0.2505	0.2694	0.2752
无锡	0.2640	0.2475	0.2355	0.2211	0.2388	0.2398
马鞍山	0.2132	0.2149	0.2426	0.2479	0.2707	0.2534
安庆	0.2696	0.2679	0.2504	0.2405	0.2388	0.2422
淮南	0.2223	0.2207	0.2557	0.2173	0.2233	0.2230
宿州	0.2278	0.2395	0.2222	0.2121	0.2530	0.2570

续表

城市	2009 年	2010 年	2011 年	2012 年	2013 年	2014 年
盐城	0. 2838	0. 2630	0. 2633	0. 2671	0. 2196	0. 2112
温州	0. 1706	0. 1752	0. 1970	0. 2376	0. 2432	0. 2421
金华	0. 2744	0. 2750	0. 2664	0. 1945	0. 1979	0. 1859
台州	0. 2401	0. 2386	0. 2149	0. 2259	0. 2012	0. 1839
淮安	0. 2180	0. 2106	0. 2067	0. 2031	0. 2109	0. 1907
嘉兴	0. 1855	0. 1908	0. 2144	0. 2247	0. 2214	0. 2212
六安	0. 2120	0. 2085	0. 1974	0. 2070	0. 2250	0. 2335
湖州	0. 1937	0. 1843	0. 2023	0. 2164	0. 2127	0. 2182
泰州	0. 2842	0. 2874	0. 2890	0. 2689	0. 1613	0. 1450
苏州	0. 1628	0. 1558	0. 1730	0. 1879	0. 2215	0. 2012
铜陵	0. 1642	0. 1532	0. 1688	0. 1716	0. 1682	0. 1903
扬州	0. 1943	0. 1904	0. 1954	0. 1982	0. 1738	0. 1517
南通	0. 2271	0. 2309	0. 2397	0. 2475	0. 1531	0. 1272
宿迁	0. 1536	0. 1494	0. 1642	0. 1618	0. 1033	0. 1262
淮北	0. 0926	0. 1014	0. 1305	0. 1241	0. 1388	0. 1337
绍兴	0. 1406	0. 1266	0. 1140	0. 1147	0. 1047	0. 1102
城市	2015 年	2016 年	2017 年	2018 年	2019 年	平均值
上海	0. 7039	0. 6715	0. 6710	0. 7051	0. 6582	0. 6345
南京	0. 5231	0. 5155	0. 4884	0. 5105	0. 4567	0. 4773
舟山	0. 4474	0. 4434	0. 4424	0. 4568	0. 4322	0. 4328
杭州	0. 3916	0. 3962	0. 4096	0. 4063	0. 3712	0. 3851
阜阳	0. 3747	0. 3759	0. 3667	0. 3493	0. 2988	0. 3433
丽水	0. 3628	0. 3653	0. 3915	0. 3794	0. 3441	0. 3432
连云港	0. 3466	0. 3460	0. 3731	0. 3956	0. 3585	0. 3364
亳州	0. 3747	0. 3664	0. 3493	0. 3272	0. 3129	0. 3351
合肥	0. 3179	0. 3142	0. 3299	0. 2927	0. 3012	0. 3297
池州	0. 3034	0. 3247	0. 3358	0. 3385	0. 3227	0. 3276
蚌埠	0. 3210	0. 3202	0. 3226	0. 3108	0. 2576	0. 3239
衢州	0. 3226	0. 3454	0. 3584	0. 3538	0. 3588	0. 3223
黄山	0. 2996	0. 2946	0. 2900	0. 2778	0. 2194	0. 2937

续表

城市	2015 年	2016 年	2017 年	2018 年	2019 年	平均值
芜湖	0. 3103	0. 3021	0. 3141	0. 2974	0. 2923	0. 2925
宁波	0. 3028	0. 2936	0. 2960	0. 3219	0. 3083	0. 2906
徐州	0. 2293	0. 2414	0. 2374	0. 2445	0. 2647	0. 2807
镇江	0. 2321	0. 2260	0. 2588	0. 2875	0. 2482	0. 2550
滁州	0. 2523	0. 2574	0. 2132	0. 2100	0. 2168	0. 2526
常州	0. 2389	0. 2302	0. 2250	0. 2314	0. 2455	0. 2514
宣城	0. 2395	0. 2681	0. 2735	0. 2353	0. 1919	0. 2467
无锡	0. 2394	0. 2467	0. 2385	0. 2594	0. 2650	0. 2451
马鞍山	0. 2531	0. 2630	0. 2700	0. 2172	0. 2421	0. 2444
安庆	0. 2359	0. 2349	0. 2286	0. 1970	0. 2283	0. 2395
淮南	0. 2239	0. 2533	0. 2724	0. 2690	0. 2390	0. 2382
宿州	0. 2518	0. 2405	0. 2409	0. 2415	0. 2262	0. 2375
盐城	0. 2079	0. 2100	0. 1981	0. 1978	0. 2449	0. 2333
温州	0. 2472	0. 2475	0. 2327	0. 2484	0. 1994	0. 2219
金华	0. 1866	0. 1851	0. 2278	0. 1660	0. 2514	0. 2192
台州	0. 1988	0. 2081	0. 1967	0. 2125	0. 2523	0. 2157
淮安	0. 1878	0. 1786	0. 1882	0. 2820	0. 2761	0. 2139
嘉兴	0. 2151	0. 2092	0. 2125	0. 2265	0. 2203	0. 2129
六安	0. 2304	0. 2190	0. 2030	0. 1754	0. 2009	0. 2102
湖州	0. 2098	0. 2106	0. 1991	0. 2139	0. 1954	0. 2051
泰州	0. 1434	0. 1419	0. 1456	0. 1404	0. 1577	0. 1968
苏州	0. 1931	0. 1893	0. 1948	0. 2134	0. 2183	0. 1919
铜陵	0. 2029	0. 2128	0. 2052	0. 2145	0. 1990	0. 1864
扬州	0. 1468	0. 1556	0. 1464	0. 1350	0. 1771	0. 1695
南通	0. 1314	0. 1321	0. 1244	0. 1101	0. 1208	0. 1677
宿迁	0. 1250	0. 1426	0. 1393	0. 1474	0. 2455	0. 1508
淮北	0. 1408	0. 1478	0. 1580	0. 1808	0. 2055	0. 1413
绍兴	0. 1102	0. 1067	0. 1112	0. 1054	0. 1131	0. 1143

资料来源：笔者测算得出。

为什么会出现表 5-4 的生产性服务业层级分工结果？究其原因，主要在于以下几个方面。其一，上海是长三角城市群的经济龙头和核心，高等教育发达、科研机构众多，而且还是信息技术中心，集聚了超过 100 家世界 500 强投资企业，尽管租金成本比较高，但是其对长三角乃至华东地区具有很强的辐射力，因此，金融业，科学研究、技术服务和地质勘查业以及信息传输、计算机服务和软件业等高端生产性服务业集聚于此，可以获得高层次人力资源、高水平的科技资源（研发机构、孵化平台以及高水平的大学）以及丰富的信息资源；同时，上海还是我国四大直辖市之一，上海自由贸易试验区、浦东新区等高层级的开放平台等制度优势相对明显，一些制度性服务业集聚于此，可以开展制度创新、业务创新。其二，南京、杭州、合肥以及宁波等城市，要么是省会城市，要么是经济规模庞大城市，虽然在科技资源、教育资源、信息资源、制度资源上不能与上海相比，但仍然是各自省份的经济龙头、政治中心、文化中心。这些城市依托各自的经济地位、政治地位，将金融业，科学研究、技术服务和地质勘查业以及信息传输、计算机服务和软件业等高端生产性服务业集聚于此，仍然可以在各自的范围内对周边区域形成辐射，并且可以获取相对优质的科技资源、教育资源、信息资源、制度资源等。其三，舟山、阜阳、丽水、连云港、镇江等城市，基本属于地市级城市，经济规模相对较小，产业辐射力基本局限于本地市场，同时，科技资源、教育资源相对贫乏，因此，生产性服务业的发展层级基本局限于服务本地市场的“面对面”产业，即租赁和商务服务业以及交通运输、仓储和邮政业等低端生产性服务业。虽然金融业，科学研究、技术服务和地质勘查业以及信息传输、计算机服务和软件业等生产性服务业也有发展，但集聚优势不明显，并且发展的大多数属于行业的低端领域、低附加值环节。

5.2　生产性服务业空间集聚

5.2.1　生产性服务业空间集聚的测度方法

本书中实证分析所使用的数据，时间范围在 2009 年到 2019 年。样本截面数据包括长三角城市群三省一市所辖的 41 个大中小城市。考虑到生产性服务业发展主要集中在城市的市辖区，以城市为主，乡镇相对较少，所以我们针对各个城市的实证研究仅限于各市辖区。如何界定生产性服务业，目前统计年鉴中缺乏生产性服务业相关细分行业的增加值和总产值的数据，我们从数据获取性方面考虑，主要采用就业人口构建指标，并借鉴相关学者对生产性服务业的划分，选择了“批发和零售业”、“交通运输、仓储和邮政业”、“租赁和商务服务业”、“信息传输、计算机服务和软件业”、“金融业”以及“科学研究、技术服务和地质勘查业”等6个行业代表生产性服务业。

在建立的模型中，生产性服务业集聚度是模型的核心解释变量。当前国内外研究界，评价集聚度的指标有很多，包括区位熵指数、空间基尼系数、EG指数、赫芬达尔-赫希曼指数、专业化指数（马歇尔集聚）及多样化指数（雅各布斯集聚）等，都有较为广泛的应用。从数据的获取难度方面考虑并结合本书研究目的，我们以区位熵指数 $caps_i$ 作为评估集聚度指标，也就是模型的集聚度指标。该指标的计算使用如下公式。

$$caps_i = \left(\frac{PS_i}{X_i}\right) / \left(\frac{PS}{X}\right) \quad (5-3)$$

在公式（5-3）中，PS、PS_i 为全部样本城市、i 市生产性服务业的从业人员总量，X、X_i 为全部城市、i 市城市全部就业人口数量。该指标数值越大，说明该区域生产性服务业的集聚度越高。数据来源为历年的《中国城市统计年鉴》。

5.2.2 长三角城市群生产性服务业空间集聚的测算结果

按照前文的划分标准，在各城市等级下，长三角地区城市生产性服务业的空间集聚程度如表5-5所示。具体来说，Ⅰ类城市和Ⅳ类城市的生产性服务业空间集聚程度较高，并且Ⅳ类城市的生产性服务业空间集聚程度略高于Ⅰ类城市。结合前文关于生产性服务业层级分工的结论，高等级城市在高端、高技术和高附加值的生产性服务业上具有明显的聚集优势，低等级城市在具有“面对面”特征的相对低端的生产性服务业上具有优势。而高端生产性服务业由于高端服务和产品的提供商数量相对较少、行业门槛高，因此其从业人数必然远远小于低端生产性服务业的从业人数，空间集聚度也表现出一样的结果。

表 5-5　2009～2019 年长三角城市群生产性服务业不同等级城市的空间集聚程度

年份	Ⅰ类城市	Ⅱ类城市	Ⅲ类城市	Ⅳ类城市
2009	1.278	0.825	0.775	1.294
2010	1.300	0.820	0.746	1.323
2011	1.249	0.813	0.766	1.227
2012	1.209	0.816	0.748	1.370
2013	1.204	0.797	0.745	1.221
2014	1.279	0.761	0.707	1.278
2015	1.253	0.764	0.700	1.286
2016	1.279	0.781	0.731	1.313
2017	1.253	0.770	0.737	1.301
2018	1.245	0.759	0.697	1.291
2019	1.163	0.760	0.682	1.204
平均值	1.247	0.788	0.730	1.283

资料来源：笔者测算得出。

长三角城市群 41 个城市生产性服务业的空间集聚程度如表 5-6 所示，上海、南京、杭州、合肥以及舟山、连云港、丽水等地生产性服务业空间集聚度高，而扬州、铜陵、宿迁、淮北、绍兴等地生产性服务业集聚程度不高。

表 5-6　2009～2019 年长三角城市群生产性服务业各城市的空间集聚程度

城市	2009 年	2010 年	2011 年	2012 年	2013 年	2014
上海	1.8016	1.8529	1.7135	1.6427	1.9785	2.0828
南京	1.3132	1.3506	1.3727	1.3791	1.5748	1.5192
舟山	1.2943	1.3228	1.2266	1.3700	1.2213	1.2781
杭州	1.1672	1.1955	1.2285	1.2638	1.2585	1.1814
合肥	1.2255	1.2244	1.0872	1.0068	0.9596	0.9289
连云港	0.9352	0.9280	0.9861	0.9958	0.9482	0.9734
丽水	0.9878	0.9626	1.0374	1.0813	0.9799	0.9367
蚌埠	1.2091	1.1069	1.0259	0.9371	1.0596	0.9580
阜阳	0.9585	0.9468	1.0231	1.0002	0.9203	1.0566
亳州	0.9458	0.9129	0.9287	0.8063	1.0851	1.0576
池州	1.0624	0.9876	0.8984	0.8877	1.0827	0.9176

续表

城市	2009 年	2010 年	2011 年	2012 年	2013 年	2014 年
衢州	0. 9057	0. 8674	0. 9219	0. 9006	0. 8307	0. 8383
黄山	0. 9761	0. 9687	0. 9452	0. 9206	0. 9155	0. 8891
宁波	0. 8233	0. 8626	0. 8069	0. 8695	0. 8768	0. 8765
芜湖	0. 8287	0. 8037	0. 8697	0. 8853	0. 8549	0. 8415
徐州	1. 0747	1. 1002	1. 0115	0. 9829	0. 7129	0. 6977
镇江	0. 8521	0. 8092	0. 8354	0. 8244	0. 7896	0. 6795
常州	0. 9056	0. 9131	0. 8187	0. 9003	0. 7364	0. 6943
滁州	0. 8032	0. 8219	0. 9133	0. 8918	0. 8053	0. 8137
无锡	0. 8388	0. 7822	0. 7324	0. 6884	0. 7442	0. 7217
马鞍山	0. 6816	0. 6716	0. 7559	0. 7519	0. 8522	0. 7746
宣城	0. 7970	0. 7104	0. 7326	0. 7610	0. 8185	0. 8142
安庆	0. 8643	0. 8522	0. 7905	0. 7567	0. 7329	0. 7289
宿州	0. 7216	0. 7387	0. 6854	0. 6522	0. 7794	0. 7671
盐城	0. 8691	0. 8053	0. 8066	0. 8152	0. 6704	0. 6213
淮南	0. 6967	0. 6845	0. 7833	0. 6628	0. 6759	0. 6551
金华	0. 8725	0. 8568	0. 8310	0. 5948	0. 5991	0. 5441
温州	0. 5320	0. 5368	0. 6176	0. 7282	0. 7305	0. 7014
嘉兴	0. 5930	0. 5977	0. 6738	0. 7016	0. 6791	0. 6573
淮安	0. 6724	0. 6399	0. 6327	0. 6192	0. 6476	0. 5674
六安	0. 6623	0. 6399	0. 5902	0. 6436	0. 6885	0. 7011
台州	0. 7464	0. 7250	0. 6470	0. 6813	0. 6017	0. 5247
湖州	0. 6048	0. 5705	0. 6157	0. 6685	0. 6611	0. 6524
泰州	0. 8923	0. 8944	0. 9036	0. 8621	0. 5067	0. 4390
苏州	0. 5059	0. 4797	0. 5309	0. 5738	0. 6838	0. 5994
铜陵	0. 5199	0. 4807	0. 5283	0. 5335	0. 5147	0. 5565
扬州	0. 6252	0. 6108	0. 6279	0. 6386	0. 5529	0. 4669
南通	0. 6956	0. 6965	0. 7215	0. 7364	0. 4797	0. 3862
宿迁	0. 4594	0. 4539	0. 4931	0. 4822	0. 3193	0. 3701
淮北	0. 2887	0. 3132	0. 4123	0. 3715	0. 4304	0. 3995
绍兴	0. 4449	0. 3947	0. 3537	0. 3541	0. 3186	0. 3236

续表

城市	2015 年	2016 年	2017 年	2018 年	2019 年	平均值
上海	2.0646	2.0597	2.0545	2.0978	1.9297	1.9344
南京	1.5588	1.5865	1.5086	1.5375	1.3661	1.4606
舟山	1.2861	1.3128	1.3008	1.2907	1.2043	1.2825
杭州	1.2049	1.2763	1.3136	1.2547	1.1280	1.2248
合肥	0.9477	0.9736	1.0099	0.8803	0.8968	1.0128
连云港	1.0178	1.0419	1.1160	1.1448	1.0200	1.0098
丽水	0.9951	1.0109	1.0526	0.9924	0.9120	0.9953
蚌埠	0.9383	0.9610	0.9557	0.8983	0.7345	0.9804
阜阳	1.0311	1.0587	1.0008	0.9228	0.8017	0.9746
亳州	1.0501	1.0563	1.0068	0.9160	0.8571	0.9657
池州	0.8962	0.9735	0.9858	0.9284	0.9193	0.9582
衢州	0.8652	0.9267	0.9436	0.8915	0.9407	0.8938
黄山	0.8565	0.8653	0.8399	0.7731	0.6496	0.8727
宁波	0.8827	0.8826	0.8942	0.9302	0.8814	0.8715
芜湖	0.8838	0.8859	0.9171	0.8457	0.8289	0.8587
徐州	0.6622	0.7192	0.7043	0.7139	0.7590	0.8308
镇江	0.6956	0.6963	0.7920	0.8380	0.7251	0.7761
常州	0.7199	0.7144	0.6981	0.7037	0.7224	0.7752
滁州	0.7539	0.7755	0.6463	0.6048	0.6191	0.7681
无锡	0.7217	0.7695	0.7426	0.7786	0.7857	0.7551
马鞍山	0.7570	0.7937	0.8082	0.6332	0.7145	0.7449
宣城	0.7139	0.7904	0.7860	0.6455	0.5460	0.7378
安庆	0.7052	0.7174	0.6958	0.5822	0.6580	0.7349
宿州	0.7463	0.7373	0.7371	0.7020	0.6397	0.7188
盐城	0.6064	0.6301	0.5953	0.5930	0.7219	0.7031
淮南	0.6467	0.7413	0.7951	0.7567	0.6329	0.7028
金华	0.5400	0.5480	0.6736	0.4885	0.7067	0.6596
温州	0.7085	0.7191	0.6714	0.6918	0.5726	0.6554
嘉兴	0.6351	0.6406	0.6544	0.6789	0.6479	0.6509
淮安	0.5553	0.5407	0.5549	0.8056	0.7951	0.6392
六安	0.6898	0.6757	0.6146	0.5171	0.5830	0.6369
台州	0.5485	0.5764	0.5353	0.5569	0.6569	0.6182
湖州	0.6048	0.6236	0.5825	0.6037	0.5540	0.6129

续表

城市	2015 年	2016 年	2017 年	2018 年	2019 年	平均值
泰州	0.4346	0.4484	0.4398	0.4100	0.4556	0.6079
苏州	0.5746	0.5807	0.5936	0.6291	0.6394	0.5810
铜陵	0.5960	0.6462	0.6195	0.6248	0.5747	0.5632
扬州	0.4484	0.4907	0.4569	0.4119	0.5266	0.5324
南通	0.3936	0.4064	0.3784	0.3231	0.3488	0.5060
宿迁	0.3631	0.4283	0.4182	0.4230	0.6922	0.4457
淮北	0.4179	0.4442	0.4643	0.5336	0.5859	0.4238
绍兴	0.3213	0.3202	0.3299	0.3051	0.3194	0.3441

资料来源：笔者测算得出。

5.3 生产性服务业高质量发展

5.3.1 生产性服务业高质量发展指标体系构建

综合生产性服务业高质量发展的内涵与测度逻辑以及长三角地区生产性服务业发展现状，本书建立生产性服务业高质量发展水平测度的综合评价指标体系。

5.3.1.1 综合评价指标体系构建的原则

生产性服务业高质量发展水平的测度是一个复杂的过程，需要考虑各种不同的因素和维度。在这个过程中，指标评价结果的精确性是非常重要的，它直接影响到后续的实证分析和相关建议。为了确保指标体系的科学性和合理性，本书在选择测度指标时遵循全面性、科学性、可操作性、层次性、创新性等原则。

（1）全面性原则。在构建生产性服务业高质量发展的综合评价指标体系时，需要充分考虑各方面因素，以防遗漏。为此，指标体系的构建应尽可能广泛地涵盖各方因素，包括但不限于经济效益、创新能力、资源利用效率以及服务质量等，从而确保对我国生产性服务业的高质量发展水平进行综合且全面有效的评价。

（2）科学性原则。本书聚焦探讨生产性服务业的高质量发展水平，因此构建一个合理且科学的指标体系至关重要，这一体系应充分考虑我国当前生产性服务业的发展现状，并能够深刻体现其高质量发展的内涵。在选择这些指标时，我们必须依据科学性原则，确保每个指标都具备明确的科学依据和理论基础，从而客观地揭示生产性服务业高质量发展的实质和规律。同时，指标的测算方法也必须科学、合理，避免任何主观性和随意性，这样才能准确评估我国长三角地区生产性服务业的高质量发展水平。

（3）可操作性原则。在构建指标体系时，需要兼顾主观与客观的需求，即在选择指标时需充分考虑数据的可获取性与实际操作性。本书所选取的指标，其数据易于获取且计算方法简便，具有较强的代表性，能够准确反映各指标维度，确保指标评价结果的实用性和有效性。

（4）层次性原则。在构建生产性服务业高质量发展指标体系过程中，涉及的指标范围广。为确保评价结果真实有效，建立指标体系时需要确保其具有清晰的层次结构，各项指标的分类应完整且层次分明。遵循层次性原则，要从不同角度和维度反映生产性服务业高质量发展的特点，从而使指标更加丰富、立体化。

（5）创新性原则。在构建生产性服务业高质量发展的指标体系时，我们应注重创新性原则。这不仅需要充分考虑当前生产性服务业高质量发展的水平，还需兼顾历史延续性。也就是说，我们选取的指标应当具有一定的创新性和前瞻性，能够及时反映生产性服务业高质量发展的最新动态和未来趋势。只有这样，这些指标才能更好地发挥其启示和引导作用，更有效地推动生产性服务业的发展质量提升。

5.3.1.2　指标体系的内容

改革开放以来，中国经济持续高速发展，取得了显著的成就，标志着中国已经站在新的起点上。根据党的十九大报告，我国经济发展的重点已经由注重速度转向注重质量。当前，我国的社会主要矛盾是人民日益增长的美好生活需要和不平衡不充分的发展之间的矛盾。因此，高质量的发展是我国当前和今后一个阶段明确的发展路径，必须坚定不移地贯彻创新、协调、绿色、开放、共享的新发展理念。高质量的发展不仅是关注经济增速的发展，更是能够满足人民美好生活需要的发展，涉及更大的范围，包括社会、环境等。其主要目标是提升我国的创新能力、优化升级经济结构和产业结构、保护生态环境、持续对外开放、提高人民生活水平和社会保障公平。洪银兴（2019）指出，新发展理念是新时代高质量发展的核心纲领，经济发展的第一推动力是创新，高质量发展必须以协调为最佳状态，经济高质量发展需将绿色作为内在要求，对外开放是经济高质量发展的必由之路，共享理念是经济高质量发展的最终归宿，新发展理念体现了高质量发展的核心内容。

高质量发展是旨在满足人民多层次需求的发展模式，旨在提供高质量的产品和服务以满足基本需求，同时创造社会环境和基本条件以促进自我实现。因此，要评估我国生产性服务业的高质量发展水平，首先需要参照经济高质量发展的指导思想，并结合生产性服务业的特征和新发展理念。在此基础上，本书构建了一个综合评价指标体系，包括产业创新、产业协调、绿色发展、开放发展、共享发展等方面。

（1）产业创新

制度创新是对一系列可降低交易成本的经济活动的激励规则的调整（North，1983）。技术创新主要是通过学习获得一定的理论知识和解决问题的能力，然后进行科研并将成果转化为生产力。制度的创新能够促进知识技术的创新，促进生产方式变革，进而推动产业升级与经济发展。另外，只有将知识技术与生产结合起来，提高技术创新水平，才能够使我国的生产性服务业实现稳定持续的发展。因此，对创新水平的测度应该考虑制度创新与技术创新。考虑到数据可得性与可操作性，我们选择制度创新测度创新水平。企业创新的研发热情受到政府的扶持与激励的影响，而策略性的创新投资能够引导市场需求，提升企业的技术创新水平。因此，我们选择政府科技扶持力度作为测度指标，用科学支出占一般公共预算支出比重来表示（胡凯等，2012）。

（2）产业协调

经济高质量发展需要协调发展。在当前环境下，我国人口红利正在逐渐转化，并且市场供给已不能完全满足需求，因此出现了一系列不均衡、不稳定、不可持续发展的问题。此外，产业结构的不协调也是需要解决的问题之一。要推动经济高质量发展，必须解决城乡发展、区域发展、产业发展中的不平衡问题（韩秀兰和赵敏，2020）。要实现生产性服务业的高质量发展，需考虑生产性服务业布局的合理性。考虑到长三角城市相关数据的可得性，本书用生产性服务业比重作为指标，用生产性服务业从业人员人数占服务业从业人数的比重表示。该指标将有助于评估我国生产性服务业的协调发展水平，并为实现经济高质量发展提供决策参考。

（3）绿色发展

绿色发展是经济高质量发展的重要根基，能够减轻经济社会发展的对资源环境的负面影响，推动形成人与自然和谐共生的新格局。习近平总书记提出“绿水青山就是金山银山”的理念，其中的“绿色”理念强调了人与自然和谐发展。发展绿色生产性服务业是依靠科技进步实现可持续发展的过程。然而，随着我国经济发展重心由速度向质量转移，高能耗、高污染的增长模式必须加以改变。目前，我国环境污染等问题日益突出，因此环境保护和合理利用资源是我国生产性服务业发展必须坚守的底线。绿色发展一方面要提高资源利用效率，另一方面要减少污染物排放，利用科技将高污染产业转变为低污染产业，推动产业转型升级与生态文明建设，实现经济发展的可持续性。绿色发展要求以最小的资源消耗和污染排放获取最大的经济效益。我国生产性服务业绿色发展的衡量指标应首先从环境保护角度和资源消耗角度出发。对于我国省际经济发展质量的测算指标，我们选择节能保护支出占一般公共预算支出比重作为衡量环境保护的指标，用用电量与第三产业增加值比值作为衡量资源消耗的指标（詹新宇和崔培培，2016）。

（4）开放发展

对外开放是推动经济高质量发展、提升综合国力的重要途径。在过去的四十多年里，我国坚定不移地坚持对外开放政策，实现了经济的快速发展。对外开放是我国经济高质量发展的必由之路，面对当前国际形势的复杂性，我们必须进一步提高对外开放水平，塑造更全面的开放格局，深度融入世界经济与全球价值链，同时以高质量开放推动经济高质量发展与我国生产性服务业高质量发展。对外开放的主要形式包括对外贸易与外商投资。为了衡量对外开放的发展水平，我们选取对外贸易与外商投资作为测度指标。其中，对外贸易用进出口总额与第三产业增加值比值来衡量，而外商投资则以 FDI 与第三产业增加值比值来衡量（胡观景和李启华，2020）。

（5）共享发展

社会共享是经济高质量发展的根本目标，而推动经济发展、提高社会普惠程度关键在于解决群众最现实的利益问题。共享发展的核心要义是以人民为中心，实现共同富裕，强调社会公平正义问题。经济高质量发展的根本目的是满足人民日益增长的美好生活需要，因此我们必须将共享发展理念融入经济发展中，从而确保经济高质量发展成果由全体人民共享。生产性服务业高质量发展不仅要重视自身的提质增效与转型升级，还应关注其服务质量的提升是否惠及全体人民。生产性服务业高质量发展的根本目标是实现发展成果的共享，经济共享是实现生产性服务业更高质量发展的关键路径。本书以收益共享与社会共享作为衡量我国生产性服务业共享发展水平的指标。我们以第三产业增加值与常住人口的比值衡量收益共享（胡观景和李启华，2020），以生产性服务业上市企业占上市企业数量比重衡量社会共享（张涛，2020）。

基于以上对生产性服务业高质量发展的理解，遵循科学性、对生产性服务业的针对性、数据可得性的原则，本书从新发展理念出发，共选取 8 个二级指标对 2009~2019 年长三角城市群生产性服务业的高质量发展水平进行测度。具体评价指标体系如表 5-7 所示。

表 5-7 基于新发展理念的生产性服务业高质量发展综合评价指标体系

一级指标	二级指标	测度方式	属性
产业创新	政府科技扶持力度	科学支出/一般公共预算支出	+
产业协调	生产性服务业比重	生产性服务业从业人员人数/服务业从业人数	+
绿色发展	环境保护	节能保护支出/一般公共预算支出	+
	资源消耗	用电量/第三产业增加值	-
开放发展	对外贸易	进出口总额/第三产业增加值	+
	外商投资	FDI/第三产业增加值	+
共享发展	收益共享	第三产业增加值/常住人口	+
	社会共享	生产性服务业上市企业数量/上市企业数量	+

注："+" 为正向指标，越大越优；"-" 为负向指标，越小越优。

资料来源：笔者自制。

5.3.2 长三角城市群生产性服务业高质量发展水平的测度结果

为了更加全面和客观地对生产性服务业高质量发展进行研究，本书运用熵值法对生产性服务业高质量发展水平进行测度，具体的测度方法参考了魏敏和李书昊（2018）、刘思明等（2019）、任保显（2020）等学者的研究，因为该方法不是本书研究重点，所以其计算步骤不再赘述。简单来说，首先需要对具有不同量纲和单位的指标进行标准化处理，其次确定指标权重，计算指标的熵值和信息效用值，最后得出综合得分。

基于上述指标体系和研究方法，本书利用从历年《中国城市统计年鉴》以及上市公司数据库所获得的数据，计算得出2009~2019年长三角城市群41个城市生产性服务业的高质量发展水平，如表5-8和图5-1所示。结果显示，上海、南京、杭州、合肥以及苏州、芜湖、连云港等地生产性服务业高质量发展水平较高，而丽水、淮南、宿州、安庆、六安、阜阳等地生产性服务业高质量发展水平较低。

表5-8　2009~2019年长三角城市群生产性服务业高质量发展指数

城市	2009年	2010年	2011年	2012年	2013年	2014年
上海	0.4525	0.4703	0.4708	0.5210	0.5130	0.5049
南京	0.5283	0.5603	0.5043	0.5249	0.5189	0.4734
苏州	0.4167	0.4236	0.4133	0.4156	0.4079	0.3989
杭州	0.3714	0.3883	0.3740	0.3810	0.3854	0.3881
芜湖	0.2986	0.3109	0.3146	0.3146	0.3296	0.3253
连云港	0.2883	0.4213	0.3863	0.3910	0.3912	0.3945
合肥	0.2971	0.3200	0.2634	0.2685	0.3161	0.3107
宁波	0.3053	0.3254	0.3091	0.3072	0.2996	0.2849
无锡	0.2140	0.2287	0.2208	0.2174	0.2392	0.2492
马鞍山	0.1411	0.1651	0.1538	0.1566	0.1743	0.1591
嘉兴	0.1750	0.1860	0.2193	0.2052	0.2097	0.2032
绍兴	0.1909	0.1973	0.1926	0.2229	0.2116	0.2001
常州	0.2195	0.2169	0.2184	0.2185	0.2475	0.1822
泰州	0.1143	0.1230	0.1148	0.2497	0.2274	0.2167
温州	0.3134	0.3161	0.2821	0.1386	0.1382	0.1252
宿迁	0.2644	0.2669	0.2698	0.2878	0.2928	0.2957
黄山	0.3626	0.3715	0.3728	0.0991	0.0981	0.1056
湖州	0.1479	0.1482	0.1433	0.2385	0.1974	0.1671
铜陵	0.1575	0.1720	0.1633	0.1701	0.2013	0.1766
南通	0.1779	0.1695	0.1630	0.1508	0.1810	0.1725

续表

城市	2009 年	2010 年	2011 年	2012 年	2013 年	2014 年
金华	0.1483	0.1023	0.0989	0.1544	0.1639	0.1681
舟山	0.1418	0.1568	0.1543	0.1666	0.1453	0.1316
盐城	0.1028	0.0901	0.1025	0.1057	0.0941	0.0874
镇江	0.1516	0.1548	0.1535	0.1617	0.1672	0.1334
蚌埠	0.1188	0.1063	0.1197	0.3518	0.1397	0.1402
徐州	0.1961	0.1979	0.1790	0.1715	0.1642	0.1574
扬州	0.1594	0.1615	0.1346	0.1228	0.1169	0.1022
台州	0.0792	0.0938	0.0910	0.0974	0.0976	0.0933
宣城	0.0586	0.0678	0.0771	0.0890	0.0996	0.1075
滁州	0.0439	0.0559	0.0730	0.0902	0.0986	0.1079
淮安	0.0879	0.0780	0.1094	0.1195	0.0896	0.0861
池州	0.0637	0.0751	0.0665	0.0685	0.0767	0.0741
淮北	0.0605	0.0655	0.0803	0.0854	0.0960	0.0958
衢州	0.0675	0.0721	0.0710	0.0721	0.0759	0.0828
亳州	0.0395	0.0442	0.0537	0.0582	0.0661	0.0678
丽水	0.0513	0.0530	0.0571	0.0584	0.0604	0.0642
淮南	0.0525	0.0526	0.0592	0.0618	0.0670	0.0581
宿州	0.0354	0.0394	0.0491	0.0511	0.0617	0.0671
安庆	0.0476	0.0511	0.0545	0.0560	0.0635	0.0559
六安	0.0447	0.0446	0.0418	0.0466	0.0436	0.0552
阜阳	0.0233	0.0310	0.0283	0.0337	0.0350	0.0393

城市	2015 年	2016 年	2017 年	2018 年	2019 年	平均值
上海	0.5052	0.5256	0.5371	0.5442	0.5586	0.5094
南京	0.4726	0.4663	0.4761	0.5002	0.5336	0.5053
苏州	0.3924	0.3923	0.3943	0.4240	0.4200	0.4090
杭州	0.4004	0.4281	0.4185	0.4345	0.4497	0.4018
芜湖	0.3053	0.4793	0.4510	0.4378	0.3876	0.3595
连云港	0.3167	0.2815	0.2841	0.2469	0.2529	0.3322
合肥	0.3079	0.3465	0.3277	0.3503	0.3724	0.3164
宁波	0.2773	0.2709	0.2669	0.2912	0.3022	0.2945
无锡	0.2529	0.2798	0.3028	0.3152	0.3120	0.2574

续表

城市	2015 年	2016 年	2017 年	2018 年	2019 年	平均值
马鞍山	0. 1566	0. 1698	0. 3639	0. 3668	0. 3642	0. 2156
嘉兴	0. 1964	0. 2193	0. 2156	0. 2320	0. 2387	0. 2091
绍兴	0. 1922	0. 1874	0. 2067	0. 2172	0. 2344	0. 2049
常州	0. 1715	0. 1781	0. 1957	0. 1984	0. 1904	0. 2034
泰州	0. 2192	0. 1984	0. 2681	0. 2262	0. 2221	0. 1982
温州	0. 1212	0. 1204	0. 1403	0. 1715	0. 1629	0. 1845
宿迁	0. 0574	0. 0627	0. 0607	0. 0644	0. 0719	0. 1813
黄山	0. 0838	0. 0775	0. 0953	0. 0895	0. 0948	0. 1682
湖州	0. 1272	0. 1605	0. 1605	0. 1712	0. 1837	0. 1678
铜陵	0. 1662	0. 1215	0. 1314	0. 1190	0. 2287	0. 1643
南通	0. 1442	0. 1412	0. 1426	0. 1693	0. 1818	0. 1631
金华	0. 1729	0. 1730	0. 1970	0. 1913	0. 1943	0. 1604
舟山	0. 1436	0. 1267	0. 1476	0. 1668	0. 1830	0. 1513
盐城	0. 0840	0. 0839	0. 2243	0. 3312	0. 3288	0. 1486
镇江	0. 1369	0. 1422	0. 1377	0. 1353	0. 1321	0. 1460
蚌埠	0. 1389	0. 1359	0. 1297	0. 1111	0. 1111	0. 1458
徐州	0. 0766	0. 0787	0. 0809	0. 0878	0. 0911	0. 1347
扬州	0. 1017	0. 1101	0. 1136	0. 1150	0. 1237	0. 1238
台州	0. 0949	0. 1035	0. 1322	0. 1278	0. 1411	0. 1047
宣城	0. 1063	0. 1116	0. 1164	0. 1263	0. 1252	0. 0987
滁州	0. 1119	0. 1094	0. 1121	0. 1151	0. 1028	0. 0928
淮安	0. 0907	0. 0793	0. 0799	0. 0795	0. 0765	0. 0888
池州	0. 0902	0. 0926	0. 0972	0. 0995	0. 1036	0. 0825
淮北	0. 0913	0. 1051	0. 0985	0. 0555	0. 0587	0. 0811
衢州	0. 0801	0. 0796	0. 0859	0. 0881	0. 1073	0. 0802
亳州	0. 0716	0. 0835	0. 0811	0. 0860	0. 0826	0. 0667
丽水	0. 0736	0. 0687	0. 0703	0. 0690	0. 0731	0. 0636
淮南	0. 0553	0. 0520	0. 0567	0. 0631	0. 0643	0. 0584
宿州	0. 0568	0. 0658	0. 0621	0. 0718	0. 0648	0. 0568
安庆	0. 0540	0. 0541	0. 0560	0. 0570	0. 0634	0. 0557
六安	0. 0484	0. 0494	0. 0623	0. 0573	0. 0563	0. 0500
阜阳	0. 0404	0. 0432	0. 0427	0. 0475	0. 0507	0. 0377

资料来源：笔者测算得出。

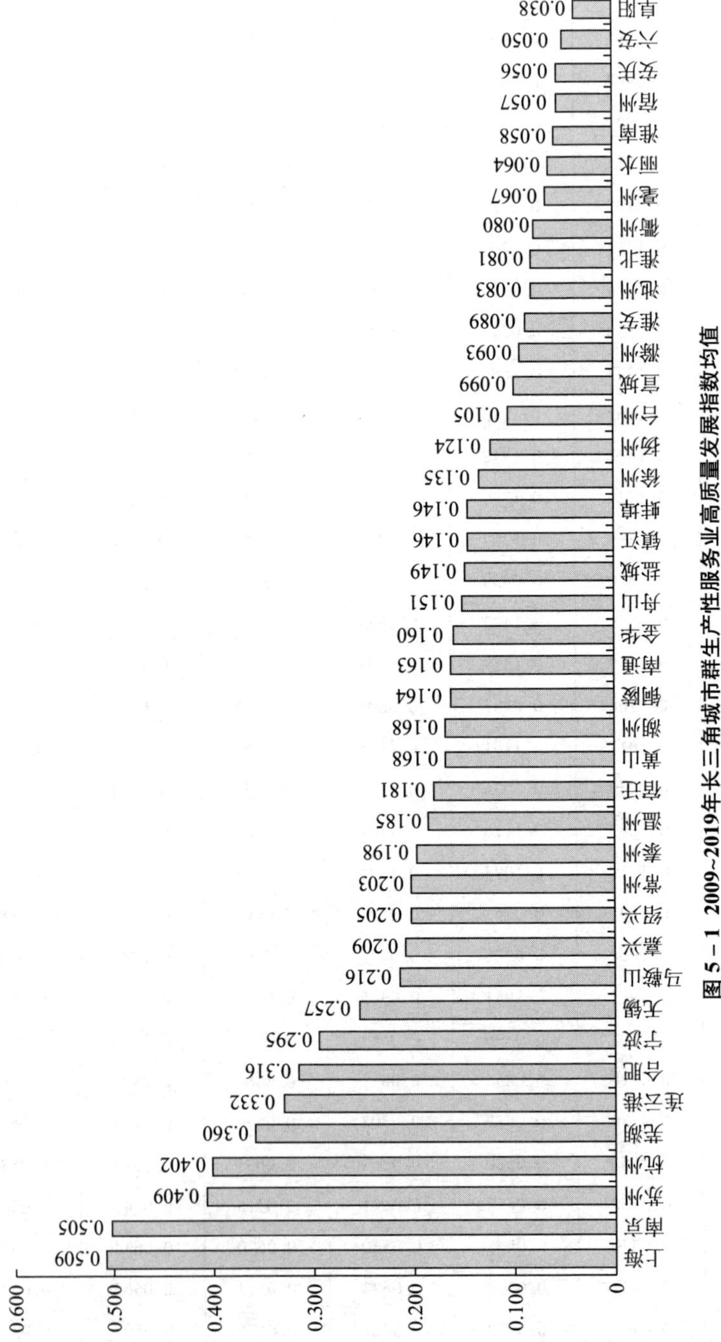

图 5-1 2009~2019年长三角城市群生产性服务业高质量发展指数均值

资料来源：笔者测算得出。

5.4　层级分工、空间集聚协同效应与生产性服务业高质量发展

5.4.1　计量模型

在基于价值链的不同环节、工序、模块的新型国际分工和国内区域分工体系中，生产性服务业处于价值链的高端，成为各个国家和地区经济增长的主要动能。空间结构的合理化，是引导生产性服务业区域资源合理配置的重要条件，有助于提高区域经济发展的可持续性，从而能够实现均衡协调、疏密有序、分工合理的经济的空间优化格局。从微观层面来看，生产性服务业有效的空间分工体系是价值链、产业链在城市间以及城市内部的一种配置形式，因此优化生产性服务业的空间结构，需要从城市内部以及城市间两个层面协同推进。

从全国层面来看，在生产性服务业分工体系中，作为中国政治、文化、经济中心，北京处于最高等级地位，其科技服务、信息服务、知识服务和商务服务的从业人员规模排全国首位，竞争优势明显。上海金融和其他商务服务业发达，是国内经济中心、贸易中心，科技服务、文化服务、信息服务同样发达，是长三角城市群生产性服务业的龙头。围绕城市的定位、经济发展程度，国内形成了直辖市、一般性省会城市、地级市、县级市及乡镇的层级结构。国内不同区域形成了各自的城市群内部的层级分工体系，比如，京津冀呈以北京为中心的“强核”的层级分工模式，珠三角呈以广州、深圳为“双核”的层级分工模式。在长三角城市群“1+2”的层级分工模式中，上海作为长三角城市群的龙头与增长极，其生产性服务业层次高、结构优，是长三角生产性服务业的“核心”。

鉴于事实特征，我们认为层级分工与空间集聚的协同效应是生产性服务业高质量发展的重要推动力。在前文的基础上，本书分别采用固定效应模型和空间计量模型来分析层级分工与空间集聚的协同效应，具体模型如下。

$$high_{it}=\alpha_0+\alpha_1 G_{it}+\alpha_2 caps_{it}+\alpha_3 G\cdot caps_{it}+\alpha_j\sum_{j=2}^{n} Z_{it}+\mu_i+\varphi_t+\varepsilon_{it} \tag{5-4}$$

其中，$high_{it}$ 代表生产性服务业高质量发展水平，G_{it} 代表城市生产性服务业的层级分工程度，$caps_{it}$ 代表城市生产性服务业的空间集聚程度，$G \cdot caps_{it}$ 代表层级分工和空间集聚的交互项，其系数 α_3 是本书的研究重点，Z_{it} 是本书所选取的一系列控制变量，α_0 为常数项，α_j 为各个控制变量的系数，μ_i 为个体固定效应，φ_t 为时间固定效应，ε_{it} 为随机扰动项。

在空间计量模型中，为全面考察生产性服务业层级分工和空间集聚的协同效应对生产性服务业高质量发展的作用，本书分别设立空间自相关模型（SAR）、空间误差模型（SEM）以及空间杜宾模型（SDM），具体模型如下。

$$high_{it} = \rho W \cdot high_{it} + \alpha_0 + \alpha_1 G_{it} + \alpha_2 caps_{it} + \alpha_3 G \cdot caps_{it} + \alpha_j \sum_{j=4}^{n} Z_{it} + \varepsilon_{it} \quad (5-5)$$

$$high_{it} = \alpha_0 + \alpha_1 G_{it} + \alpha_2 caps_{it} + \alpha_3 G \cdot caps_{it} + \alpha_j \sum_{j=4}^{n} Z_{it} + \varepsilon_{it} \quad \varepsilon_{it} = \lambda W \cdot \varepsilon_{it} + \mu_{it} \quad (5-6)$$

$$\begin{aligned} high_{it} = {} & \rho W \cdot high_{it} + \alpha_0 + \alpha_1 G_{it} + \alpha_2 caps_{it} + \alpha_3 G \cdot caps_{it} + \alpha_j \sum_{j=4}^{n} Z_{it} \\ & + \theta_1 W \cdot G_{it} + \theta_2 W \cdot caps_{it} + \theta_3 W \cdot G \cdot caps_{it} + \varepsilon_{it} \quad \varepsilon_{it} = \lambda W \cdot \varepsilon_{it} + \mu_{it} \end{aligned} \quad (5-7)$$

其中，ρ 代表空间自回归系数，λ 表示空间误差系数，W 代表空间权重矩阵，具体来看，本书选取了以下 5 个权重矩阵：空间地理矩阵、地理邻接矩阵、地理距离矩阵（基于经纬度）、经济距离矩阵（基于 GDP）以及经济地理矩阵（基于经纬度和 GDP），以上空间权重矩阵都经过标准化处理。

5.4.2 变量说明和数据来源

5.4.2.1 变量说明

（1）被解释变量

生产性服务业高质量发展。本书运用熵值法，基于新发展理念，从产业创新、产业协调、绿色发展、开放发展、共享发展 5 个方面 8 个指标构成的多维度评价体系来对 2009 年到 2019 年长三角 41 个城市的生产性服务业高质量发展水平进行衡量。具体内容参考前文。

（2）解释变量

生产性服务业层级分工。采用赋权重的区位熵指数的变异系数来测度不同城市生产性服务业的层级分工水平。具体参数参考前文。

$$G_j = \frac{\sqrt{\sum (W_i \cdot caps_{ij} - u_j)^2 / N}}{u} \tag{5-8}$$

生产性服务业空间集聚。具体采用区位熵来衡量不同城市生产性服务业空间聚集程度。具体参数参考前文。

$$caps_i = \left(\frac{PS_i}{X_i}\right) / \left(\frac{PS}{X}\right) \tag{5-9}$$

（3）控制变量

根据以往的研究，本书设置如下的控制变量。

外商直接投资（*FDI*）：FDI 技术溢出效应已经得到学界理论和实证检验，能够促进生产性服务业的发展。本书采用当年实际使用外资金额与地区生产总值之比来表征，并根据各年度汇率平均价以人民币计算（朱金鹤和王雅莉，2018）。

人力资本（ln*HC*）：作为“软因素”，人力资本能够提高生产性服务业效率，提升集聚水平，加强生产性服务业技术溢出效益，从而成为影响生产性服务业高质量发展的因素之一。因此，人力资本水平作为控制变量加入模型。本书采用地区每万人普通高等学校在校学生数来表征（苏科和周超，2021）。

交通设施水平（ln*ROAD*）：作为“硬因素”，交通通达度能够影响生产性服务业相关企业布局和从业人员择业，从而影响产业集聚，通过集聚外溢影响生产性服务业高质量发展。因此，本书将交通通达度作为控制变量加入模型，采用人均城市道路面积来表征（梁喜和李思遥，2018）。

信息化水平（ln*ICT*）：当今社会处于信息时代，生产和发展都离不开信息技术。信息化水平对生产性服务业技术外溢和市场效率产生影响，表现在信息化水平提高能够降低交易成本，扩大知识、技能外溢空间，扩大集聚规模。因此，本书将信息化水平作为控制变量加入模型，采用人均邮电量表征（宣烨和余泳泽，2014）。

经济发展水平（ln*AGDP*）：地区经济发展与生产性服务业高质量发展的关系已经被一些学者论证，得到正相关的结论。因此，本书将经济发展水平作为控制变量加入模型，采用城市人均地区生产总值来表征一个地区的经济发展水平（李敏杰和王健，2019）。

5.4.2.2 数据来源

由于各地级市数据公布时间的不一致和数据统计公布存在时滞性，本书采用2009~2019年长三角城市群41个城市的城市数据。本书实证部分数据均来源于历年《中国城市统计年鉴》。关于行业和年份的选取，具体说明如下。

第一，关于行业的选取。本书主要研究层级分工、空间集聚的协同效应与生产性服务业高质量发展的关系，因此，基于数据的获得性和生产性服务业的定义，并参考《国民经济行业分类》（GB/T4754-2017）和《生产性服务业统计分类（2019）》的划分标准，将“批发和零售业”、“交通运输、仓储和邮政业”、“租赁和商务服务业”、“信息传输、计算机服务和软件业”、“金融业”以及“科学研究、技术服务和地质勘查业”作为生产性服务业。

第二，样本年份的选取问题。为了保证足够的样本容量以及使结论更让人信服，本书选取尽量长的时间跨度。1994年，国家统计局对国民经济行业的分类进行重新修订。2004年之前的服务业的数据缺失较多且与往后年份的统计方式存在差异，因此为了保证统计数据的完整性以及估计结果的稳健性，本书最终选取的样本时间跨度为2009~2019年。

5.4.3 实证结果及分析

5.4.3.1 固定效应结果分析

我们先对核心解释变量层级分工和空间集聚的交互项与被解释变量生产性服务业高质量发展进行回归，再逐步加入选择的五个控制变量，以检验核心解释变量对被解释变量影响的稳定性。在逐步加入控制变量后，如果层级分工和空间集聚的交互项的回归系数变化不大，显著性没有明显降低，则说明模型比较稳定。否则，回归系数变化较大，显著性明显降低，则说明模型不稳定。

表5-9为固定效应模型的回归结果，其中列（1）至列（6）分别为加入控制变量之后的回归结果，由此可以看出，随着控制变量的加入，核心解释变量层级分工和空间集聚的交互项对生产性服务业高质量发展

始终起到显著的正向作用，表明生产性服务业层级分工和空间集聚的协同效应有利于提升生产性服务业的发展质量。

表 5-9　固定效应模型回归结果

变量	*high*					
	(1)	(2)	(3)	(4)	(5)	(6)
G	-0.121 (0.475)	-0.500 (0.501)	-0.589 (0.491)	-0.591 (0.511)	-0.592 (0.514)	-0.628 (0.523)
caps	-0.128 (0.176)	-0.044 (0.182)	-0.044 (0.178)	-0.044 (0.186)	-0.044 (0.187)	-0.029 (0.191)
G · *caps*	0.222** (0.104)	0.282*** (0.101)	0.309*** (0.105)	0.309*** (0.105)	0.308*** (0.107)	0.304*** (0.105)
FDI		1.126*** (0.283)	1.144*** (0.273)	1.145*** (0.281)	1.163*** (0.314)	1.170*** (0.324)
ln*AGDP*			-0.048 (0.034)	-0.047 (0.038)	-0.047 (0.038)	-0.045 (0.038)
ln*HC*				-0.001 (0.026)	-0.001 (0.026)	-0.001 (0.026)
ln*ROAD*					-0.006 (0.031)	-0.004 (0.032)
ln*ICT*						-0.002 (0.007)
常数项	0.263*** (0.048)	0.250*** (0.050)	0.794** (0.388)	0.790* (0.398)	0.805** (0.359)	0.787** (0.347)
地区固定效应	YES	YES	YES	YES	YES	YES
时间固定效应	YES	YES	YES	YES	YES	YES
N	451	451	451	451	451	451
R^2	0.8872	0.8945	0.8957	0.8957	0.8957	0.8958

注：括号内为标准误，* $p<0.1$，** $p<0.05$，*** $p<0.01$。

5.4.3.2　空间计量模型结果分析

表 5-10 到表 5-15 分别为空间自相关模型（SAR）、空间杜宾模型（SDM）以及空间误差模型（SEM）的回归结果。由估计结果可知，无论何种空间计量模型，层级分工和空间集聚的交互项对生产性服务业高质量发展始终起到显著的正向作用，这表明生产性服务业层级分工与空间集聚协同效应有利于推动生产性服务业的高质量发展。

表 5-10　基于 SAR 的回归结果

变量	空间地理矩阵		地理邻接矩阵		地理距离矩阵（基于经纬度）	
G	-0.128 (-0.37)	-0.621* (-1.77)	-0.110 (-0.31)	-0.617* (-1.74)	-0.0993 (-0.29)	-0.600* (-1.76)
caps	-0.124 (-1.07)	-0.0295 (-0.25)	-0.133 (-1.13)	-0.0357 (-0.30)	-0.124 (-1.09)	-0.0282 (-0.25)
G · caps	0.219** (2.35)	0.301*** (3.28)	0.223** (2.35)	0.306*** (3.29)	0.208** (2.27)	0.291*** (3.26)
ρ	-0.861** (-2.36)	-0.854** (-2.35)	-0.0655 (-0.85)	-0.0867 (-1.13)	-1.241*** (-3.67)	-1.366*** (-4.03)
sigma2_e	0.00179*** (14.80)	0.00165*** (14.80)	0.00184*** (15.01)	0.00169*** (15.00)	0.00171*** (14.56)	0.00156*** (14.49)
时间固定效应	YES	YES	YES	YES	YES	YES
地区固定效应	YES	YES	YES	YES	YES	YES
控制变量	不控制	控制	不控制	控制	不控制	控制
N	451	451	451	451	451	451
R^2	0.008	0.151	0.002	0.114	0.001	0.160

注：括号内为 t 值，* $p<0.1$，** $p<0.05$，*** $p<0.01$。

表 5-11　基于 SAR 的回归结果

变量	经济距离矩阵（基于 GDP）		经济地理矩阵（基于经纬度和 GDP）	
G	-0.170 (-0.48)	-0.679* (-1.91)	-0.162 (-0.46)	-0.672* (-1.89)
caps	-0.116 (-0.99)	-0.0158 (-0.13)	-0.116 (-0.99)	-0.0162 (-0.14)
G · caps	0.234** (2.47)	0.314*** (3.39)	0.232** (2.45)	0.312*** (3.37)
ρ	-0.134* (-1.70)	-0.131* (-1.69)	-0.130* (-1.69)	-0.129* (-1.70)
sigma2_e	0.00182*** (14.99)	0.00169*** (14.99)	0.00182*** (14.99)	0.00168*** (14.99)
时间固定效应	YES	YES	YES	YES
地区固定效应	YES	YES	YES	YES
控制变量	不控制	控制	不控制	控制
N	451	451	451	451
R^2	0.015	0.095	0.015	0.101

注：括号内为 t 值，* $p<0.1$，** $p<0.05$，*** $p<0.01$。

表 5-12 基于 SDM 的回归结果

变量	空间地理矩阵		地理邻接矩阵		地理距离矩阵（基于经纬度）	
G	-0. 286 (-0. 67)	-0. 101 (-0. 24)	-0. 170 (-0. 46)	-0. 409 (-1. 08)	-0. 232 (-0. 66)	-0. 521 (-1. 43)
$caps$	-0. 123 (-0. 91)	-0. 154 (-1. 16)	-0. 115 (-0. 96)	-0. 0207 (-0. 17)	-0. 0984 (-0. 86)	-0. 0431 (-0. 37)
$G \cdot caps$	0. 275** (2. 57)	0. 189* (1. 79)	0. 221** (2. 19)	0. 169* (1. 66)	0. 240** (2. 54)	0. 282*** (2. 82)
ρ	-0. 850** (-2. 32)	-0. 846** (-2. 28)	-0. 0516 (-0. 66)	-0. 0530 (-0. 67)	-1. 289*** (-3. 78)	-1. 328*** (-3. 82)
sigma2_e	0. 00178*** (14. 80)	0. 00161*** (14. 80)	0. 00183*** (15. 01)	0. 00165*** (15. 01)	0. 00170*** (14. 52)	0. 00154*** (14. 49)
时间固定效应	YES	YES	YES	YES	YES	YES
地区固定效应	YES	YES	YES	YES	YES	YES
控制变量	不控制	控制	不控制	控制	不控制	控制
N	451	451	451	451	451	451
R^2	0. 003	0. 012	0. 014	0. 133	0. 003	0. 168

注：括号内为 t 值，$*p<0.1$，$**p<0.05$，$***p<0.01$。

表 5-13 基于 SDM 的回归结果

变量	经济距离矩阵（基于 GDP）		经济地理矩阵（基于经纬度和 GDP）	
G	-0. 139 (-0. 39)	-0. 413 (-1. 17)	-0. 117 (-0. 32)	-0. 451 (-1. 29)
$caps$	-0. 134 (-1. 14)	-0. 0700 (-0. 60)	-0. 147 (-1. 22)	-0. 0600 (-0. 52)
$G \cdot caps$	0. 246*** (2. 60)	0. 239** (2. 49)	0. 239** (2. 54)	0. 215** (2. 31)
ρ	-0. 157* (-1. 92)	-0. 119 (-1. 49)	-0. 120 (-1. 54)	-0. 125 (-1. 63)
sigma2_e	0. 00179*** (14. 99)	0. 00158*** (15. 00)	0. 00180*** (15. 00)	0. 00154*** (15. 00)
时间固定效应	YES	YES	YES	YES
地区固定效应	YES	YES	YES	YES
控制变量	不控制	控制	不控制	控制
N	451	451	451	451
R^2	0. 002	0. 228	0. 007	0. 210

注：括号内为 t 值，$*p<0.1$，$**p<0.05$，$***p<0.01$。

表 5-14 基于 SEM 的回归结果

变量	空间地理矩阵		地理邻接矩阵		地理距离矩阵（基于经纬度）	
G	-0.169 (-0.46)	-0.553 (-1.52)	-0.104 (-0.30)	-0.653* (-1.85)	-0.0527 (-0.16)	-0.774** (-2.25)
caps	-0.122 (-1.00)	-0.0489 (-0.41)	-0.133 (-1.13)	-0.0304 (-0.26)	-0.124 (-1.11)	0.00623 (0.05)
G · caps	0.234** (2.42)	0.290*** (3.09)	0.219** (2.32)	0.313*** (3.39)	0.188** (2.06)	0.328*** (3.62)
λ	-0.862** (-2.41)	-0.927*** (-2.67)	-0.0633 (-0.82)	-0.0903 (-1.12)	-1.166*** (-3.50)	-1.298*** (-3.79)
sigma2_e	0.00179*** (14.79)	0.00164*** (14.78)	0.00184*** (15.01)	0.00169*** (15.00)	0.00173*** (14.59)	0.00158*** (14.50)
时间固定效应	YES	YES	YES	YES	YES	YES
地区固定效应	YES	YES	YES	YES	YES	YES
控制变量	不控制	控制	不控制	控制	不控制	控制
N	451	451	451	451	451	451
R^2	0.005	0.137	0.002	0.135	0.004	0.153

注：括号内为 t 值，* $p<0.1$，** $p<0.05$，*** $p<0.01$。

表 5-15 基于 SEM 的回归结果

变量	经济距离矩阵（基于 GDP）		经济地理矩阵（基于经纬度和 GDP）	
G	-0.234 (-0.66)	-0.727** (-2.05)	-0.192 (-0.55)	-0.734** (-2.07)
caps	-0.101 (-0.86)	-0.00629 (-0.05)	-0.106 (-0.91)	-0.000916 (-0.01)
G · caps	0.249*** (2.62)	0.330*** (3.53)	0.237** (2.52)	0.327*** (3.50)
λ	-0.148* (-1.82)	-0.147* (-1.80)	-0.131* (-1.66)	-0.140* (-1.72)
sigma2_e	0.00182*** (14.99)	0.00168*** (14.99)	0.00182*** (14.99)	0.00168*** (14.99)
时间固定效应	YES	YES	YES	YES
地区固定效应	YES	YES	YES	YES
控制变量	不控制	控制	不控制	控制
N	451	451	451	451
R^2	0.035	0.091	0.036	0.102

注：括号内为 t 值，* $p<0.1$，** $p<0.05$，*** $p<0.01$。

5.4.3.3 稳健性检验

(1) 内生性检验

生产性服务业层级分工和空间集聚的协同效应可能与生产性服务业高质量发展之间存在互为因果的关系，即生产性服务业层级分工和空间集聚促进了生产性服务业高质量发展，生产性服务业高质量发展也推动生产性服务业层级分工和空间集聚，也就是说，生产性服务业层级分工和空间集聚的协同效应与生产性服务业高质量发展可能具有内生性。为了进一步检验这种可能存在的由互为因果导致的内生性问题，得到稳健的结论，我们采用工具变量法进行检验。本部分参考韩峰和阳立高(2020)、李爱国等（2023)、曾艺等（2019）的做法，引入核心解释变量的滞后一期作为工具变量。表5-16的列（1）表明，在一定程度上克服内生性后，检验结果不变，即核心解释变量生产性服务业层级分工和空间集聚的交互项显著为正，这表明生产性服务业层级分工和空间集聚产生的协同效应有利于促进生产性服务业高质量发展。此外，列（2）至列（4）显示第一阶段的工具变量均显著为正。同时，K-P rk LM统计量的 p 值为0.0009，C-D Wald F值为50.642，K-P rk Wald F值为12.329，都大于10，总体而言，以上检验说明将核心解释变量的滞后一期作为工具变量是合理的。

表5-16 工具变量回归结果

变量	*high*	*G*	*caps*	*G · caps*
	(1)	(2)	(3)	(4)
G	-0.546 (0.963)			
caps	-0.165 (0.282)			
G · caps	0.405** (0.154)			
FDI	1.361*** (0.376)	0.068 (0.140)	0.132 (0.412)	0.140 (0.233)
ln*AGDP*	-0.048 (0.035)	-0.028* (0.016)	-0.083* (0.046)	-0.050* (0.028)

续表

变量	high	G	caps	G · caps
	(1)	(2)	(3)	(4)
lnHC	-0.003 (0.023)	-0.002 (0.011)	-0.004 (0.031)	0.001 (0.015)
lnROAD	-0.004 (0.032)	-0.018 (0.013)	-0.057 (0.039)	-0.032 (0.021)
lnICT	-0.002 (0.009)	-0.002 (0.003)	0.002 (0.009)	0.001 (0.005)
l. G		0.492** (0.193)	-0.135 (0.550)	-0.059 (0.299)
l. caps		0.036 (0.054)	0.658*** (0.172)	-0.023 (0.095)
l. G×l. caps		0.015 (0.045)	-0.010 (0.132)	0.670*** (0.089)
地区固定效应	YES	NO	NO	NO
时间固定效应	YES	NO	NO	NO
K-P rk LM	11.022 (0.0009)			
C-D Wald F	50.642			
K-P rk Wald F	12.329			
N	410	410	410	410
R^2	0.0902			

注：括号内为标准误，* $p<0.1$，** $p<0.05$，*** $p<0.01$。

(2) 替换被解释变量

本书利用变异系数法重新对生产性服务业高质量发展这一指标进行测度，回归结果见表5-17到表5-19，由结果可以看出，在替换被解释变量后，层级分工和空间集聚的交互项对生产性服务业高质量发展始终起到显著的正向作用，结果依然稳健。

表5-17 变异系数法回归结果

变量	空间地理矩阵			地理邻接矩阵		
	SAR	SEM	SDM	SAR	SEM	SDM
G	-0.417* (-1.79)	-0.352 (-1.45)	-0.0867 (-0.31)	-0.403* (-1.70)	-0.409* (-1.72)	-0.288 (-1.14)

续表

变量	空间地理矩阵			地理邻接矩阵		
	SAR	SEM	SDM	SAR	SEM	SDM
caps	-0.0244 (-0.32)	-0.0434 (-0.54)	-0.112 (-1.26)	-0.0261 (-0.33)	-0.0250 (-0.32)	-0.0150 (-0.19)
G · *caps*	0.224*** (3.67)	0.216*** (3.46)	0.170** (2.42)	0.218*** (3.52)	0.219*** (3.54)	0.137** (2.02)
ρ	-0.897** (-2.53)		-0.988*** (-2.68)	-0.0224 (-0.31)		0.00678 (0.09)
λ		-0.957*** (-2.86)			-0.0127 (-0.16)	
sigma2_e	0.0007*** (14.80)	0.0007*** (14.79)	0.0007*** (14.75)	0.0008*** (15.02)	0.0008*** (15.02)	0.0007*** (15.02)
时间固定效应	YES	YES	YES	YES	YES	YES
地区固定效应	YES	YES	YES	YES	YES	YES
控制变量	控制	控制	控制	控制	控制	控制
N	451	451	451	451	451	451
R^2	0.014	0.011	0.022	0.012	0.012	0.001

注：括号内 t 值，* $p<0.1$，** $p<0.05$，*** $p<0.01$。

表 5-18　变异系数法回归结果

变量	经济距离矩阵（基于 GDP）			经济地理矩阵（基于经纬度和 GDP）		
	SAR	SEM	SDM	SAR	SEM	SDM
G	-0.413* (-1.74)	-0.427* (-1.78)	-0.224 (-0.95)	-0.403* (-1.70)	-0.401* (-1.66)	-0.300 (-1.29)
caps	-0.0236 (-0.30)	-0.0206 (-0.26)	-0.0545 (-0.70)	-0.0257 (-0.33)	-0.0264 (-0.33)	-0.0336 (-0.43)
G · *caps*	0.220*** (3.54)	0.224*** (3.56)	0.155** (2.42)	0.218*** (3.51)	0.217*** (3.46)	0.142** (2.29)
ρ	-0.0228 (-0.30)		-0.0174 (-0.22)	0.0156 (0.21)		-0.00334 (-0.04)
λ		-0.0413 (-0.49)			0.0106 (0.13)	
sigma2_e	0.0008*** (15.02)	0.0007*** (15.01)	0.0007*** (15.02)	0.0008*** (15.02)	0.0008*** (15.02)	0.0007*** (15.02)
时间固定效应	YES	YES	YES	YES	YES	YES
地区固定效应	YES	YES	YES	YES	YES	YES

续表

变量	经济距离矩阵（基于 GDP）			经济地理矩阵（基于经纬度和 GDP）		
	SAR	SEM	SDM	SAR	SEM	SDM
控制变量	控制	控制	控制	控制	控制	控制
N	451	451	451	451	451	451
R^2	0.014	0.015	0.051	0.012	0.013	0.009

注：括号内为 t 值，* $p<0.1$，** $p<0.05$，*** $p<0.01$。

表 5-19 变异系数法回归结果

变量	地理距离矩阵（基于经纬度）		
	SAR	SEM	SDM
G	-0.366 (-1.58)	-0.488** (-2.09)	-0.429* (-1.74)
caps	-0.0253 (-0.33)	-0.0007 (-0.01)	-0.0099 (-0.13)
G · *caps*	0.198*** (3.25)	0.223*** (3.65)	0.205*** (3.02)
ρ	-0.982*** (-3.23)		-1.000*** (-3.07)
λ		-0.957*** (-3.01)	
sigma2_e	0.0007*** (14.74)	0.0007*** (14.72)	0.0007*** (14.69)
时间固定效应	YES	YES	YES
地区固定效应	YES	YES	YES
控制变量	控制	控制	控制
N	451	451	451
R^2	0.004	0.001	0.076

注：括号内为 t 值，* $p<0.1$，** $p<0.05$，*** $p<0.01$。

（3）改变样本数据集

为消除异常值带来的实验结果偏差，本书在此进行 1%的缩尾处理，将缩尾处理后的数据再次进行回归。回归结果如表 5-20 到表 5-22 所示，由结果可以看出，在消除异常值的不良影响之后，层级分工和空间集聚的交互项对生产性服务业高质量发展始终起到显著的正向作用，结果依然稳健。

表 5-20 缩尾处理回归结果

变量	空间地理矩阵			地理邻接矩阵		
	SAR	SEM	SDM	SAR	SEM	SDM
G	-0.613* (-1.77)	-0.544 (-1.52)	-0.0720 (-0.17)	-0.610* (-1.74)	-0.650* (-1.87)	-0.420 (-1.13)
caps	-0.0442 (-0.36)	-0.0647 (-0.52)	-0.173 (-1.24)	-0.0516 (-0.42)	-0.0450 (-0.37)	-0.0263 (-0.21)
G · *caps*	0.319*** (3.19)	0.310*** (3.03)	0.205* (1.80)	0.325*** (3.21)	0.333*** (3.30)	0.180 (1.64)
ρ	-0.839** (-2.31)		-0.841** (-2.26)	-0.0985 (-1.28)		-0.0661 (-0.83)
λ		-0.914*** (-2.63)			-0.103 (-1.27)	
sigma2_e	0.0016*** (14.81)	0.0016*** (14.79)	0.0016*** (14.80)	0.0017*** (15.00)	0.0017*** (15.00)	0.0016*** (15.01)
时间固定效应	YES	YES	YES	YES	YES	YES
地区固定效应	YES	YES	YES	YES	YES	YES
控制变量	控制	控制	控制	控制	控制	控制
N	451	451	451	451	451	451
R^2	0.155	0.139	0.001	0.117	0.141	0.137

注：括号内为 t 值，* $p<0.1$，** $p<0.05$，*** $p<0.01$。

表 5-21 缩尾处理回归结果

变量	经济距离矩阵（基于 GDP）			经济地理矩阵（基于经纬度和 GDP）		
	SAR	SEM	SDM	SAR	SEM	SDM
G	-0.672* (-1.92)	-0.730** (-2.08)	-0.433 (-1.26)	-0.666* (-1.90)	-0.739** (-2.11)	-0.473 (-1.38)
caps	-0.0313 (-0.26)	-0.0220 (-0.18)	-0.0881 (-0.72)	-0.0318 (-0.26)	-0.0151 (-0.12)	-0.0673 (-0.56)
G · *caps*	0.335*** (3.31)	0.355*** (3.49)	0.278*** (2.64)	0.332*** (3.29)	0.350*** (3.46)	0.237** (2.33)
ρ	-0.143* (-1.84)		-0.137* (-1.72)	-0.141* (-1.86)		-0.141* (-1.83)
λ		-0.168** (-2.06)			-0.161** (-1.97)	
sigma2_e	0.0017*** (14.99)	0.0017*** (14.98)	0.0016*** (14.99)	0.0017*** (14.99)	0.0017*** (14.98)	0.0015*** (14.98)

续表

变量	经济距离矩阵（基于 GDP）			经济地理矩阵（基于经纬度和 GDP）		
	SAR	SEM	SDM	SAR	SEM	SDM
时间固定效应	YES	YES	YES	YES	YES	YES
地区固定效应	YES	YES	YES	YES	YES	YES
控制变量	控制	控制	控制	控制	控制	控制
N	451	451	451	451	451	451
R^2	0.099	0.095	0.003	0.106	0.108	0.022

注：括号内为 t 值，* $p<0.1$，** $p<0.05$，*** $p<0.01$。

表 5-22　缩尾处理回归结果

变量	地理距离矩阵（基于经纬度）		
	SAR	SEM	SDM
G	-0.598* (-1.78)	-0.778** (-2.30)	-0.501 (-1.40)
caps	-0.0410 (-0.35)	-0.00331 (-0.03)	-0.0615 (-0.51)
$G \cdot caps$	0.308*** (3.17)	0.343*** (3.46)	0.301*** (2.74)
ρ	-1.404*** (-4.12)		-1.378*** (-3.93)
λ		-1.337*** (-3.88)	
sigma2_e	0.0016*** (14.47)	0.0016*** (14.48)	0.0015*** (14.46)
时间固定效应	YES	YES	YES
地区固定效应	YES	YES	YES
控制变量	控制	控制	控制
N	451	451	451
R^2	0.170	0.163	0.173

注：括号内为 t 值，* $p<0.1$，** $p<0.05$，*** $p<0.01$。

5.4.3.4　异质性检验

基于前文的研究可以发现，由于城市等级的不同，层级分工和空间集聚都存在明显的异质性。因此，层级分工和空间集聚的协同效应对生产性服务业高质量发展也可能存在城市等级上的异质性。因此，本部分依据各个城市的年末户籍人口，并参照《国务院关于调整城市规模划分标准的通知》（国发〔2014〕51号）的分类标准，将城市划分为五个等级，即超大城市（城区常住人口1000万人以上）、特大城市（城区常住人口500万人以上1000万人以下）、大城市（城区常住人口100万人以上500万人以下）、中等城市（城区常住人口50万人以上100万人以下）、小城市（城区常住人口50万人以下）。由于本书所研究的对象不存在满足上述条件的小城市，并且考虑到研究样本数量，本书将超大城市和特大城市归为一类、大城市和中等城市归为一类。表5-23到表5-27为区域异质性的回归结果。

表5-23 以空间地理矩阵作为空间权重矩阵的回归结果

变量	基于SAR模型		基于SEM模型		基于SDM模型	
	超大、特大城市	大、中等城市	超大、特大城市	大、中等城市	超大、特大城市	大、中等城市
G	0.343 (0.61)	-1.279*** (-2.62)	0.347 (0.59)	-1.144** (-2.20)	0.739 (1.07)	-0.704 (-1.16)
$caps$	-0.393** (-2.12)	0.192 (1.25)	-0.414** (-2.16)	0.150 (0.91)	-0.520** (-2.39)	0.0861 (0.46)
$G \cdot caps$	0.311*** (3.14)	0.529 (1.61)	0.331*** (3.12)	0.515 (1.53)	0.246* (1.73)	0.284 (0.77)
ρ	-1.113*** (-3.66)	-0.792** (-2.16)			-0.967*** (-3.00)	-0.802** (-2.15)
λ			-1.171*** (-3.90)	-1.105*** (-2.89)		
sigma2_e	0.0015*** (9.99)	0.0013*** (10.48)	0.0015*** (10.04)	0.0013*** (10.23)	0.0015*** (10.04)	0.0012*** (10.47)
时间固定效应	YES	YES	YES	YES	YES	YES
地区固定效应	YES	YES	YES	YES	YES	YES
控制变量	控制	控制	控制	控制	控制	控制
N	220	231	220	231	220	231
R^2	0.577	0.045	0.509	0.065	0.195	0.016

注：括号内为t值，* $p<0.1$，** $p<0.05$，*** $p<0.01$。

表 5-24　以地理邻接矩阵作为空间权重矩阵的回归结果

变量	基于 SAR 模型		基于 SEM 模型		基于 SDM 模型	
	超大、特大城市	大、中等城市	超大、特大城市	大、中等城市	超大、特大城市	大、中等城市
G	0.281 (0.48)	-1.309*** (-2.68)	0.261 (0.44)	-1.345*** (-2.77)	0.433 (0.70)	-1.131** (-2.11)
caps	-0.395** (-2.02)	0.159 (1.03)	-0.388** (-1.97)	0.168 (1.10)	-0.420** (-2.01)	0.122 (0.77)
G · *caps*	0.341*** (3.28)	0.634* (1.92)	0.342*** (3.26)	0.642* (1.91)	0.284** (2.30)	0.570* (1.67)
ρ	0.0681 (0.89)	-0.192*** (-2.75)			0.0248 (0.31)	-0.193** (-2.56)
λ			0.0334 (0.40)	-0.182** (-2.41)		
sigma2_e	0.0017*** (10.48)	0.0014*** (10.67)	-1.171*** (-3.90)	0.00135*** (10.68)	0.0016*** (10.48)	0.0013*** (10.69)
时间固定效应	YES	YES	YES	YES	YES	YES
地区固定效应	YES	YES	YES	YES	YES	YES
控制变量	控制	控制	控制	控制	控制	控制
N	220	231	220	231	220	231
R^2	0.539	0.029	0.637	0.017	0.195	0.064

注：括号内为 t 值，* $p<0.1$，** $p<0.05$，*** $p<0.01$。

表 5-25　以地理距离矩阵（基于经纬度）作为空间权重矩阵的回归结果

变量	基于 SAR 模型		基于 SEM 模型		基于 SDM 模型	
	超大、特大城市	大、中等城市	超大、特大城市	大、中等城市	超大、特大城市	大、中等城市
G	0.233 (0.40)	-1.093** (-2.48)	0.239 (0.40)	-1.350*** (-2.88)	0.104 (0.16)	-0.767 (-1.51)
caps	-0.384** (-1.98)	0.182 (1.31)	-0.399** (-2.00)	0.209 (1.48)	-0.403* (-1.78)	0.0335 (0.24)
G · *caps*	0.349*** (3.39)	0.445 (1.50)	0.365*** (3.51)	0.542 (1.64)	0.441*** (3.45)	0.483 (1.35)
ρ	-0.398 (-1.59)	-1.844*** (-5.60)			-0.530** (-2.00)	-1.844*** (-5.42)
λ			-0.504* (-1.93)	-1.723*** (-4.75)		

续表

变量	基于 SAR 模型		基于 SEM 模型		基于 SDM 模型	
	超大、特大城市	大、中等城市	超大、特大城市	大、中等城市	超大、特大城市	大、中等城市
sigma2_e	0.0017*** (10.41)	0.0011*** (9.70)	0.00164*** (10.36)	0.0011*** (9.68)	0.0016*** (10.35)	0.0010*** (9.72)
时间固定效应	YES	YES	YES	YES	YES	YES
地区固定效应	YES	YES	YES	YES	YES	YES
控制变量	控制	控制	控制	控制	控制	控制
N	220	231	220	231	220	231
R^2	0.625	0.015	0.617	0.002	0.206	0.085

注：括号内为 t 值，* $p<0.1$，** $p<0.05$，*** $p<0.01$。

表 5-26　以经济距离矩阵（基于 GDP）作为空间权重矩阵的回归结果

变量	基于 SAR 模型		基于 SEM 模型		基于 SDM 模型	
	超大、特大城市	大、中等城市	超大、特大城市	大、中等城市	超大、特大城市	大、中等城市
G	0.269 (0.46)	-1.350*** (-2.79)	0.237 (0.40)	-1.453*** (-3.04)	0.348 (0.60)	-0.633 (-1.28)
caps	-0.396** (-2.02)	0.184 (1.21)	-0.394** (-2.04)	0.175 (1.18)	-0.368* (-1.95)	0.112 (0.74)
G·*caps*	0.349*** (3.35)	0.623* (1.90)	0.370*** (3.45)	0.706** (2.14)	0.250** (2.30)	0.249 (0.76)
ρ	-0.0622 (-0.74)	-0.340*** (-3.23)			-0.0149 (-0.18)	-0.367*** (-3.49)
λ			-0.0977 (-1.04)	-0.309*** (-2.58)		
sigma2_e	0.0017*** (10.48)	0.0013*** (10.62)	0.0017*** (10.47)	0.0013*** (10.64)	0.0015*** (10.49)	0.0011*** (10.60)
时间固定效应	YES	YES	YES	YES	YES	YES
地区固定效应	YES	YES	YES	YES	YES	YES
控制变量	控制	控制	控制	控制	控制	控制
N	220	231	220	231	220	231
R^2	0.623	0.044	0.619	0.014	0.410	0.004

注：括号内为 t 值，* $p<0.1$，** $p<0.05$，*** $p<0.01$。

表 5-27 以经济地理矩阵（基于经纬度和 GDP）作为空间权重矩阵的回归结果

变量	基于 SAR 模型		基于 SEM 模型		基于 SDM 模型	
	超大、特大城市	大、中等城市	超大、特大城市	大、中等城市	超大、特大城市	大、中等城市
G	0.281 (0.47)	-1.403*** (-2.87)	0.250 (0.42)	-1.543*** (-3.22)	0.134 (0.25)	-0.810 (-1.64)
caps	-0.398** (-2.03)	0.189 (1.23)	-0.394** (-2.02)	0.185 (1.26)	-0.302* (-1.71)	0.0291 (0.19)
G · caps	0.345*** (3.31)	0.662** (1.99)	0.359*** (3.31)	0.770** (2.29)	0.250** (2.44)	0.485 (1.53)
ρ	-0.0055 (-0.06)	-0.243*** (-2.79)			0.0071 (0.08)	-0.238*** (-2.74)
λ			-0.0499 (-0.49)	-0.262** (-2.53)		
sigma2_e	0.0017*** (10.49)	0.0013*** (10.65)	0.0017*** (10.48)	0.0014*** (10.64)	0.0013*** (10.49)	0.0011*** (10.65)
时间固定效应	YES	YES	YES	YES	YES	YES
地区固定效应	YES	YES	YES	YES	YES	YES
控制变量	控制	控制	控制	控制	控制	控制
N	220	231	220	231	220	231
R^2	0.626	0.025	0.625	0.003	0.417	0.001

注：括号内为 t 值，* $p<0.1$，** $p<0.05$，*** $p<0.01$。

结果显示，不论采用何种空间权重矩阵、利用何种空间计量模型，不同等级城市的层级分工和空间集聚的交互项对生产性服务业高质量发展的影响存在差异性。其中，以空间地理矩阵、地理距离矩阵（基于经纬度）作为空间权重矩阵的回归结果显示，超大、特大城市显著为正，大、中等城市不显著；而以地理邻接矩阵、经济距离矩阵（基于 GDP）、经济地理矩阵（基于经纬度和 GDP）为空间权重矩阵的回归结果显示，超大、特大城市比大、中等城市更显著。上述结果都说明，随着城市等级的提高，生产性服务业层级分工和空间集聚产生的协同效应对生产性服务业高质量发展的促进作用逐渐加大。这可能是因为高端生产性服务业主要集聚于等级较高的城市，所以产生的协同效应对生产性服务业高质量发展的影响更为显著；而低等级城市主要集聚一些低端生产性服务业，并可能存在重复建设和盲目追求生产性服务业“大而全”“高端化”等问题，无法发挥良好的协同效应，因而未能显著促进生产性服务业高质量发展。

第6章　依托层级分工、空间集聚促进生产性服务业高质量发展的政策建议

6.1　生产性服务业高质量发展的路径选择

6.1.1　优化区域分工：由“大而全”向层级分工转变

不同城市因其整体规模和经济社会功能的差异，存在明显的层级分工现象（宣烨和余泳泽，2014）。在城市经济发展中，各城市会根据自身的经济规模和辐射能力来确定优先发展的生产性服务业，这就是所谓的生产性服务业的层级分工。高端生产性服务业包括“信息传输、计算机服务和软件行业”、“金融业”以及“科学研究、技术服务和地质勘查业”等，这些行业对技术和信息有较高的需求，因此适合在经济规模大、辐射能力强的城市布局。相比之下，中小城市由于经济规模较小、辐射能力相对较弱，通常更适合发展知识技术密集度相对较低、辐射能力较弱的低端生产性服务业，包括“批发和零售业”、“交通运输、仓储和邮政业”以及“租赁和商务服务业”等。不同于制造业地域间的专业化分工，生产性服务业的层级分工主要取决于其行业特性和城市生产能力状况。

城市在经济发展过程中，有时会出现追求“大而全”的现象，即城市的产业结构趋于相似，工业门类力求齐全，未考虑自身的资源优势，单纯追求完整的工业体系。此外，对生产性服务业发展的攀比性选择，以及片面追求行业（业态）高端化、行业门类完整性，可能会造成区域资源的浪费，进而影响经济发展进程。因此，城市决策部门应当充分运用地区资源，结合区域优势，谨慎选择城市重点发展的生产性服务业，在区域间形成层级分工。

6.1.1.1　制定具有指导性的产业政策，创造层级分工的政策环境

我国政府在推动生产性服务业的层级分工中发挥着核心作用。针对

各城市等级、经济规模及辐射能力的差异，政府部门需要制定个性化的、切实可行的政策细则。首先，城市等级的差异导致了经济实力、人口规模和资源配置的显著差异。一线城市因其巨大的经济规模和强大的辐射能力，更适合高端生产性服务业的发展，如金融和科技研发等。相对而言，中小城市因其经济规模和辐射能力的局限性，更适合劳动密集型或技术含量较低的生产性服务业，如物流和维修等。其次，经济规模的差异对生产性服务业的发展方向产生了显著影响。经济规模较大的城市通常拥有较大的市场规模，因此能够更好地吸引大型企业入驻，进而推动生产性服务业的发展。然而，经济规模较小的城市则更适合发展小型和微型企业，以满足地方性的生产性服务需求。此外，辐射能力的差异也影响了政府针对生产性服务业的政策制定。辐射能力较强的城市对周边地区的带动作用更强，因此更适合发展一些区域性的生产性服务业，比如教育培训和健康医疗等，以满足周边地区的需求。相反，辐射能力较弱的城市则更适合发展一些地方性的生产性服务业，以满足本地居民的需求。政府部门在制定具体政策时，必须充分考虑城市等级、经济规模及辐射能力等因素，以确保政策更加符合实际情况并且更加有针对性，从而推动生产性服务业的健康发展。

政府可以考虑设立专门的基金，以联合举办招商会议的形式，对招商资源进行合理的调配，以此鼓励各城市联合申请国家重大项目，进一步推动产业协作的发展。在全球经济一体化的大背景下，加强城市间的产业协作具有不可忽视的重要性。在实施这些举措时，首先从设立专项基金开始，这些基金可以通过政府拨款以及企业赞助等多种渠道筹集，确保有充足的资金来支持联合招商活动。其次，联合举办招商会议能够有效地增进城市间的互动与合作，通过这个平台，各城市可以共享包括项目信息和优惠政策在内的招商资源，实现资源的优化配置。为进一步促进产业协作的发展，还应鼓励各城市联合申请国家重大项目。这样做不仅能提高项目申请的成功率，还能推动城市间实现优势互补、共同发展。例如，发达地区可以与欠发达地区进行合作，前者可以提供资金和技术支持，后者则可以提供土地和劳动力等资源，共同推动重大项目的实施。同时，我们还应该加强顶层设计，制定一系列优惠政策，以此引导企业参与城市间的产业协作。例如，对进行跨地区合作的企业，可以实施税收优惠和政策扶持等措施，以此提高它们参与合作的积极性。此外，还可以通过优化政务服务和提升基础设施水平等方式，为企业提供便利的投资环境，进一步推动产业协作的深入发展。

另外，政府应当建立一套层级分工利益共享和财政税收协调机制，以提高各方合作的积极性，实现经济共同发展。为此，应当赋予合作区、示范区在经济管理、财税管理、主要经济指标分成、指标考核等方面更大的权限，建立利益共享机制，以激励各方积极创新，提高经济效益。针对不同区域的实际情况，对跨区域分工协作园区，应首先分析和确定项目对财力转入地、财力转出地各自的影响因素，这样可以在项目实施前就对其可能带来的影响有清晰的认识，从而制定更有效的政策。其次应设计合理的指标，测算项目对两地的影响效应，这将有助于更准确地评估项目的效果，从而调整策略，以实现最大的经济利益。最后应与合作方共同决定共建产业园的规模、利益分享机制，充分考虑各方的利益，以实现共赢。同时，通过这一过程，能够制定跨区域层级分工的税收分配原则和标准，以促进公平公正。

6.1.1.2 建立和完善生产性服务业层级分工协作机制，促进区域间的分工与合作

首先，有必要对长三角地区的区域间生产力布局和产业分工进行全面规划。这涉及根据上海、江苏、浙江等主要地区的资源禀赋、产业专长和发展潜力合理调配区域内的生产要素、优化产业布局。这些要素包括但不限于人力资源、物资、技术、资金等，以避免不正当竞争和资源误配，从而提高整体生产效率及区域竞争力。具体来讲，需要深入研究和分析各城市的产业结构，了解其产业链构成、产业优劣以及未来发展趋势和潜力。基于这些信息，我们可以制定合适的产业分工和布局策略，使各城市能在其优势领域发挥最大作用，并在劣势领域得到其他城市的支持和补充。例如，上海作为国际化大都市，拥有强大的金融、科技和人才优势，可重点发展高端生产性服务业和高新技术产业，而江苏和浙江则能利用其制造业基础和产业链优势，发展先进制造业和生产性服务业。同时，各城市间也需要建立紧密的合作关系，共同分享资源、建设平台、推动项目等，形成协同发展的新模式。总的来说，长三角地区区域间生产力布局和产业分工的全面规划，需要我们充分理解和利用各城

市的优势，通过合理的产业布局和分工，实现资源的优化配置，推动长三角地区经济的持续高质量发展。

其次，有必要通过产业分工与协作，强化产业链和价值链的协同效应，以提升整个长三角地区的经济效率和竞争力。对此，应进行系统规划，包括交通、产业布局、区域发展格局以及城镇化发展的规划。在交通方面，构建高效便捷的交通网络以降低区域间运输成本，进而促进人流、物流及信息流的畅通。在产业布局方面，应引导生产性服务业向高端、绿色和智能方向发展，推动产业结构优化升级。同时，应注重城乡一体化和区域协调发展，形成多中心、多层次的城市群结构。在城镇化发展方面，有序推进城镇化以提高城市品质，并提高城市的综合承载能力。各等级城市应根据自身的城市经济规模、发展阶段和基础条件，理性选择并发展相适应的生产性服务业以及选择相应的发展层级。这包括中小城市应依托自身优势发展特色产业，形成与大城市互补发展的格局。同时，大城市应转型升级，发展知识密集型和创新驱动型产业，以提升城市竞争力。上述的顶层设计与统筹协调，将更有利于推动长三角地区乃至全国的经济高质量发展，实现区域协调发展和共同繁荣。

为确保生产性服务业的层级分工协作机制的建立，应加强地区间的合作。高等级城市与低等级城市具有不同的优、劣势。高等级城市拥有丰富的人才资源、雄厚的资本和先进的技术，这使它们在发展低端生产性服务业方面具有较大优势。然而，过度发展低端生产性服务业可能导致资源浪费，影响可持续发展。相对而言，低等级城市由于资源有限，在发展高端生产性服务业方面面临较大挑战。若通过与高等级城市的合作实现资源共享，低等级城市也可能实现生产性服务业的转型升级。因此，政府应建立行政合作机制，采取园区合作、项目合作和企业合作等方式，实现利益共享、信息共享和资源共享。这将避免高等级城市的资源浪费，并助力低等级城市实现产业升级，推动我国生产性服务业的高质量发展。

6.1.1.3 以城市群为依托，推动城市间生产性服务业层级分工

在对生产性服务业进行定位和发展的过程中，我们需要充分考虑城市层级分工的大背景，精准把握生产性服务业协作与分工的关系，还要密切关注城市经济规模、区域发展水平和城市发展定位等因素，以实现

生产性服务业的可持续发展。城市间生产性服务业层级分工需要建立在有序分工和有效合作的基础上，二者相辅相成、不可分割。在现代城市经济体系中，生产性服务业作为产业结构优化升级的重要推动力，其内部协作与分工的重要性不言而喻。在城市层级分工的大背景下，对生产性服务业分工以及生产性服务业企业分工进行精准定位，实现两者的有机结合，是至关重要的。换言之，我们需要从城市发展大局出发，确定生产性服务业的恰当位置，明确其发展方向，并推动生产性服务业企业之间形成紧密合作关系，共同推进城市经济的发展。生产性服务业的发展规模和发展质量，不仅与城市经济规模密切相关，也受到区域发展水平、城市发展定位等因素的影响。首先，城市经济规模是生产性服务业发展的基石。一个城市的经济规模越大，对生产性服务业的需求也越大，从而为其发展提供了广阔的市场空间。其次，区域发展水平对生产性服务业的发展也有重要影响。一个地区的经济发展水平越高，其对生产性服务业的质量和水平要求也越高，这会推动生产性服务业不断提升自身的发展水平。最后，城市发展定位直接决定生产性服务业的发展方向。例如，一个定位为国际金融中心的城市，其生产性服务业的发展重点必然是金融领域；而一个定位为科技创新中心的城市，其生产性服务业的发展重点则会倾向于科技服务领域。

核心城市应利用其资源优势，优先发展高端生产性服务业，积极吸引生产性服务业总部性质的企业入驻，以发挥其对生产性服务业及生产性服务业企业的引领作用。这些总部企业通常具备高技术水平及高管理水平，对生产性服务业的发展起到重要的推动作用。同时，核心城市还需与周边中小城市建立紧密的合作关系，形成产业链上下游的协同发展，以推动整个区域的生产性服务业进步。例如，核心城市可专注于提供研发设计、品牌营销、金融投资等高端服务，而中小城市则可专注于生产制造、物流配送、售后服务等专业服务，实现优势互补、协同发展。相对而言，中小城市可选择发展较为低端的生产性服务业，积极吸引企业分支机构入驻，为制造业和生产性服务业提供直接的配套服务。这些企业分支机构通常需要较为成熟的生产制造和服务能力，与中小城市的产业基础相符合。通过承接企业分支机构，中小城市可进一步提升生产性服务业的发展水平，稳固和提升产业发展基础。同时，中小城市能通过与核心城市的合作进一步拓展发展空间和市场机会，实现产业升级和转型发展。因此，这种方式能够充分利用各城市的资源优势，实现生产性服务业发展的精准定位，避免大城市之间的同质化竞争，实现层级分工，促进生产性服务业的健康发展。

6.1.2 优化行业结构：由传统行业占主体向新兴行业占主体转变

产业结构升级是当前我国经济发展的首要任务，对推动经济持续增长、提升国际竞争力具有重要意义。为实现经济转型升级，应以全面发展为核心，采取优化产业结构、推动高新技术产业发展、改造传统产业等措施，实现经济可持续发展。传统产业虽在整个产业结构中占据重要地位，但整体水平偏低，亟须全面升级和改造。在推动高新技术产业发展的同时，不应忽视传统产业的转型和升级。政府应加大对企业的技术创新支持力度，协助企业提升研发能力、创新能力和品牌形象，推动企业向高质量、高附加值方向发展。只有全面推进产业结构升级，才能实现经济持续健康发展，为全面建设社会主义现代化国家做出有力贡献。

在经济转型升级以优化行业结构的过程中，我们必须清醒地认识到传统产业存在的问题，并结合实际情况，准确把握实现产业结构升级的具体路径。

6.1.2.1 以创新为引领，推动传统产业向新兴产业转型升级

相较于新兴产业，传统产业在技术创新方面存在显著短板，技术水平相对滞后、整体竞争力有限。传统产业企业技术创新投入相对较低，其将大部分精力和资源投入维持现有业务和市场份额上，导致技术水平较低，无法跟上新兴产业的发展步伐。此外，传统产业企业在技术创新方面的能力和经验有限。相较于新兴产业企业，传统产业企业往往缺乏相应的技术人才和经验积累，难以快速适应和转化新兴技术。另外，传统产业企业在技术创新方面的成果转化率较低，很多企业在技术创新上取得了一定成果，但由于种种原因，这些成果很难迅速转化为实际生产力。新兴产业企业则能更好地将技术创新成果转化为实际生产力，进一步扩大竞争优势。为提升传统产业企业的技术创新能力和竞争力，政府和社会各界应给予更多的关注和支持。政府可以对传统产业企业的技术创新加大投入力度，实施相关政策优惠和资金扶持措施，优化市场体系，

营造有利的政策环境和创新氛围。传统产业企业也应增加技术创新投入，增强创新能力，从而适应不断变化的市场条件，实现持续发展。

将传统产业与新兴产业融合协调发展，使之转化为知识技术密集型产业，是传统产业实现转型升级的关键目标。在当代社会，发展战略性新兴产业已成为我国经济增长的重要动力，也是各国经济社会发展的重要举措。传统产业企业已经具备的平台、市场、网络等资源优势应得到充分利用，作为发展新型产业的重要支撑。并且为了满足新型产业的成长需求，传统产业企业应加速组织创新、制度创新、管理创新。组织创新的核心在于优化企业组织架构、决策程序和激励制度等层面，以提升企业对新兴产业变迁的应变能力和灵活性。制度创新要求企业突破原有的制度约束，制定有利于新兴产业发展的政策和措施。管理创新是企业提高管理水平和效率、更好地推动新兴产业发展的关键。此外，营造与新兴产业协调发展的外部环境也至关重要。这需要政府、企业和社会各界共同努力，营造一个有利于新兴产业发展的政策环境、市场环境和法治环境。政府应加大对新兴产业的扶持力度，制定税收优惠、科研资金支持和技术培训等政策措施。企业应树立合作共赢的理念，通过产业链整合、技术创新和市场拓展等手段，促进新兴产业与其他产业的融合发展。另外，重视人才培养和引进也是推动新兴产业发展的关键一环。企业应加大对人才的培养和激励力度，提高员工的创新能力和综合素质。同时，政府和社会各界应关注人才培养和引进工作，通过设立奖学金、优化人才引进政策和加强国际合作等途径，吸引更多优秀人才投身新兴产业的发展。

6.1.2.2 优化产业结构布局，淘汰落后产能

长久以来，传统的生产性服务业的布局存在诸多不合理的现象。产业分布失衡、行业结构简单化、产业链条残缺以及产业间关联性薄弱等加剧了资源损耗和环境压力等突出问题，进而削弱了这些行业的整体竞争力和持续发展潜力。传统产业的分布呈现不平衡的状态。一些具有优势资源和市场的地区没有得到充分利用，而一些资源匮乏、地理位置不佳的中小城市地区却出现了过度开发的情形，导致产能过剩和市场竞争过热，降低了整个行业的盈利水平。传统产业的产业结构相对单一，使整个行业在面临市场波动与外部竞争时易于陷入困境，从而对经济的稳

定增长构成威胁。此外，传统产业的产业链条不够完整，导致产业整体的生产效率下降，产品质量无法得到保障，产品附加值的提升也因此受到阻碍。由于传统产业之间缺乏有效的合作与互动，资源共享和市场拓展受到阻碍，产业的创新能力和市场竞争力的提高被限制。

针对上述情况，长三角地区必须对传统产业的布局进行优化调整，推动产业转型升级，培育新的经济增长点。首先，我们应该基于各种资源、产业基础等要素，对产业布局进行优化，引导产业有序地流向具有优势的地区，以实现资源的优化配置，提高产业运行效率。其次，鼓励企业加大科技研发投入，推动产业发展迈向中高端，积极发展新兴产业，形成多元化发展的产业格局是非常重要的。加大科技研发投入可以促进企业不断进行技术创新，推动产业升级，提高产品质量和市场竞争力。同时，新兴产业的发展也能够带动传统产业的转型升级，实现产业结构的优化和多元化发展。因此，政府和企业应该共同努力，加大科技研发投入力度，积极发展新兴产业，形成多元化发展的产业格局，以实现可持续发展的目标。再次，完善产业链条，促进产业链上下游企业协同合作，注重产业链延伸和拓展，提升产业链技术水平和附加值。最后，构建产、学、研、用深度融合的创新体系，推动企业、高校、科研机构等深度合作，加强国际交流与合作，提升我国产业总体水平。

总的来说，对传统产业布局的优化调整、推动产业转型升级以及培育新的经济增长点等需求，我们需要进行深入研究和积极实践。这些努力不仅有助于提升我国传统产业的整体竞争力，还有利于产业的可持续发展。在实施过程中，要对优质企业和有潜力的企业进行技术改造和品牌培育，逐步培育成高新技术企业，提高其核心竞争力，推动其实现转型升级。另外，发展特色产业园区，具备竞争力和产业聚集效应的产业园区，是推动产业发展的主要平台和重要途径。

6.1.2.3 注重生态保护，建构集约、绿色低碳以及可持续发展模式

在追求经济增长的过程中，传统产业倾向于采用资源消耗的方式，大规模开发资源、大规模生产，而往往忽视环境保护和资源节约的重要性，导致粗放型的经济增长。然而，从长远来看，这种发展模式并不具备可持续性。尽管短期内可能实现经济的高速增长，但资源枯竭和环境恶化等问题会威胁经济的可持续发展。此外，传统产业在发展过程中往

往忽视环境保护和社会责任，因此其可持续发展能力相对较弱。

因此，传统产业若要实现可持续发展，必须实施变革。首先，应改变粗放型增长模式，该模式虽能短期提升产量和效益，但会导致资源浪费和环境破坏。因此，我们需要转向资源节约型、环保型的生产方式，通过技术创新和管理优化，提高资源利用效率，减少环境污染和生态破坏。其次，在追求经济效益的同时，企业需注重环境保护和社会责任。这意味着在生产过程中，要严格遵守环保法规，减少废弃物排放，保护生态环境，同时积极参与社会公益事业，为社会的和谐稳定做出贡献。此外，增加员工福利和权益也是实现可持续发展的关键一环。企业应关注员工的生活，提供良好的工作环境和待遇，保障员工的合法权益，激发员工的工作积极性和创造力。

要实现可持续发展，必须实现经济发展与环境保护共赢，发展循环经济，采取绿色消费等措施，淘汰破坏环境的高耗能、高污染企业，鼓励发展节能环保的绿色低碳企业。此外，还需要提高全民环保意识，形成绿色发展理念，共同为建设美丽中国贡献力量。在推动绿色低碳转型的同时，需积极促进资源的循环利用和企业之间的协调发展，并指导传统产业转移和原有工业园区改造工作，形成有利于建设资源节约型、环境友好型社会的产业结构、生产方式、生活方式和空间格局。

6.1.3　加快动能转换：由传统要素驱动向新兴要素驱动转变

我国生产性服务业的发展长期依赖传统要素，如劳动力、土地和物质资本等。虽然行业规模有所扩大、层次有了一定提升，但经济发展进入高质量发展阶段，依赖传统要素驱动经济增长的传统方式已难以适应发展要求，而经济增长动力对新兴要素的依赖愈发强烈。因此，生产性服务业发展的动力需要进行适应性调整，逐步转向创新驱动和外向驱动。为推动生产性服务业的转型升级，我国应高度重视科技创新、提升研发能力，通过技术进步和科技创新推动生产性服务业的跨越式发展。同时，推进生产性服务业发展需要一批高素质的专业人才队伍作为资源支撑。此外，企业应加速数字化转型，利用新一代信息技术如大数据、云计算、物联网等实现产业升级和业务模式创新，以提高生产性服务业的竞争力和服务水平。政府也应充分发挥政策引导作用，出台一系列有利于生产性服务业发展的政策措施，如税收优惠、金融支持、产业扶持等，为生产性服务业的发展创造良好的政策环境。此外，要加强国际合作，推动生产性服务业与国际市场的对接，优化升级产业结构，实现高质量发展。

6.1.3.1 创新驱动，增强内生动力

电子商务和信息服务的进步已对传统的专业服务组织架构产生了重大影响。一些中国的服务业企业已通过这些力量成功改革其生产模式，并提供了全新的技术服务，例如百度搜索引擎的竞价排名机制和 eBay 的电子商务模式等。这些成功的案例明确地表明创新能够推动产业的发展，而生产性服务业若要发挥支撑和引导作用，必须以其新兴的业态、先进的模式和科技作为基础（宣烨和胡曦，2018）。此外，生产性服务业的发展需要从依赖数量转向注重质量，同时必须增强内生动力，实施创新驱动策略。

首先，为了实现产业的可持续发展，必须以技术创新为引领，全面提升生产性服务业的科技含量，并积极发展生产性服务业的新业态。应该注重科技创新和研发投入，提高服务质量和效率，进一步推动经济转型升级和高质量发展。此外，还应该加大对生产性服务业的投资力度，加强人才培养和引进，以提高整个行业的竞争力和吸引力。此外，应将体制创新作为切入点，全面推动生产性服务业的领先发展。引入新兴技术，如智能制造等，打破传统产业的界限，实现产业间的深度融合。这将增强产业链的竞争力，优化资源配置，并进一步推动产业的升级和可持续发展。

其次，要坚持业态创新和模式创新与新型工业化相结合。生产性服务业发展方式的创新以及生产性服务业与工业、农业之间新的作用模式的建立，正促进我国产业的升级发展。要努力推动产业从中低端向高端跃升，加强技术创新和品牌建设，提高产品与服务的质量和竞争力，以实现产业转型升级，将长三角地区产业带入更高的发展阶段，并推动经济持续、健康、稳定发展。

最后，推动产学研用的协作以及跨领域、跨行业的创新合作，倡导各类社会资本积极参与到应用型研发组织的市场改革进程中（张国云，2020）。在此过程中，政府应发挥政策支持和引导的作用，产业界则应提供实际应用的环境和反馈，学术界可以贡献其研究成果和人才资源，共

同推进科技创新以及社会进步。此外，鼓励各类社会资本积极参与应用型研发组织的市场改革，这有利于实现资源的整合以及优化配置，推动研发组织不断提高其研发水平和创新能力，从而更好地为社会和经济发展做出贡献。

6.1.3.2 汇聚整合国外资源，夯实动能基础

实施外向驱动战略，既需要我们在区域合作和国际分工中不断创新方式和方法，也需要充分利用国外的创新资源，提升自身的创新能力。同时，还要加强国际合作与交流，培养具有国际视野的人才，以推动我国生产性服务业的高质量发展。在这个过程中，要将政策引导与市场机制相结合，充分发挥企业和行业协会的作用，形成政府、企业、行业协会等多方共同参与的协同创新格局。

要在创新区域合作和国际分工的方式和方法上进行探索。积极参与区域合作和国际分工，有助于拓展利用国外创新资源的渠道，还能提升集成创新和消化吸收再创新能力。应当重视与各国的政策协调和对接，共同打造国际产业链和创新链，实现优势互补和共赢发展。此外，还要在参与国际合作的过程中，不断发掘和利用国外先进的技术、管理经验和人才资源，为我国生产性服务业的高质量发展提供强大动力。在这个过程中，需要建立一套完善的机制，来确保国外创新资源的引进、消化和吸收工作能够高效进行。可以设立专门的机构，负责跟踪国际最新的技术动态和产业趋势，以便及时调整我们的发展方向和策略。同时，还要加强国际合作与交流，通过参加国际会议、合作项目等方式，与国外同行建立紧密的联系，共同推动全球生产性服务业的发展。此外，还需注重培养具有国际视野和创新精神的人才，他们将是实施外向驱动战略的关键。国家可以通过引进国外优秀师资、开展国际学术交流、设立奖学金等多种方式，吸引和培养一流的人才。这些人才具备全球视野和创新思维，能够在全球生产性服务业的竞争中发挥关键作用。

6.1.3.3 鼓励企业参与国际竞争与合作

为了提升企业对国际市场和客户需求的洞察力以及提升企业的国际化水平和市场应对能力，企业有必要积极拓展海外市场，持续拓展其国际业务，采取主动的态度，抓住每一个机遇，全面整合全球资源，参与

国际竞争，从而增强其自身实力。政府以及企业应当积极引导生产性服务业企业走向国际，拓展其国际业务，以增加对生产性服务业的市场需求。企业通过诸如加大研发投入、成立研发组织、塑造研发团队等手段，持续提升企业技术水平，增强创新能力，有效提升生产性服务业的附加值和竞争力，更好地满足市场的需求。

近年来，一些国内生产性服务业企业借助互联网、物联网以及数据技术、云计算等前沿科技，积极布局“互联网+”领域，通过创新发展，取得了跨越式进展。与此同时，伴随着PC互联网和移动互联网的快速发展，顺丰、圆通等快递企业迅速拓展了全国业务范围，并向全球输出服务，展现了中国生产性服务业企业的强大竞争实力。这些企业借助各类先进技术，为客户提供便捷、高效且个性化的服务，实现了与客户的实时互动和信息共享。同时，这些企业在业务领域内积极拓展，扩大企业服务范围，将服务范围扩大至全球各地，为国内外企业和个人提供便捷可靠的物流运输服务。

此外，“一带一路”倡议带来了我国生产性服务业企业发展的契机，有助于提升我国生产性服务业的竞争力和影响力，推进生产性服务业的转型升级、创新发展和高质量发展。充分运用共建国家的相对技术优势，生产性服务业企业应加大投资力度，加强国际合作，实现互利共赢的目标。必须加强对外部生产要素的引入，并使其与中国本土的高级生产要素更紧密地结合。为此，需要通过独立研发活动，创建一个能够吸引和集中全球高级创新生产要素的平台媒介。通过有效配置和利用国内外资源，我们能够提高外部资源与生产要素的使用效率，从而推动经济发展和产业结构优化升级。

为了进一步推动境外投资便利化，国家需采取一系列细致而精准的措施，为企业走向国际创造更加优越的营商环境。首先，应深入简化生产性服务业境外投资的审批程序，将审批流程化繁为简，以减少企业在境外投资过程中所承担的时间成本和资金风险。其次，应降低企业在境外投资所承担的法律风险和财务风险。同时，从政策层面加大对企业境外投资的扶持力度，通过完善境外投资政策，帮助企业提高境外投资的积极性和成功率。这不仅包括为企业提供全面的境外投资信息和服务支持，还包括协助企业与境外合作伙伴沟通和协调以及为企业提供必要的融资支持和保险服务。在实施这些便利化举措的过程中，还需重视本土高端要素的培育和发展。例如加强科技创新以提升本土企业的技术实力和产品创新能力、加大对人才培养的投入力度以提升本土企业的人才素质和管理水平、拓展市场网络以扩大本土企业的市场影响力和市场份额。只有将本土高端要素与外部生产要素更加紧密地结合在一起，才能使企业在国际竞争中获得更大的优势，从而成功实现产业升级和经济转型。

6.1.4　锻造发展能力：由“数量扩张”向内涵提升转变

在经济全球化的趋势下，我国正处于从传统的数量扩张型发展模式向注重质量提升的高质量发展模式转型的关键阶段。这一转型阶段对我们的经济发展提出了新的要求，即更加注重质量、效益以及可持续性，为提升国家整体竞争实力奠定坚实基础。

6.1.4.1　引导和加强城市高端生产性服务业的集聚，为城市经济高质量发展提供持久的空间动力

要实现城市经济高质量发展，必须加强城市高端生产性服务业集聚。在这个过程中，需要注重生产性服务业内部行业的结构优化，提高金融、科技研发和信息技术等高端行业的集聚水平，将先进知识技术融入制造业产业链当中，提升产品附加值，加强城市间的知识技术溢出效应（张涛等，2022）。并且减少制造业的污染物排放，引导生产性服务业高质量发展，实现城市的绿色转型升级。

首先，应加大政策的扶持力度。政府应出台一系列扶持政策，诸如财政援助政策和税收优惠等，以便推动高端生产性服务业的成长。此外，还应提升监管强度、整顿市场纪律，为高端生产性服务业的进步打造优质的环境。其次，应构建多元化的资金筹措路径。由于高端生产性服务业需要庞大的资金投入，因此需要构建多元化的资金筹措路径，比如发行债券和股票、引导基金等，以满足不同企业的多元化资金需求。此外，应加强人才队伍的构建。高端生产性服务业离不开高素质的人才支持，因此应当加强人才队伍的构建，建立完善的人才引进、培养、使用和激励机制，以吸引并留住优秀人才。另外，应促进产业链的协同发展。高端生产性服务业需要与制造业等产业链上下游环节进行紧密协作，因此应当促进产业链的协同发展，建立产业链各环节的协同创新机制，以推

动各环节之间的深度融合。最后，应增强国际合作。鉴于高端生产性服务业拥有光明的未来前景，应当增强国际合作，引入国际先进的管理经验和技术，推动中国高端生产性服务业的国际化发展。

6.1.4.2 提高生产性服务业高质量发展的质量和效益

在当前全球经济一体化的趋势下，我国正经历着从传统的数量扩张型发展模式向注重质量提升的高质量发展模式的转型。这一转型意味着我们必须在经济发展的大背景下，将更多的注意力放在质量、效益和可持续性上，以提升国家整体的经济实力和国际竞争力。为了实现这一目标，我们需要对原有的经济发展方式进行全面的优化和升级，将过去单纯追求数量增长的方式转变为注重质量提升和结构优化的增长方式。这意味着我们需要在生产、流通、消费等各个环节上提高质量和效益，实现经济发展的可持续性和长期稳定性。

首先，我们应该充分认识到高端生产性服务业在整个经济体系中的核心地位。作为推动高质量生产性服务业发展、提升质量和效益的新引擎，它的重要性不言而喻。通过充分发挥人力资本、金融支持和创新驱动等关键优势，我们可以持续推动高端生产性服务业实现规模效益的稳步提升。金融支持在生产性服务业的发展过程中也起着至关重要的作用。为了提升服务质量和效益，我们需要构建一个多元化、多层次的金融服务体系，为高端生产性服务业提供稳定且长期的资金支持。创新驱动是生产性服务业发展的关键。我们应该鼓励企业加大研发投入，推动科技创新，提升服务效率，提升服务水平。通过创新，我们可以推动生产性服务业向高端化、专业化转型升级，更好地服务于经济社会的发展。其次，我们应该抓住生产性服务业高质量发展的新潮流与新机遇。在实现可持续发展的基础上，我们应该扩大生产性服务业的开放规模，提升经济共享水平。这不仅有助于提升我国生产性服务业的国际竞争力，还可以吸引更多的外商向我国生产性服务业内部企业投资。通过鼓励外商投资和加强国际合作，我们可以促进先进技术成果与优质技术资源向高质量生产性服务业转移。这将有助于提升我国生产性服务业的技术水平和服务质量，进一步推动其向高端化、专业化转型升级。此外，我们还应该关注生产性服务业高质量发展的质量。通过制定科学的发展战略和政策措施，我们可以优化高端生产性服务业的结构，提升其整体质量。例如，我们可以引导企业加强质量管理，推广先进的生产管理模式和技术手段，提高服务质量和效率。

6.1.4.3　推进区域协调发展，优化资源配置

为了推动长三角地区生产性服务业的快速发展，需要加大对那些发展较为落后的地区的支持力度。加大政策扶持和资金投入力度，可以促进这些地区生产性服务业的快速发展，提升区域内的产业协作水平，实现不同地区间的优势互补。这种多极支撑的发展格局将有助于推动长三角地区经济的均衡发展，提升区域整体竞争力。除此之外，我们也需要积极推进新型城镇化建设，提高城市化的质量。在城市化进程中，需要注重城乡融合发展，形成城市与农村相互促进的良好关系。通过优化城市空间布局、完善城市基础设施、提升城市公共服务水平等措施，可以吸引更多的人来到城市工作和生活，促进城市经济的繁荣发展，也能够带动农村地区的建设和发展，推动城乡一体化进程，实现全面建设社会主义现代化国家的目标。与此同时，还要深化人才培养体制改革，优化人才培养结构，提高人才培养质量。此外，还要加大人才引进力度，吸引全球高端人才，为长三角经济带发展提供强大的人力资源支持。

6.1.5　调整生产性服务业供给模式：由被动性供给向创造性供给转变

生产性服务业为维持生产、分配、交换和消费的正常运行提供各种服务支持，在经济发展过程中具有日益重要的地位。在当今全球化和数字化的背景下，调整生产性服务业供给模式，使之由被动性供给向创造性供给转变，对提高我国整体竞争力具有重要意义。被动性供给模式下的生产性服务业主要侧重于提供基本的服务功能，满足企业和个人日常需求。然而，在经济结构调整、产业转型升级的背景下，这种模式已经难以满足社会发展的需要。因此，我们需要将生产性服务业供给模式从被动性供给向创造性供给转变，以满足更高层次的需求。

6.1.5.1　加强政策层面的支持和引导

政策层面的支持和引导对调整生产性服务业供给模式至关重要。政府应当制定相应的计划和措施，为生产性服务业的发展提供坚实的支持和指导。加大投入力度是必要的，这不仅包括资金投入，还包括人力、

物力的投入，以推动生产性服务业的发展和创新。政府应通过完善相关法律法规来创造有利于生产性服务业发展的环境。这些法律法规应包括市场准入、税收优惠、融资支持等方面，以降低企业的运营成本和风险，同时鼓励更多资本和人才流入生产性服务业。此外，政府还需要加强对生产性服务业的监管，确保市场公平竞争和消费者权益得到保护。在鼓励企业进行服务模式创新方面，政府可以采取多种措施。例如，提供创新奖励和补贴，鼓励企业尝试新的服务模式和技术；推动产学研合作，为生产性服务业创新提供更多的资源和支持；举办创新交流活动，促进企业之间合作和分享经验等。通过这些努力，我国将培育一批具有国际竞争力的生产性服务业企业。这些企业能够更好地适应全球市场的变化和需求，提升我国在全球价值链中的地位。这些企业的成功也将带动其他企业的发展，推动我国生产性服务业的整体进步和创新。

6.1.5.2 注重创新和研发，不断提升服务质量和效率

创造性供给模式的生产性服务业将更加注重创新和研发，持续提升服务质量和效率。这一类生产性服务业高度关注技术创新和人才培养，以实现服务质量和效率取得重大突破。创造性供给模式的生产性服务业在运用先进的大数据、云计算、物联网等技术的基础上，通过精细化的数据分析，将服务过程变得更加智能化和数字化。这些技术的运用不仅改变了传统服务行业的运作模式，而且提高了服务质量和效率，从而为企业和个人提供更加个性化、精准化的服务。通过利用大数据技术对海量数据的挖掘和分析，生产性服务业能够洞察消费者的需求和行为偏好，进而提供更加精准的个性化服务。同时，云计算技术的运用实现了服务的高效提供和资源的高效利用，进一步提升了服务品质。物联网技术则将现实世界与数字世界紧密相连，使服务过程更加智能化和自动化，提高了服务响应速度和准确率。总之，创造性供给模式的生产性服务业通过运用先进的技术，实现了服务过程的智能化、数字化，为企业和个人提供了更加个性化、精准化的服务，推动整个社会生产力的提高。

通过智能化的服务流程和数字化的技术手段，生产性服务业将创造性地优化供给模式，进而更好地满足不断变化的客户期望和需求。在优化过程中，人工智能和大数据分析的应用发挥着至关重要的作用。这些技术能够助力企业更好地了解和预测客户需求、市场趋势、产品设计以

及优化服务流程，进而提高生产效率和服务质量。与此同时，智能工具能够更好地利用自然语言处理技术，形成自动化、智能化、高效化的服务流程。创新性的供给模式将为企业带来更多的商业机会和更大的发展空间，同时推动整个生产性服务业的升级和发展。

此外，这种服务模式还创新性地为企业和个人提供更加灵活、多样的服务方式，例如在线定制服务、个性化定制服务等，以满足不同客户多元化的需求。创造性供给模式的生产性服务业将成为未来经济发展的重要方向，对促进产业结构优化升级和经济高质量发展具有重大的意义。随着科技的不断发展，这种服务模式将拥有更大的发展空间和潜力，也将为经济发展带来更多的机遇和挑战。

6.1.5.3 与制造业深度融合，助力制造业转型升级

生产性服务业与制造业的深度融合，不仅是推动制造业转型升级的重要手段，也是当前经济发展的必然趋势。生产性服务业包括研发设计、物流配送、营销服务等，这些服务与制造业的深度融合可以形成新的产业链互动格局，推动制造业向高附加值、高技术含量、高品质方向发展。通过优化资源配置，生产性服务业可以为制造业提供更高效、更便捷的服务，提高制造业生产效率和降低成本。例如，研发设计可以帮助制造业开发新产品，提高产品附加值；物流配送可以优化制造业的供应链管理流程，提高物流效率，降低物流成本；营销服务可以帮助制造业开拓市场，提高市场占有率。此外，生产性服务业与制造业的深度融合还可以促进制造业的绿色发展和可持续发展。例如，节能环保服务可以帮助制造业降低能耗和减少污染物排放，提高环保水平；人力资源服务可以帮助制造业引进和培养高素质人才，提高员工素质和生产效率。生产性服务业与制造业的深度融合是推动制造业转型升级的重要途径，可以通过优化资源配置、提高生产效率、降低成本、促进绿色发展等多种方式，为制造业提供更高效、更便捷的服务，推动制造业向高质量发展方向迈进。

同时，生产性服务业可以通过不断创新服务模式，提高服务质量，增强自身的竞争力，进一步推动制造业的转型升级。此外，鼓励企业进行服务模式创新也是提升我国在全球价值链中的地位的重要手段之一。这些创新包括技术创新、流程创新、管理模式创新等多个方面，通过提高企业的服务质量和效率，增强企业的核心竞争力。同时，培育一批具

有国际竞争力的生产性服务业企业也是提升我国在全球价值链中的地位的重要途径。这些企业可以通过提高自身的技术水平、管理水平和服务质量，增强自身的竞争力，推动我国在全球价值链中的地位不断提升。

6.2 生产性服务业高质量发展的政策框架

6.2.1 搭建高层次平台，提高生产性服务业开放程度

为了促进生产性服务业的优质发展，有必要构建一个高层次平台，扩大生产性服务业对外开放。在此平台上，各方将共同探讨如何进一步提高生产性服务业的开放水平，加速推进生产性服务业的国际化、专业化、标准化和信息化。此外，应就服务业的高端化、智能化、绿色化等发展路径进行深入交流，推动生产性服务业与制造业、农业等产业的深度融合，实现产业结构的优化升级。该平台将为生产性服务业提供更多的资源与机会，吸引更多的人才和企业参与其中，推进生产性服务业技术创新和发展模式创新，提高服务质量与效率，实现生产性服务业的高质量发展和经济的转型升级。

6.2.1.1 推进综试区高质量建设，协调社会各方优势力量共同参与

政府应继续积极推进综合试验区的高质量建设，充分协调社会各方的优势力量，共同参与并推动开展重要项目。在这个过程中，政府需要发挥主导作用，引领各方积极参与，共同推进综合试验区的发展。同时，政府应该注重协调各方利益，确保各方能够充分发挥自己的优势力量，共同参与到重要项目的推进中来。另外，政府还需要加强监管，确保综合试验区的高质量建设得到有效推进，从而为社会带来更多的福利和效益。

为确保综试区线上平台的稳健与安全，需持续加强现有平台建设。应提升系统的稳定性和安全性，优化用户界面，提升交互体验。同时，为应对未来可能出现的挑战并适应多变的市场需求，应积极创新并优化相关平台的架构。应强化综试区线上平台的智能化建设，提升其自动化和智能化水平，以实现工作效率的提高并降低运营成本。同时要确保用户数据和隐私得到充分的保护，以确保平台的安全性和可靠性。为满足

日益增长的业务需求，必须不断进行创新和优化，提升综试区线上平台的建设水平，从而为未来的发展奠定坚实的基础。

在具体的实施过程中，政府可以采取多种措施来鼓励各地采取灵活多样的布局方式。例如，政府可以通过提供政策支持和财政奖励等方式激励各地创新性地运用空间资源和土地资源，以实现产业发展的多元化和优质化。此外，政府还可以通过引导和协助各地制定具体的产业布局规划，提供专业的规划和设计意见，以促进各地产业布局的合理化和规范化。采取“一园多区”的布局方式，能够有效地扩大综试区的覆盖范围，从而形成具备生产性服务业高质量发展能力的产业集群。这种布局方式不仅有利于提高产业集聚水平和资源利用效率，推动产业的快速发展，还能够促进各产业园区发挥自身的特色和优势，形成具备专业化、差异化竞争优势的产业集群，还可以促进各产业园区之间的合作与交流，形成协同发展的良好局面，为生产性服务业的可持续发展打下坚实的基础。

满足国内外市场对服务提出的多元需求，精确地契合综试区的整体运营状况，能够提高综试区的总体竞争力。此外，政府还要加大力度强化各地区之间的开放型联动，精确地推动不同地区之间的协作与交流。这不仅能够促进资源的共享和优势的互补，还能够帮助各地区之间建立更为和谐的协同发展关系。

6.2.1.2　推动线上平台与线下园区结合，形成创新发展区域特色

生产性服务业的高质量发展离不开政府的大力支持和引导，只有政府与企业共同努力，才能实现区域特色产业的持续发展与提升，为经济转型升级注入新的活力。

政府应当制定一系列全面而优惠的政策，包括财政扶持、税收减免、土地租赁优惠等，以便为各类企业和机构搭建一个良好的发展平台。此外，政府还应加强信息的共享和资源的整合，将有限的资源合理地分配到最需要的地方，以最大限度地发挥其作用。在引导创新发展方面，政府应鼓励各区域发掘和利用自身的特色资源，发展具有地方特色的产业，以此推动经济的多元化发展。同时，不断完善产业链条，吸引更多的投资者和创业者来到这里，为经济发展注入新的活力。在推动线上平台和线下园区的结合方面，政府应该积极搭建桥梁，让互联网企业和实体经

济通过合作实现互利共赢。此外，政府还应推动产业集聚，形成产业特色鲜明、功能布局合理、资源优势互补的发展格局。通过以上措施的实施，政府可以有效地推动综试区的高质量发展。这不仅有助于提高综试区的整体竞争力，还能为当地居民创造更多的就业机会和增加收入来源。

同时，政府还可以加强与高校、科研机构等合作伙伴的紧密合作，共同推进科技创新和人才培养工作，以提升区域内的创新能力和核心竞争力。这些合作伙伴不仅具有丰富的科研资源和人力资源，还拥有卓越的技术实力和成果转化能力，可以为政府提供强有力的技术支持和智力支持。通过加强与国内外相关企业的合作交流，政府可以推动园区内企业间的深度合作，形成协同创新发展的良好氛围。这种合作不仅可以促进企业间的技术交流和产业升级，还可以提高企业的创新能力和市场竞争力，为区域经济的发展注入新的动力和活力。此外，政府还可以搭建公共服务平台，提供更加便捷、高效、优质的公共服务，优化区域营商环境，进一步提升综试区的吸引力和凝聚力。

6.2.1.3 加强基础设施建设，加快新一代信息技术的推广应用

为了满足公众的需求，提高治理效率和服务水平，推动经济社会持续发展，要建设新型数字政府。大数据、5G、物联网、人工智能、区块链等新一代信息技术，在建设数字政府、提升政府治理的数字化和智能化水平方面发挥重要作用（刘玉荣等，2023）。政府要对数据要素的重要作用予以重视。要积极引导和支持企业加大数字化、智能化投入力度，加快推进工业互联网、智能制造等领域的发展，推动产业转型升级和高质量发展。同时，政府还应该加强数字化治理能力建设，提高数字化服务水平和社会治理能力，进一步促进社会公平正义和可持续发展。在推广应用新一代信息技术方面，政府应该注重建设统一的数据平台和数据中心，实现数据的共享与应用。同时，政府还应该注重数据安全和隐私保护，建立健全数据管理制度和标准体系，确保数据的合法性和安全性。在发掘数据价值方面，政府应该注重运用大数据分析和人工智能等技术手段，对数据进行深度发掘和价值释放。例如，可以通过数据分析来预测经济发展趋势、制定更加精准的公共政策、提高社会治理水平等。在推动信息化建设方面，政府应该加强信息化基础设施建设，扩大网络覆盖面和提高信息服务质量。同时，政府还应该鼓励企业加大技术创新和

研发力度，推动新技术新应用的发展，促进信息化与工业化深度融合。在加速服务平台和资源集聚方面，政府应该通过建设各类数字化、智能化服务平台和资源中心，为企业和社会公众提供更加便捷高效的服务。例如，可以建设公共服务平台、创新创业平台等，为企业提供一站式服务支持和政策扶持。

通过这些措施的实施，政府可以更好地满足公众需求，提高治理效率和服务水平。例如，数字化、智能化技术的应用可以提高政府服务效率和质量，缩短办事流程和时间，提高行政效能和公信力。同时，数字化、智能化技术还可以促进社会公平正义和可持续发展。例如，数字化、智能化技术可以实现公共服务的均等化和普及化，保障社会弱势群体的权益和发展机会。

6.2.2 进一步降低成本，优化生产性服务业营商环境

在当前全球经济一体化的大背景下，我国面临前所未有的激烈竞争和多重挑战。为了提升国家整体竞争力，必须采取有效措施，进一步降低成本、优化生产性服务业营商环境。这不仅是当前的重要任务，也是实现可持续发展的关键所在。为了实现这一目标，我们需要强化政策引导和支持，加大生产性服务业的投入力度，并提高服务质量和效率。此外，还需积极引进和培养高素质人才，加强人才培养和交流，推动技术创新和产业升级。优化营商环境需要从多个方面入手。例如，降低企业的行政成本和减轻税收负担、加强知识产权保护和企业合法权益维护、推进社会信用体系建设等。只有综合实施这些措施，才能真正提高生产性服务业的竞争力和发展水平，进而提升国家整体竞争力。

6.2.2.1 降低生产性服务业企业运营成本

政府在促进企业稳健发展方面发挥着至关重要的作用，应积极采取措施提升企业市场竞争力及风险防范能力。为减轻生产性服务业企业负担、降低发展成本，政府需制定实效明显、切实可行和针对性强的措施。建议政府制定降低企业所得税税率、减免增值税等税收优惠政策以及扶持企业融资政策，以降低企业的运营成本，增强企业的发展动力和活力，推动生产性服务业的转型升级和创新发展。这些措施的实施，可以提高行业的整体素质和水平，进而推动经济结构的优化升级。

此外，优化企业组织结构和管理流程也是一项重要的成本削减措施。企业可以采用更为扁平化的组织结构，减少中间环节，并提高管理效率。同时，运用现代化科技手段，如人工智能、大数据和云计算等，对企业管理模式进行升级改造，进一步提高企业的反应灵敏度和竞争力。这些措施有助于降低企业运营成本，提升企业的经济效益和市场地位。这些措施也能够促进生产性服务业的高质量发展，并推动整个行业的进步。

提高生产效率也是必要的。企业可以通过引进先进的生产技术和管理经验、提高员工技能和素质等手段来提高生产效率。例如，采用智能化、自动化等先进的生产技术，提高生产线的效率和质量；同时，加强员工培训和技能提升，提高员工的综合素质和专业技能水平，从而提高生产效率和质量。这些措施可以有效地降低企业的生产成本，提高企业的竞争力和市场适应能力，进一步推动生产性服务业的高质量发展。

6.2.2.2 加大改革力度，创造良好的营商环境

要优化生产性服务业的营商环境，政府必须加大改革力度，简化行政审批流程，并提高政务服务效率，为企业创造一个公平、公正、透明的市场环境，从而促进企业的健康发展。此外，政府还需要加强对生产性服务业的支持，为企业提供更多的政策支持，以帮助企业降低成本、提高效率，并实现可持续发展。

同时，政府应积极鼓励企业进行技术创新和产业升级，以提高产品质量，增强市场竞争力。这些举措不仅有助于企业获得更多的市场份额，还能推动整个产业的升级和发展。在这个信息化、智能化的时代，技术创新和产业升级已经成为企业发展的必经之路，这也符合国家对经济高质量发展的要求。通过不断的技术创新和产业升级，企业能够更好地满足消费者对产品品质和服务的需求，进而实现可持续发展。因此，鼓励企业进行技术创新和产业升级，提高产品质量，增强市场竞争力，是推动经济高质量发展的重要举措之一。

这些措施的实施可以使我国的生产性服务业营商环境得到持续优化，从而吸引更多优质企业来我国投资兴业，为国家经济发展注入新的活力。

6.2.2.3 完善相关法律法规，保护企业合法权益

完善法律法规以保护生产性服务业企业的合法权益，这至关重要。

通过建立严格的法律框架，我们能够确保企业的利益得到切实的保障。这不仅涉及企业自身的健康发展，更关乎整个生产性服务业的稳健发展。

首先，完善法律法规有助于营造生产性服务业企业的公平公正的竞争环境。对企业来说，公平公正的竞争环境是取得成功的关键。通过制定完善的法律法规，我们可以防止企业利益受到侵害，保障公平公正的竞争环境，为企业的创新和发展提供坚实的法律保障。其次，完善的法律法规对保护企业的知识产权和商业秘密具有重大意义。生产性服务业往往涉及大量的知识产权和商业秘密，这些是企业的重要资产，关乎企业的生存和发展。通过法律法规，我们可以有效保护知识产权和商业秘密，从而确保企业的核心竞争力。最后，完善法律法规可以促进生产性服务业的健康发展。由于生产性服务业的特殊性，企业间的合作与交流是至关重要的。完善的法律法规可以推动建立相互信任的合作关系，促进企业间的交流与合作，进而推动整个行业的健康发展。

综上所述，完善法律法规对保护生产性服务业企业的合法权益具有举足轻重的地位。通过建立一套全面、公平且严格的法律框架，我们能够为企业的健康发展提供坚实的保障，从而推动整个生产性服务业的稳健发展。这一法律框架不仅涵盖企业运营的各个方面，还充分考虑各类企业的不同需求和特点，确保法律规定的公平性和公正性。同时，这一法律框架还强调对违法行为的严厉打击，为企业的发展营造了安全、稳定、有序的环境。在这样的法律框架下，企业的健康发展得到了坚实的保障，生产性服务业也能够更好地发挥其在经济发展中的重要作用，从而推动整个行业的稳健发展。

6.2.3 实施创新驱动，提高生产性服务业高质量发展能力

创新驱动发展是一种以创新为核心动力，推动产业升级和经济发展的重要战略，能够影响生产性服务业企业的生产成本、产品差异化程度和产业链上下游关联，进而提升生产性服务业发展的效率和质量，推动经济高质量发展（诸竹君和高艺婷，2022）。首先，创新驱动发展能够降低生产性服务业企业的生产成本。创新技术的不断涌现和普及使企业可以采用更高效、更低成本的方式进行生产和服务，从而降低生产成本，提高盈利能力。例如，引入先进的物流技术和管理模式，能够优化物流

运作流程，降低物流成本，提高企业的市场竞争力。其次，创新驱动发展能够提高生产性服务业产品的差异化程度。创新能够带来独特的产品和服务，满足消费者多样化的需求，提高产品的差异化程度。例如，在信息技术领域，云计算、大数据、人工智能等技术的不断发展和应用，使企业能够提供更加个性化、智能化的产品和服务，从而获得更大的市场份额和竞争优势。最后，创新驱动发展能够加强产业链上下游关联。创新能够推动产业链的升级和优化，使上下游企业之间的联系更加紧密、协同效应更加显著。例如，在制造业领域，引入先进的工业互联网技术，能够实现生产过程的自动化和智能化，提高生产效率和产品质量，同时能够加强与供应商、销售商等上下游企业之间的联系和协作。

然而我国生产性服务业创新发展存在几个问题：开放式创新发展水平较低，高端创新要素的集聚与溢出效应不强；实体部门的需求较大，但是生产性服务业的种类与质量都不能满足需求；数字经济领域的技术创新明显落后于产业创新与模式创新，本土龙头企业大多仍是市场拓展型企业，尚未转变为创新引领型企业（诸竹君和高艺婷，2022）。要实现生产性服务业创新发展，必须以高端要素作为基础动力，以企业主体为核心，融合创新，提升上下游企业联动发展水平。

6.2.3.1 以高端要素为基础动力，推动创新驱动内涵式发展

科技创新能够降低企业生产经营成本，使生产效率提升，促进资本与高级劳动要素实现协同互补，从而提升企业的整体生产率（诸竹君和高艺婷，2022）。

当前，我国部分地区已经进入后工业化阶段，这标志着这些地区的经济结构发生了深刻的变化，从以制造业为主导转向了以服务业为主导。在这个阶段，技术的不断进步和体制机制的持续创新成为推动经济发展的重要因素。随着时间的推移，技术差距和体制机制障碍对全要素生产率的负向作用正在逐步加强（诸竹君和高艺婷，2022）。全要素生产率是指在所有生产要素的投入不变的情况下，由技术进步、体制机制创新等引起的产出增加。因此，技术进步和体制机制创新成为提升全要素生产率的重要途径（诸竹君和高艺婷，2022）。然而，依靠资源优化配置提升全要素生产率的可能性已经大幅下降。这是因为，随着经济的发展和资源的限制，资源的优化配置已经不再是提升生产率的唯一途径。相

比之下，科技创新推动技术前沿变动成为提升全要素生产率的根本路径（诸竹君和高艺婷，2022）。科技创新推动技术前沿变动能够带来更高的生产效率和更大的经济效益。不断地研发新技术、新工艺、新方法等，能够不断地提高生产效率和产品质量，从而带来更大的经济效益。同时，科技创新也能够促进产业转型升级，推动经济的持续发展。

为了强化政府资金和国有企业创新投资的基础性地位，政府应加大对产业基金的扶持力度，为金融机构探索适合科技创新的信贷模式提供支持。在科技创新资源的市场化配置方面，要加快构建技术要素市场体系，提高各类创新创业服务机构或平台的赋能能力。知识产权保护制度得以完善，技术要素所有者获得合理报酬，能够有效激发创新热情和创造力。另外，科技创新的发展需要创新型人才。要在多领域、多学科、多方向引进和培育高端创新人才，聚焦重点产业布局，加快建设高技能人才培育体系。

6.2.3.2　以企业主体地位为核心优势，推动创新驱动融合式发展

产业创新促进生产性服务业与制造业的协同融合。通过工艺升级效应，产业创新不仅能够显著提升产品质量，还能够不断提升产品的差异化水平。这种差异化水平增强了消费者对产品的认同与偏好，扩大企业的市场份额，推动新产业、新商业模式、新业态的蓬勃发展（诸竹君和高艺婷，2022）。产业创新形成了具有独特优势的产业核心竞争力，使企业在激烈的市场竞争中脱颖而出。在实施产业创新的过程中，企业需要积极应对各种挑战，如技术瓶颈、政策法规等。只要企业能够克服这些困难，积极投入研发和技术创新，就能够获得丰厚的回报。这种回报不仅体现在经济效益上，还体现在社会效益上，如提升就业率、促进地区经济发展等。

为了充分发挥企业在市场经济中的主体地位，要积极推动创新驱动融合式发展。在高端装备制造、生物医药、新一代信息技术等关键产业领域，国家应致力于培育并提升创新型领军企业的多维度竞争力。这些企业不仅具备强大的研发实力，还拥有广泛的市场渠道和巨大的品牌影响力。为了构建一个富有活力的创新生态圈，我们要大力支持“头部企业+中小微企业”的创新合作模式。这种模式能够充分发挥大企业的技术研发优势和中小企业的灵活创新特点，促进不同行业之间的交流与合

作。例如，互联网企业与金融企业可以通过数据共享和业务整合，共同推动数字经济领域的创新与发展；制造业企业则可以通过智能化改造和数字化转型，提升生产效率和产品质量。搭建中小微企业创新联盟这一平台，旨在推进中小微企业的专业化、精细化、特色化和新颖化发展。平台通过提供技术转移、人才培养、资金支持等服务，鼓励这些企业在数字经济等优势行业加快培育“隐形冠军”。这些“隐形冠军”企业虽然规模不大，但在特定领域拥有强大的技术实力和市场占有率。培育和支持这些企业，可以进一步提升创新生态圈的规模与质量。充分发挥企业在市场经济中的核心地位，推动各行业之间的交流与合作，培育更多的创新型领军企业和“隐形冠军”，构筑更为坚实的创新链和产业链。

为了进一步推动国家数字经济创新发展试验区的建设，国家要采取一系列措施，包括提供更多、更新、更优的数字经济服务场景。这些场景将涵盖各种领域，如金融、医疗、教育等，以满足不同行业和不同人群的需求。还要积极引入新技术、新模式、新业态，促进数字产业化和产业数字化的协同发展，实现经济发展的全面升级。要强化数据作为关键要素的重要作用。数据是数字经济发展的核心资源，对经济发展具有重要的驱动作用。加强数据治理、保护数据安全、促进数据开放共享等措施为经济发展注入新的活力。还要推动数字化转型，引导企业加快数字化升级，提高生产效率和服务水平。进一步推动国家数字经济创新发展试验区的建设，实现数字产业化和产业数字化的协同发展，为经济发展注入新的活力。

6.2.3.3 融合创新，提升生产性服务业上下游联动发展水平

“融合创新”是指不同领域、不同行业、不同技术之间的交叉融合，以创造出新的产品、服务或解决方案。在提升生产性服务业上下游联动发展水平方面，融合创新同样扮演着重要的角色。

通过融合创新，我们可以将不同的技术、行业和领域的知识与技能相互结合，从而为生产性服务业带来更多的机遇和可能性。例如，信息技术与物流行业的融合可以创造出智能物流系统，提高物流效率和准确率；医疗技术与旅游业的融合可以打造健康旅游产业，满足人们对健康和旅游的需求。

此外，融合创新还可以促进生产性服务业与其他产业的联动发展。

例如，促进生产性服务业与制造业的融合创新，可以实现生产性服务业为制造业高质量发展赋能，提高制造业的附加值和服务水平。在保持制造业比重基本稳定的基础上，推动生产性服务业向专业化和价值链高端延伸，加快发展研发设计、工业设计、商务咨询、检验检测认证等服务。文化产业与旅游业的融合可以打造独特的文化旅游产品，推动旅游业的可持续发展。

为了提升生产性服务业上下游联动发展水平，我们需要加强政策引导和支持，鼓励跨界合作和创新实践，培养跨界人才和创新创业团队，以推动融合创新的实现和发展。同时，我们还需要加强国际合作和交流，借鉴国际先进经验和做法，以促进全球生产性服务业的繁荣和发展。

6.2.4 发挥集聚优势，汇集生产性服务业高质量发展资源

6.2.4.1 因地制宜制定发展战略

在制定区域发展战略时，必须充分考虑各地区的要素禀赋和产业发展基础，以实现精准施策。在深入了解各地区的资源优势、产业结构和发展潜力后，应进行全面的市场调研和数据分析，以更好地制定差异化的发展战略。在制定差异化的发展战略时，应该避免单纯追求产业规模的扩大，要根据不同行业的发展阶段、要素密集属性以及各个地区独特的特点来采取差异化的集聚政策（时晨，2020）。

例如，作为长三角地区的城市，上海应该重点承接国际产业转移，吸引更多的国际投资和人才，增强资源调动能力，充分发挥其辐射作用，以科技、教育、交通资源为依托，打造全球科技创新中心，引领长三角地区科技创新发展。杭州、南京、苏州、合肥等城市应把握自身技术优势与人才优势，发展与制造业相关的生产性服务业，推动两种产业的融合，打造特色生产性服务业集群，实现产业结构升级，转变经济发展方式。生产性服务业发展较为落后的地区，如宿州、宿迁、淮安等城市，可以通过承接核心区域的产业转移，促进制造业与生产性服务业的有效集聚。这样做可以加速这些地区经济的发展，也有助于形成“服务—生产”的城市群功能分工。通过与核心区域的经济互动，这些城市可以更好地融入全国经济发展的大潮中。

总之，针对不同发展情况的区域制定不同的发展战略需要充分考虑

各地区的实际情况，因地制宜地采取差异化政策。只有这样才能够实现经济的可持续发展和资源的优化配置。同时，政府还需要加强监管和引导，确保各项政策的有效实施和市场秩序的稳定。

6.2.4.2 建立产业互动机制

在当今全球化和信息化的大背景下，我国正面临产业转型升级的重大挑战和机遇。为应对新的发展形势，我国应构建生产性服务业与制造业互动发展的运行体系和产业互动机制，以实现产业链的高效协同和非均衡发展。

首先，应通过加强基础设施建设、提供优惠政策以及建设产业园区等措施，鼓励知识技术密集型制造业的集聚。具体而言，应加大对科研、教育、培训等领域的投入力度，提升整体技术水平和创新能力，同时给予这些企业税收减免、土地使用优惠等政策支持，以降低成本和提高竞争力。此外，还需建设一批专门的产业园区，提供完善的生产、生活配套设施，以吸引这些企业入驻，形成产业集聚效应。其次，应引导制造业企业实施产品服务外包，吸引生产性服务业企业入驻，形成双重集聚的产业园。这将使制造业企业更专注于核心业务，提高生产效率，同时为生产性服务业提供广阔市场空间，促进其快速发展。此外，这将有助于形成产业链、市场链的协同效应，进一步提升整个产业的发展水平。最后，应充分发挥双重集聚产业园的协同效应，实现协同性非均衡发展。这就需要建立有效的产业互动机制，推动产业链上下游企业之间的合作与交流，打破传统产业壁垒，实现资源、信息、技术等要素的共享。同时，还应注重产业的非均衡发展，通过政策引导、资金支持等手段，推动优势产业、优势企业的发展，带动整个产业链发展水平的提升。

综上所述，建立生产性服务业与制造业互动发展运行体系与产业互动机制是我国产业转型升级的关键途径。通过完善基础设施建设、提供优惠政策、建设产业园区等方式鼓励知识技术密集型制造业集聚，同时引导制造业企业实施产品服务外包，吸引生产性服务业企业入驻，形成双重集聚产业园，实现协同性非均衡发展，是我国产业转型升级的必经之路。

6.2.4.3 加强信息化建设

目前，尽管信息化在我国长三角地区的生产性服务业中取得了一定成果，但从整体上看，其对生产性服务业集聚的推动作用并不显著。因此，长三角地区应当充分认识到信息化发展的重要性，加大对信息产业的研发投入力度，以实现产业升级和集聚效应最大化。

首先，长三角地区应当加大信息产业研发投入力度，提升产业整体竞争力。这不仅包括对信息技术本身的研发投入，还应关注相关领域的创新，如人工智能、物联网等。此外，还需关注研发成果的转化，通过政策引导和市场机制，推动企业进行技术改造和产品创新，提高生产性服务业的附加值。其次，长三角地区应充分利用现有的信息网络资源，进一步完善通信基础设施建设。这意味着要加强宽带网络、数据中心等基础设施的建设，提高网络覆盖率和质量，为生产性服务业的发展提供有力支撑。在“互联网+”的大背景下，长三角地区应积极拥抱新技术，如大数据、云计算等，将其应用于生产性服务业的各个领域。建立信息共享机制，实现企业间的数据互通，降低信息不对称带来的成本，提高资源配置效率。同时，利用大数据等技术手段可以为企业提供更为精准的市场预测和决策支持，助力企业实现高质量发展。最后，长三角地区还需加快信息安全保障体系建设，确保信息网络的安全、高速。这意味着要加强对网络安全、数据保护等方面的监管，制定相应的法律法规规范企业和个人行为，切实保障信息安全和隐私。

总而言之，长三角地区应以信息化为引领，加大研发投入力度，完善基础设施，积极应用新技术建立信息共享机制，充分发挥信息技术对生产性服务业集聚的促进作用，最终推动产业转型升级，实现高质量发展。

6.2.5 优化层级分工，提升生产性服务业高质量发展效率

在城市经济发展中，各城市会根据自身的经济规模和辐射能力来确定优先发展的生产性服务业，这就是所谓的生产性服务业的层级分工。高端生产性服务业包括信息传输、计算机服务和软件业，金融业以及科学研究、技术服务和地质勘查业等，这些行业对技术和信息有较大的需求，因此适合在经济规模大、辐射能力强的城市布局。相比之下，中小城市由于经济规模较小、辐射能力相对较低，通常更适合发展知识技术密集度相对较低、辐射能力较弱的低端生产性服务业，包括批发与零售业，交通运输、仓储和邮政业以及租赁和商务服务业等。不同于制造业

地域间的专业化分工，生产性服务业的层次分工主要取决于其行业特性和城市生产能力状况。通过产业链上下游的供需匹配、产业价值链中的技术及知识传播、产业内部人力资本共享和产品需求市场共享等手段，层级分工的专业化能够提高特定区域的专业创新水平（Duranton and Puga，2004），从而在生产性服务业高质量发展过程中发挥关键的推动作用。在生产性服务业发展的过程中，各城市不仅需要根据产业基础选择合适的行业，还需根据城市等级确定适当的发展阶段。

6.2.5.1 立足城市等级，发展适宜性生产性服务业

相关研究表明，资源禀赋、产业基础、城市等级、人才资源等因素，是决定城市选择生产性服务业领域、业态和层次的关键因素。若忽略这些关键因素的制约效应，生产性服务业的发展质量将受限，也难以发挥其对制造业的推动和引导作用。要实现生产性服务业层级分工，必须立足于城市等级，发展相应的行业。层级分工并不是指某个等级的城市只发展某个层级的生产性服务业，而是指低等级城市不宜发展高端生产性服务业，高等级城市可以发展各种层级的生产性服务业。

（1）引导不同等级城市的层级分工

生产性服务业是一个对人才、信息技术和数据高度依赖的密集型产业，这些关键要素的需求量与生产性服务业的发展水平紧密相连。通常，高等级城市在获取这些资源方面的成本相对较低，这为生产性服务业的发展提供了有利条件。此外，生产性服务业的行业层次越高，其辐射范围越大，能够产生更大的影响力和更强的经济效应。因此，考虑到资源获取成本、资源要素以及生产性服务业的辐射范围，高端生产性服务业往往选择在高等级城市布局。这种布局策略有利于企业更好地利用人才、信息技术和数据等关键资源，促进生产性服务业的高质量发展。

基于此，城市决策部门必须对各等级城市间生产性服务业分配的合理性给予高度重视。在制订具有针对性的城市生产性服务业发展规划时，应充分考虑城市的等级、定位以及各种要素禀赋，通过全面衡量，理性选择生产性服务业。不应盲目追求高端化、门类齐全或新兴业态等目标，而应更加注重满足城市发展的实际需求。确保所选择的生产性服务业与城市的发展目标相协调，同时合理规划层级结构，以促进城市的可持续发展。

例如，尽管总部经济业态具有不同层级和类型，但跨国公司区域总部和国内大企业大集团总部主要集中于上海、北京、广州、深圳、杭州、成都、武汉、香港等城市。这表明，这些城市具备吸引大型企业总部的特定条件和优势，如先进的产业结构、高效的商务环境和良好的城市形象等。因此，在制定城市生产性服务业发展规划时，应充分借鉴这些城市的成功经验，结合自身实际情况，有选择地吸引适合本城市的生产性服务业层级和类型。上海可以依托其国内第一大商业城市的地位，重点发展金融总部、高端咨询、服务贸易等高端生产性服务业，而与其相邻的苏州就很难发展这些行业。近年来，中国不同等级的城市在制订当地生产性服务业发展规划时，无论是省会城市还是县级市（区），都将总部经济、平台经济业态作为重要的发展领域，甚至建立总部经济园区。

（2）营造生产性服务业层级分工环境

推动生产性服务业层级分工的实现，需要满足一定的社会条件和制度环境。首先，高端生产性服务业的辐射半径较大，需要跨城市（区域）的政策协调。这涉及生产性服务业跨城市提供供给的问题，如果各城市都存在市场壁垒、要素流动壁垒及地方保护主义，那么生产性服务业层级分工就难以有效推进。因此，要实现生产性服务业的层级分工，需要打破这些壁垒，促进生产性服务业的跨城市发展。其次，生产性服务业层级分工的前提是每个城市不再追求生产性服务业占比高、行业体系完整。这需要各级政府对服务业尤其是生产性服务业的考核不能再以占比、行业数量为主要指标。相反，各级政府应该将生产性服务业与其他产业的融合度、与城市等级的契合度作为考核重点。这意味着要推动生产性服务业与制造业、农业等其他产业的融合发展，提高生产性服务业与城市等级的契合度，促进生产性服务业的专业化、高端化发展。

为了实现这些目标，政府可以采取一些激励措施。例如，对跨城市提供供给、跨城市接受服务的企业给予奖励，包括财政补贴、税收返还等。这些激励措施可以促进企业之间的合作和联动，推动生产性服务业的层级分工和跨城市发展。同时，政府还可以通过建立公共服务平台、完善基础设施等措施，提高生产性服务业的供给能力和服务质量。

综上所述，推动生产性服务业层级分工需要政府、企业和社会各方面的共同努力。政府需要制定有利于生产性服务业发展的政策和措施，企业需要积极参与跨城市合作和联动，社会各方面也需要支持和配合。只有这样，才能实现生产性服务业的层级分工和跨城市发展，推动经济的持续增长和发展。

6.2.5.2 立足产业基础，发展特色化生产性服务业

（1）立足制造业基础，发展特色化生产性服务业

制造业是生产性服务业的重要服务对象，向生产性服务业提供需求，生产性服务业的需求结构、需求层次受到制造业的规模、层次的影响和制约。对生产性服务业的需求受到制造业规模以及制造业发展层次的影响。通常而言，城市制造业规模越大，对生产性服务业的需求越大；制造业发展层次越高，对生产性服务业高端服务的需求越大。近年来，中国积极推进制造强国建设，制造业规模持续扩大，发展层次、技术复杂度持续提升，对生产性服务业的需求以及高端服务的需求越来越大。

同时，生产性服务业的需求与制造业的行业特性存在关联。比如，江苏苏南地区的电子信息、纺织业以及生物医药发达，与之对应的科技服务、信息咨询、数字经济、现代物流等行业需求大，苏南地区的苏州、无锡等城市应以现代物流、服务外包、金融租赁、工艺设计、科技研发等生产性服务业为发展重点；宁波市纺织服装、加工制造、小家电等制造业基础雄厚，同时拥有世界第三大港口城市、位于中国大陆海岸线中段的交通区位优势，宁波市应重点发展现代物流、商业服务、金融保险以及供应链管理等特色化生产性服务业。

（2）立足服务业基础，发展特色化生产性服务业

服务业，尤其是生产性服务业，是城市经济发展的重要支柱。与制造业不同，服务业的发展模式受制于多种因素，其中包括科技资源、信息资源、人力资源等。这些因素不仅影响了服务业的发展速度，也决定了服务业的发展方向。此外，服务业的发展基础，如城市的经济环境、产业结构、政策支持等，也对服务业的发展规模、阶段和持续能力产生了深远影响。首先，对那些具有丰富科技资源、充足科教资源或扎实金融业基础的城市来说，大力发展现代物流、供应链管理、科技服务、金融服务是明智的选择。例如，上海这座金融业和航运业的中心，拥有丰富的科技资源，应积极发展融资租赁、科技服务、设计服务、供应链管理、知识产权服务、咨询服务等，以进一步提升其服务业的竞争力。其

次，地理位置优越的城市也应利用其地理优势和产业基础，重点发展特色服务业。如江苏省的南通市，位于沿海经济带与长三角城市群“T”形结构的交点以及长江三角洲的顶端，其物流业和商贸流通业的基础良好，因此，应着力发展商贸流通、港口物流、商务服务、跨境电商等特色服务业，以推动服务业的快速发展。最后，制造业发达、交通便利、科技资源较为丰富的城市，如苏州，应着力发展现代金融、供应链管理、软件信息、知识产权服务等产业，以实现服务业的多元化发展。这样，不仅可以提升服务业的产值，还可以优化城市的产业结构，进一步提升城市的经济实力。

总的来说，服务业的发展需要根据城市的具体情况，结合其资源条件和产业基础，制定适合自身发展的策略。只有这样，服务业才能在城市经济中发挥最大的作用，推动城市的经济持续发展。

6.2.5.3 立足要素效率，发展生产性服务业集聚区

产业集聚是层级分工的优秀表现和承载体，它是在分工的基础上实现的集聚，有助于进一步推动分工发展。相关研究显示，制造业发展的关键形态之一就是集聚，尤其是生产性服务业的集聚程度，往往比制造业更高。一方面，集聚能帮助企业获取知识溢出、人才共享、信息共享、公共平台等效应，从而降低成本、提升效率；另一方面，集聚可以引发模仿效应、市场竞争效应，进而推动新业态、新模式的拓展和传播。基于生产性服务业的层级分工，无论是高等级的大城市还是低等级的中小城市，在发展生产性服务业的过程中，都应根据自身特点以及交通、环境、城市建设等因素，有侧重、有选择地鼓励生产性服务业的集聚发展。城市应根据集聚发展规划、辐射范围，结合自身特点以及交通、环境、城市建设等因素，划分不同的功能区，形成一个或多个生产性服务业集群，实现专业化、市场化，发挥集群的外部性。

首先，完善集群的基础设施建设。根据不同产业集群特性，从道路、供水、供电、供气、通信等方面，完善具有基础性、功能性的公共设施，提高对相关企业的吸引力，提升产业集群的集聚度。生产性服务业集聚区成为区域服务业的核心载体。例如，江苏南京软件谷形成了通信软件及运维服务产业集群，云计算、大数据及信息安全产业集群等。2019年，其软件业务收入达到1800亿元，集聚涉软企业超2800家，涉软从

业人员总数达 28.5 万人，是我国为数不多的“千亿级软件产业基地”。其次，合理引导相关企业，尤其是创新型领军企业的集聚，形成创新型领军企业分类评估标准及指标体系。从企业未来的成长性、现有的发展潜力以及企业技术能力等多个维度，对集聚区的企业进行筛选，依据不同类型精准施策、分类推进。比如，对发展速度较快的瞪羚企业，国家从产业配套政策入手，包括给予价值链配套、生活服务配套等，在此基础上制定企业发展时间表、任务书，做到一人一企，指派专人持续跟踪，了解发展过程中可能出现的问题，协同给予解决，包括通过规划调控、土地指标集聚、用地政策激励等扶持性措施，引导相关企业向集聚区集中。对于高成长性、发展潜力大的雏鹰企业，国家可以从租金补贴、定向投资、土地优先供应、人才支持等扶持政策入手，激励其做大做优。需要注意的是，企业集聚是以产业链、价值链为基础的，而不是“拉郎配”式的企业“扎堆”。

参考文献

[1] 安礼伟，李锋，赵曙东．长三角5城市商务成本比较研究［J］．管理世界，2004，(08)：28-36.

[2] 白清．生产性服务业促进制造业升级的机制分析——基于全球价值链视角［J］．财经问题研究，2015，(04)：17-23.

[3] 蔡雅西，杨炜明．双中心城市网络视角下成渝地区经济协调发展的驱动效应［J］．统计理论与实践，2022，(05)：43-50.

[4] 陈兵，王伟龙．互联网发展、产业集聚结构与绿色创新效率［J］．华东经济管理，2021，35（04)：42-56.

[5] 陈澄．为推动经济运行率先整体好转贡献力量［N］．新华日报，2023-07-05（004）.

[6] 陈建军，陈国亮，黄洁．新经济地理学视角下的生产性服务业集聚及其影响因素研究——来自中国222个城市的经验证据［J］．管理世界，2009，(04)：83-95.

[7] 陈建军，陈菁菁．生产性服务业与制造业的协同定位研究——以浙江省69个城市和地区为例［J］．中国工业经济，2011，(06)：141-150.

[8] 陈建军，崔春梅．商务成本与产业结构变动的动态关系研究——基于我国三大地区间的经验证明［J］．上海经济研究，2010，(10)：49-57+65.

[9] 陈建军，王国正．都市圈内涵与界定维度研究［J］．江西社会科学，2009，(06)：74-79.

[10] 陈丽娴．生产性服务业空间关联的产业结构优化效应研究——基于社会网络分析的视角［J］．经济评论，2022，(05)：147-164.

[11] 陈良华，王豪峻，宿晓．物流业与制造业协同集聚对区域经济韧性的影响研究——来自中国省级面板数据的证据［J］．东南大学学报（哲学社会科学版），2023，25（04)：38-48+154.

[12] 陈曦．中国城市生产性服务业地域分工的演化特征与效应——基于空间面板杜宾模型［J］．城市发展研究，2017，24（03）：102-109.
[13] 陈晓峰，陈昭锋．生产性服务业与制造业协同集聚的水平及效应——来自中国东部沿海地区的经验证据［J］．财贸研究，2014，25（02）：49-57.
[14] 陈秀山，邵晖．大都市生产者服务业区位选择及发展趋势——以北京市为案例的研究［J］．学习与实践，2007，（10）：14-22+1.
[15] 陈殷，李金勇．生产性服务业区位模式及影响机制研究［J］．上海经济研究，2004，（07）：52-57.
[16] 陈志林．浙江生产性服务业与长三角一体化协同发展［J］．统计科学与实践，2022，（04）：7-11.
[17] 陈子真，雷振丹，李晶仪．生产性服务业与制造业协同集聚、空间溢出与区域创新［J］．商业研究，2019，（05）：52-60.
[18] 楚明钦．长三角产业区域分工与合作——基于生产性服务业与装备制造业融合的研究［J］．云南财经大学学报，2016，32（01）：132-140.
[19] 崔大树，李鹏举．长三角城市群层级性及空间组织模式构建［J］．区域经济评论，2017，（04）：89-98.
[20] 崔格格，李腾，刘维奇．生产性服务业集聚、空间溢出与城镇化——基于新经济地理视角［J］．工程管理科技前沿，2022，41（04）：76-82.
[21] 代文．现代服务业集群的形成和发展研究［D］．武汉：武汉理工大学，2007.
[22] 戴鹏，吴杰．中国生产性服务业发展影响因素研究——基于30个省份的面板数据分析［J］．经营与管理，2022，（12）：186-192.
[23] 邓慧慧，李慧榕．区域一体化与企业成长——基于国内大循环的微观视角［J］．经济评论，2021，（03）：3-17.
[24] 邓丽姝．服务经济条件下生产性服务业主导产业升级研究［J］．北京工商大学学报（社会科学版），2015，30（04）：35-41.
[25] 丁凡琳，赵文杰．生产性服务业集聚能否助力碳达峰？——基于中国地级市数据的空间分析［J］．城市发展研究，2023，30（01）：123-132.

[26] 丁亮.数字经济、产业集聚与区域经济韧性[J].现代管理科学，2023，(03)：132-140.

[27] 董亚宁，顾芸，杨开忠，等.公共服务、城市规模与人才区位——基于新空间经济学理论的分析[J].科技进步与对策，2021，38(01)：132-139.

[28] 豆建民，刘叶.生产性服务业与制造业协同集聚是否能促进经济增长——基于中国285个地级市的面板数据[J].现代财经(天津财经大学学报)，2016，36(04)：92-102.

[29] 杜欢，卢泓宇.长江经济带生产性服务业集聚对生态文明建设的影响[J].统计与决策，2022，38(17)：67-72.

[30] 杜群阳，俞航东.2003~2015年中国城市劳动力技能互补、收入水平与人口城镇化[J].地理科学，2019，39(04)：525-532.

[31] 段杰，阎小培.粤港生产性服务业合作发展研究[J].地域研究与开发，2003，(03)：26-30.

[32] 樊福卓.一种改进的产业结构相似度测度方法[J].数量经济技术经济研究，2013，30(07)：98-115.

[33] 樊福卓.长江三角洲地区服务业分工分析[J].当代经济管理，2009，31(08)：53-56.

[34] 方磊，刘虹，丁金宏.论城市发展与产业分工——兼谈中国城市发展方针[J].地理学与国土研究，1988，(01)：1-4.

[35] 冯薇.产业集聚与生态工业园的建设[J].中国人口·资源与环境，2006，(03)：51-55.

[36] 冯严超，王晓红.中国制造业与生产性服务业协同集聚对新型城镇化的影响研究[J].经济问题探索，2018，(11)：66-76.

[37] 高传胜，李善同.中国生产者服务：内容、发展与结构——基于中国1987-2002年投入产出表的分析[J].现代经济探讨，2007，(08)：68-72.

[38] 高云虹，何骏敏，王文铎.生产性服务业集聚对城市绿色全要素生产率的影响研究——以中原城市群为例[J].兰州财经大学学报，2023，39(02)：100-113.

[39] 高运胜.文献综述：生产性服务业集聚动因、模式与演化[J].国

际商务研究，2013，34（05）：16-26.

[40] 顾朝林，张敏．长江三角洲城市连绵区发展战略研究［J］．现代城市研究，2000，(01)：7-11+62.

[41] 顾朝林．中国城镇体系［M］．北京：商务印书馆，1992.

[42] 顾乃华，毕斗斗，任旺兵．中国转型期生产性服务业发展与制造业竞争力关系研究——基于面板数据的实证分析［J］．中国工业经济，2006，(09)：14-21.

[43] 顾乃华．我国城市生产性服务业集聚对工业的外溢效应及其区域边界——基于 HLM 模型的实证研究［J］．财贸经济，2011，(05)：115-122+44.

[44] 顾乃华．转型期中国服务生产率研究［M］．北京：经济科学出版社，2008.

[45] 郭海生，窦大鹏，匡增杰．人口老龄化对生产性服务业空间集聚的影响研究［J］．上海对外经贸大学学报，2023，30（05）：33-47.

[46] 郭卫军，黄繁华．高技术产业集聚对经济增长质量的影响——基于中国省级面板数据的实证研究［J］．经济问题探索，2021，(03)：150-164.

[47] 韩德超，张建华．中国生产性服务业发展的影响因素研究［J］．管理科学，2008，21（06）：81-87.

[48] 韩峰，洪联英，文映．生产性服务业集聚推进城市化了吗？［J］．数量经济技术经济研究，2014，(12)：3-21.

[49] 韩峰，阳立高．生产性服务业集聚如何影响制造业结构升级？——一个集聚经济与熊彼特内生增长理论的综合框架［J］．管理世界，2020，36（02）：72-94+219.

[50] 韩坚，宋言奇．生产性服务业的演进过程及其启示［J］．社会科学家，2007，(05)：84-87.

[51] 韩秀兰，赵敏．经济新常态、人口红利衰减与经济增长［J］．统计学报，2020，1（03）：28-37.

[52] 郝永敬，程思宁．长江中游城市群产业集聚、技术创新与经济增长——基于异质产业集聚与协同集聚视角［J］．工业技术经济，2019，38（01）：41-48.

[53] 何静，李芸，金丹．黄河流域城市群生产性服务业集聚、产业结构调整与经济增长［J］．生产力研究，2022，（10）：29-35.

[54] 贺灿飞，潘峰华．产业地理集中、产业集聚与产业集群：测量与辨识［J］．地理科学进展，2007，（02）：1-13.

[55] 贺小丹．京津冀高端生产性服务业集聚形成及效应分析［J］．首都经济贸易大学学报，2017，19（03）：64-70.

[56] 洪银兴．改革开放以来发展理念和相应的经济发展理论的演进——兼论高质量发展的理论渊源［J］．经济学动态，2019，（08）：10-20.

[57] 侯学钢，彭再德．上海城市功能转变与地域空间结构优化［J］．城市规划，1997，（04）：8-11.

[58] 胡观景，李启华．新发展理念视角下服务业高质量发展评价指标体系构建［J］．中国工程咨询，2020，（10）：69-73.

[59] 胡国平，徐显峰，刘军，等．都市生产性服务业外向发展机制及影响因素——基于我国15个副省级城市1999—2008年面板数据的研究［J］．宏观经济研究，2012，（03）：40-47.

[60] 胡凯，吴清，胡毓敏．知识产权保护的技术创新效应——基于技术交易市场视角和省级面板数据的实证分析［J］．财经研究，2012，38（08）：15-25.

[61] 胡霞．集聚效应对中国城市服务业发展差异影响的实证研究［J］．财贸研究，2007，（01）：44-50.

[62] 胡艳，朱文霞．基于生产性服务业的产业协同集聚效应研究［J］．产经评论，2015，6（02）：5-14.

[63] 扈美玲．中美生产性服务业比较研究［D］．吉林：吉林财经大学，2017.

[64] 黄繁华，洪银兴．生产性服务业对我国参与国际循环的影响——基于制造业全球价值链分工地位的研究［J］．经济学动态，2020，（12）：15-27.

[65] 黄菊．全面落实科学发展观——做好新时期就业和社会保障工作［N］．人民日报，2006-01-26（002）．

[66] 黄志斌，姚灿，王新．绿色发展理论基本概念及其相互关系辨析

[J]. 自然辩证法研究，2015，31（08）：108-113.
[67] J. A. Schumpeter. 经济分析史：卷 1 [M]. 朱泱，孙鸿敬，李宏，译. 北京：商务印书馆，1996.
[68] 及添正，邓宏兵，张天铃. 生产性服务业集聚对碳排放效率的影响——基于长江经济带 108 个城市企业数据的分析 [J]. 资源科学，2023，45（01）：31-47.
[69] 纪祥裕，顾乃华. 生产性服务业与制造业协同集聚具有创新驱动效应吗 [J]. 山西财经大学学报，2020，42（07）：57-70.
[70] 贾干荣. 生产者服务业空间分布及其绩效研究 [D]. 南京：东南大学，2006.
[71] 贾燮颖. 生产性服务业集聚对长三角城市创新能力的影响——基于空间面板模型分析 [D]. 上海：上海财经大学，2021.
[72] 江静，刘志彪，于明超. 生产者服务业发展与制造业效率提升：基于地区和行业面板数据的经验分析 [J]. 世界经济，2007，（08）：52-62.
[73] 江静，刘志彪. 商务成本：长三角产业分布新格局的决定因素考察 [J]. 上海经济研究，2006，（11）：87-96.
[74] 江曼琦，席强敏. 生产性服务业与制造业的产业关联与协同集聚 [J]. 南开学报（哲学社会科学版），2014，（01）：153-160.
[75] 姜丽佳. 城市群层级分工特征及其影响因素研究——基于长三角城市群和中原城市群的比较分析 [D]. 杭州：浙江工业大学，2020.
[76] 姜晓丽，张平宇，郭文炯. 辽宁沿海经济带产业分工研究 [J]. 地理研究，2014，33（01）：96-106.
[77] 蒋海兵，张文忠，余建辉. 杭州生产性服务业的时空格局演变 [J]. 经济地理，2015，35（09）：103-111.
[78] 金浩，刘肖. 生产性服务业与制造业协同集聚对城镇化影响的门槛效应研究 [J]. 管理现代化，2020，40（06）：11-15.
[79] 金晓雨，张婷. 成渝地区双城经济圈分工演变与城市生产率——从产业分工走向功能分工 [J]. 重庆理工大学学报（社会科学），2020，34（11）：31-41.
[80] 靳留乾，方新. 生产性服务业与制造业融合发展评价——基于确信

度证据推理［J/OL］. 重庆工商大学学报（社会科学版）：2023-06-12.

［81］柯丽菲．新经济地理学视角下生产性服务业集聚影响因素的国际比较研究［J］. 学术论坛，2016，39（10）：48-52+86.

［82］寇冬雪，张彩云．数字经济影响产业集聚模式的分析——基于专业化和多样化视角［J］. 山东财经大学学报，2023，35（05）：75-87.

［83］匡致远．论高新技术产业开发区的产业聚群导向发展［J］. 学术研究，2000，（10）：40-43.

［84］雷振丹，陈子真．区域创新：生产性服务业层级分工专业化抑或多样化集聚？［J］. 现代经济探讨，2019，（10）：99-107.

［85］李爱国，陈银忠，杨柏．工业互联网、生产性服务业虚拟集聚与区域创新［J］. 科学学研究，2024，（07）：1-15.

［86］李斌，杨丽娟，叶玉瑶，等．泛珠三角区域产业分工合作的空间组织研究［J］. 云南地理环境研究，2007，（04）：1-6.

［87］李斌，杨冉．生产性服务业集聚与城市经济绩效［J］. 产业经济研究，2020，（01）：128-142.

［88］李江帆，毕斗斗．国外生产服务业研究述评［J］. 外国经济与管理，2004，（11）：16-19+25.

［89］李靖．新型产业分工、功能专业化与区域治理——基于京津冀地区的实证研究［J］. 中国软科学，2015，（03）：80-92.

［90］李敏杰，王健．外商直接投资质量与中国绿色全要素生产率增长［J］. 软科学，2019，33（09）：13-20.

［91］李平，付一夫，张艳芳．生产性服务业能成为中国经济高质量增长新动能吗［J］. 中国工业经济，2017，（12）：5-21.

［92］李文秀，胡继明．中国服务业集聚实证研究及国际比较［J］. 武汉大学学报（哲学社会科学版），2008，（02）：213-219.

［93］李文秀，谭力文．服务业集聚的二维评价模型及实证研究——以美国服务业为例［J］. 中国工业经济，2008，（04）：55-63.

［94］李学鑫，苗长虹．城市群产业结构与分工的测度研究——以中原城市群为例［J］. 人文地理，2006，（04）：25-28+122.

[95] 李园．生产性服务业集聚对云南制造业 FDI 的影响研究 [J]．时代金融，2023，(11)：93-95.

[96] 梁红艳．中国城市群生产性服务业分布动态、差异分解与收敛性 [J]．数量经济技术经济研究，2018，35 (12)：40-60.

[97] 梁经伟，刘尧飞．生产性服务业嵌入制造业的影响机制研究——基于全球价值链的视角 [J]．哈尔滨商业大学学报（社会科学版），2021，(06)：82-93.

[98] 梁琦，张春叶，陈鹏．广东省制造业集聚与扩散现状分析 [J]．产业经济评论，2009，8 (04)：12-39.

[99] 梁琦．分工、集聚与增长 [M]．北京：商务印书馆，2009.

[100] 梁琦．中国制造业分工、地方专业化及其国际比较 [J]．世界经济，2004，(12)：32-40.

[101] 梁喜，李思遥．交通基础设施对绿色全要素生产率增长的空间溢出效应研究 [J]．西部论坛，2018，28 (03)：33-41.

[102] 林柯．兰州—西宁工业产业分工协同体系构建——基于兰西城市群建设视角 [J]．甘肃社会科学，2021，(05)：213-221.

[103] 林彰平，闫小培．转型期广州市金融服务业的空间格局变动 [J]．地理学报，2006，(08)：818-828.

[104] 刘冰，闫智勇，潘海生．基于协同治理的专业学位研究生教育质量治理体系构建 [J]．学位与研究生教育，2019，(01)：56-63.

[105] 刘纯彬，杨仁发．中国生产性服务业发展的影响因素研究——基于地区和行业面板数据的分析 [J]．山西财经大学学报，2013，35 (4)：30-37+48.

[106] 刘和东．国内市场规模与创新要素集聚的虹吸效应研究 [J]．科学学与科学技术管理，2013，34 (07)：104-112.

[107] 刘宏霞．生产性服务业与制造业协同集聚的经济效应研究 [D]．兰州：兰州大学，2020.

[108] 刘军跃，王敏，李军锋，等．生产性服务业集聚研究综述 [J]．重庆理工大学学报（社会科学），2014，28 (07)：34-39.

[109] 刘念，范剑勇．中国制造业的集聚机制：基于行业间共同集聚的视角 [J]．江海学刊，2023，(04)：94-102+255.

[110] 刘胜，顾乃华，李文秀，等．城市群空间功能分工与制造业企业成长——兼议城市群高质量发展的政策红利［J］．产业经济研究，2019，(03)：52-62.

[111] 刘胜，李文秀，陈秀英．生产性服务业与制造业协同集聚对企业创新的影响［J］．广东财经大学学报，2019，34（03）：43-53.

[112] 刘书瀚，于化龙．生产性服务业集聚与区域经济增长的空间相关性分析——基于中国285个地级城市的实证研究［J］．现代财经（天津财经大学学报），2018，38（03）：67-81.

[113] 刘曙华，沈玉芳．生产性服务业的空间研究进展及其评述［J］．地理科学进展，2011，30（04）：498-503.

[114] 刘曙华，沈玉芳．生产性服务业的区位驱动力与区域经济发展研究［J］．人文地理，2007，(01)：112-116.

[115] 刘思明，张世瑾，朱惠东．国家创新驱动力测度及其经济高质量发展效应研究［J］．数量经济技术经济研究，2019，36（04）：3-23.

[116] 刘岩，程钰，王亚平．黄河流域生产性服务业集聚对城市绿色全要素生产率的影响效应与空间溢出［J］．地理研究，2023，42（04）：917-935.

[117] 刘阳，张萌，李体欣．逆全球化压力下贸易冲击的经济波动压力测试——基于产业关联理论［J］．国际经贸探索，2022，38（06）：76-88.

[118] 刘依凡，于津平，杨继军．城市群空间集聚与中国制造业企业全球价值链地位［J］．经济评论，2023，(04)：3-16.

[119] 刘玉荣，杨柳，刘志彪．跨境电子商务与生产性服务业集聚［J］．世界经济，2023，46（03）：63-93.

[120] 刘志彪．对两业互动融合发展的系统思考与全新探索——《生产性服务业与制造业协同集聚的机理及效应研究：以长三角城市群为例》评介［J］．学术评论，2021，(05)：4-10.

[121] 刘志迎，唐义春．泛长三角区域产业分工现状及其影响因素——基于面板数据模型的实证分析［J］．消费导刊，2009，(24)：37-39.

[122] 路江涌，陶志刚．我国制造业区域集聚程度决定因素的研究［J］．

经济学（季刊），2007，(03)：801-816.

[123] 罗书岐．制造业集聚对空气污染的影响研究［D］．重庆：重庆工商大学，2023.

[124] 吕涛，聂锐．产业联动的内涵理论依据及表现形式［J］．工业技术经济，2007，(05)：2-4.

[125] 马静怡．服务业集聚发展中的政府职能研究［D］．杭州：浙江大学，2012.

[126] 马燕坤，张雪领．中国城市群产业分工的影响因素及发展对策［J］．区域经济评论，2019，(06)：106-116.

[127] 毛艳华，李敬子，蔡敏容．大珠三角城市群发展：特征、问题和策略［J］．华南师范大学学报（社会科学版），2014，(05)：108-115+163.

[128] 聂永有，姚清宇．生产性服务业集聚与长三角绿色发展绩效——基于“本地—邻地”视角［J］．调研世界，2023，(06)：26-38.

[129] 宁越敏．上海市区生产服务业及办公楼区位研究［J］．城市规划，2000，(08)：9-12+20.

[130] Plato．理想国［M］．郭斌和，张竹明，译．北京：商务印书馆，1986.

[131] 乔小明，唐婷婷．中国城市群产业集聚与经济高质量发展耦合协调度的动态演进及趋势预测［J］．南昌大学学报（人文社会科学版），2023，54（03）：59-71.

[132] 邱灵，方创琳．生产性服务业空间集聚与城市发展研究［J］．经济地理，2012，32（11）：76-80.

[133] 邱灵，申玉铭，任旺兵．北京生产性服务业与制造业的关联及空间分布［J］．地理学报，2008，63（12）：1299-1310.

[134] 邱灵．北京市生产性服务业空间结构演化机理研究［J］．中国软科学，2013，(05)：74-91.

[135] 邱灵．大都市生产性服务业空间集聚：文献综述［J］．经济学家，2014，(05)：97-104.

[136] 邱瑞平，杨海水．长江三角洲工业的地域分工［J］．东岳论丛，2005，(06)：109-112.

[137] 曲延芬，于楚琪．产业集聚多样化、专业化与企业绿色技术创新效率［J］．生态经济，2021，37（02）：61-67.

[138] 冉启英，朱为利，任思雨．对外开放、产业集聚与新型城镇化质量［J］．统计与决策，2023，39（05）：98-103.

[139] 任保显．中国省域经济高质量发展水平测度及实现路径——基于使用价值的微观视角［J］．中国软科学，2020，(10)：175-183.

[140] 任阳军，齐颖秀，梁栋．生产性服务业集聚对城市绿色经济效率的影响［J］．统计与决策，2022，38（19）：120-123.

[141] 任英华，邱碧槐．现代服务业空间集聚特征分析——以湖南省为例［J］．经济地理，2010，30（03）：454-459.

[142] 芮明杰，马昊，韩自然．产业过度集聚的形成机制研究——以河北省钢铁产业为例［J］．经济与管理研究，2017，38（07）：94-104.

[143] 塞风，朱明春．论区域产业分工［J］．经济理论与经济管理，1990，(04)：46-51.

[144] 邵晖．北京市生产者服务业聚集特征［J］．地理学报，2008，63(12)：1289-1298.

[145] 申玉铭，柳坤，邱灵．中国城市群核心城市服务业发展的基本特征［J］．地理科学进展，2015，34（08）：957-965.

[146] 沈能．局域知识溢出和生产性服务业空间集聚——基于中国城市数据的空间计量分析［J］．科学学与科学技术管理，2013，34(05)：61-69.

[147] 盛洪．分工与交易：一个一般理论及其对中国非专业化问题的应用分析［M］．上海：上海人民出版社，1994.

[148] 盛龙，陆根尧．中国生产性服务业集聚及其影响因素研究——基于行业和地区层面的分析［J］．南开经济研究，2013，(05)：115-129.

[149] 石培哲．产业集聚形成原因探析［J］．机械管理开发，1999，(04)：18-20.

[150] 时晨．长三角地区生产性服务业空间集聚及影响因素研究［D］．北京：首都经济贸易大学，2020.

[151] 时鹏科．美国制造业转型升级过程中生产性服务业的发展研究［D］．山东：山东师范大学，2019.
[152] 宋昌耀，罗心然，席强敏，等．超大城市生产性服务业空间分工及其效应分析——以北京为例［J］．地理科学，2018，38（12）：2040-2048.
[153] 宋大强．生产性服务业层级分工对制造业效率提升的实证分析［D］．南京：南京财经大学，2017.
[154] 苏晶蕾．生产性服务业集聚对我国制造业升级的影响研究［D］．长春：东北师范大学，2018.
[155] 苏科，周超．人力资本、科技创新与绿色全要素生产率——基于长江经济带城市数据分析［J］．经济问题，2021，(05)：71-79.
[156] 孙久文，姚鹏．京津冀产业空间转移、地区专业化与协同发展——基于新经济地理学的分析框架［J］．南开学报（哲学社会科学版），2015，(01)：81-89.
[157] 孙彦军．长江三角洲地区产业分工、产业转移分析［J］．郑州航空工业管理学院学报，2007，(01)：40-43.
[158] 孙正，岳文浩，霍富迎．我国生产性服务业与制造业协同集聚程度测算研究——基于产业与城市群的视角［J］．统计研究，2022，39（03）：21-33.
[159] 孙志超，王涛，郭慧文，等．技术创新、产业集聚与经济发展［J］．经济问题，2023，(07)：77-86.
[160] 太平，李姣．中国服务业高水平对外开放的困境与突破［J］．国际贸易，2022，(06)：13-19+61.
[161] 谭丽莹．珠三角地区FDI对区域经济增长的影响研究——基于制造业集聚的中介效应分析［J］．中国集体经济，2023，(27)：44-47.
[162] 谭锐．湾区城市群产业分工：一个比较研究［J］．中国软科学，2020，(11)：87-99.
[163] 汤长安，邱佳炜，张丽家，等．要素流动、产业协同集聚对区域经济增长影响的空间计量分析——以制造业与生产性服务业为例［J］．经济地理，2021，41（07）：146-154.

[164] 唐珏岚. 国际化大都市与生产性服务业集聚 [J]. 世界经济与政治, 2004, (11): 64-65.

[165] 陶纪明. 上海生产者服务业的空间集聚 [M]. 上海: 格致出版社, 2009.

[166] 田孟, 熊宇航. 生产性服务业集聚对农业高质量发展的影响——基于地区异质性视角 [J]. 经济问题, 2023, (08): 103-111.

[167] 汪德华, 张再金, 白重恩. 政府规模、法治水平与服务业发展 [J]. 经济研究, 2007, (06): 51-64+118.

[168] 汪慧玲, 凌悦, 罗家鑫. 制造业与生产性服务业协同集聚对区域经济韧性的影响研究 [J]. 工业技术经济, 2022, 41 (06): 120-128.

[169] 王聪, 曹有挥, 陈国伟. 基于生产性服务业的长江三角洲城市网络 [J]. 地理研究, 2014, 33 (02): 323-335.

[170] 王聪, 曹有挥. 生产性服务业视角下城市网络的演化模式与机制研究——以长江三角洲为例 [J]. 地理科学, 2019, 39 (02): 285-293.

[171] 王晗, 何枭吟. 产业集聚、环境规制与绿色创新效率 [J]. 统计与决策, 2022, 38 (22): 184-188.

[172] 王浩, 李新春, 沈正平. 城市群协同发展影响因素与动力机制研究——以淮海城市群为例 [J]. 南京社会科学, 2017, (05): 17-25.

[173] 王家庭, 卢星辰, 马洪福, 等. 快速城镇化时期我国城市蔓延的内涵界定及政策建议 [J]. 学习与实践, 2017, (08): 22-33.

[174] 王建刚, 赵进. 产业集聚现象分析 [J]. 管理世界, 2001, (06): 192-196.

[175] 王建军. 分工概念的再界定及其与产业组织演进的关系 [J]. 企业经济, 2008, (03): 56-59.

[176] 王晶晶, 姜玉婷. 生产性服务业集聚能否促进城市经济高质量发展 [J]. 经济研究参考, 2021, (19): 56-75.

[177] 王晶晶, 李灵玉. 生产性服务业与制造业协同集聚对经济高质量发展的影响——基于空间计量模型的实证检验 [J]. 南京邮电大

学学报（社会科学版），2022，24（04）：70-81.
[178] 王婧，方创琳．中国城市群发育的新型驱动力研究［J］．地理研究，2011，30（02）：335-347.
[179] 王娟，耿琳．中国服务业对外开放水平与提升路径研究［J］．中国物价，2023，（11）：11-13+20.
[180] 王娟，张鹏．我国制造业与现代生产性服务业融合发展研究——基于产品内国际分工的视角［J］．科技管理研究，2020，40（04）：154-163.
[181] 王磊，栗向阳，王雪利，等．长江经济带生活性服务业发展水平的空间格局及驱动因素［J］．长江流域资源与环境，2022，31（10）：2109-2121.
[182] 王娜，吴健生，彭子凤．深圳市零售业空间格局及影响因素［J］．经济地理，2021，41（09）：125-134.
[183] 王如渊，李燕茹．深圳中心商务区的区位转移及其机制［J］．经济地理，2002，（02）：165-169.
[184] 王瑞荣．生产性服务业集聚对区域经济增长质量的影响——基于中国十一大城市群经验分析［J］．科技与经济，2017，30（03）：101-105.
[185] 王婷，芦岩．城市群内产业分工格局的影响因素分析［J］．理论与现代化，2010，（05）：71-76.
[186] 王小波，陈赤平，文美玲．生产性服务业与制造业融合发展研究［J］．湖南科技大学学报（社会科学版），2016，19（06）：98-103.
[187] 王玉玲．中国生产性服务业与制造业的互动融合［M］．上海：上海社会科学院出版社，2020.
[188] 王琢卓，韩峰，赵玉奇．生产性服务业对经济增长的集聚效应研究——基于中国地级城市面板 VAR 分析［J］．经济经纬，2012，（04）：1-5.
[189] 王琢卓．生产性服务业集聚与经济增长［D］．长沙：湖南大学，2014.
[190] 韦帅民．生产性服务业集聚、空间溢出与制造业绿色创新［J］．现代管理科学，2023，（02）：57-65.

[191] 魏后凯．现代区域经济学 [M]. 北京：经济管理出版社，2006.
[192] 魏敏，李书昊．新时代中国经济高质量发展水平的测度研究 [J]. 数量经济技术经济研究，2018，35 (11)：3-20.
[193] 温婷．生产性服务业集聚、空间溢出与区域异质性——基于经济增长和产业结构升级的双视角 [J]. 中国流通经济，2020，34 (09)：119-127.
[194] 乌云图，陶克涛，彭俊超．产业协同集聚、数字技术支持与资源错配 [J]. 科研管理，2023，44 (01)：125-135.
[195] 吴殿廷．区域经济 [M]. 北京：科学出版社，2009.
[196] 吴风波．生产性服务业集聚对经济效率影响研究——以安徽省为例 [J]. 安徽电气工程职业技术学院学报，2022，27 (04)：11-16.
[197] 吴福象，曹璐．生产性服务业集聚机制与耦合悖论分析——来自长三角16个核心城市的经验证据 [J]. 产业经济研究，2014，(04)：13-21.
[198] 伍先福，杨永德．生产性服务业与制造业协同集聚提升了城镇化水平吗 [J]. 财经科学，2016，(11)：79-90.
[199] 武曒辉．我国三大都市圈生产性服务业专业化特征比较 [J]. 商业经济研究，2018，(02)：171-174.
[200] 席强敏，陈曦，李国平．中国城市生产性服务业模式选择研究——以工业效率提升为导向 [J]. 中国工业经济，2015，(02)：18-30.
[201] 席强敏，李国平．京津冀生产性服务业空间分工特征及溢出效应 [J]. 地理学报，2015，70 (12)：1926-1938.
[202] 谢守红．都市区、都市圈和都市带的概念界定与比较分析 [J]. 城市问题，2008，(06)：19-23.
[203] 谢众，李童，李世军．生产性服务业集聚与我国制造业生产效率——基于微观企业层面的经验研究 [J]. 金融与经济，2018，(04)：70-77.
[204] 许媛，李靖华，盛亚．长江三角洲生产性服务业分工布局研究——以软件产业为例 [J]. 科技进步与对策，2009，26 (07)：54-58.
[205] 宣烨，胡曦．生产性服务业与制造业关系的演变：从“需求依附”走向“发展引领” [J]. 南京财经大学学报，2018，(06)：93-98.

[206] 宣烨，余泳泽．生产性服务业层级分工对制造业效率提升的影响——基于长三角地区38城市的经验分析［J］．产业经济研究，2014，(03)：1-10.

[207] 宣烨，余泳泽．生产性服务业集聚对制造业企业全要素生产率提升研究——来自230个城市微观企业的证据［J］．数量经济技术经济研究，2017，34（02）：89-104.

[208] 宣烨．生产性服务业空间集聚与制造业效率提升——基于空间外溢效应的实证研究［J］．财贸经济，2012，(04)：121-128.

[209] 薛东前，姚士谋，张红．城市群形成演化的背景条件分析——以关中城市群为例［J］．地域研究与开发，2000，(04)：50-53.

[210] 薛立敏，杜英仪，王素弯．生产性服务业与制造业互动关系之研究［C］．台湾：台湾中华经济研究院，1993：45-56.

[211] 杨朝继．生产性服务业与区域经济的协调发展：以中部地区为例［J］．改革，2018，(06)：127-137.

[212] 杨玲．美国生产者服务业的变迁及启示——基于1997、2002、2007年投入产出表的实证研究［J］．经济与管理研究，2009，(09)：88-95.

[213] 杨守德，李佳．数字物流、产业集聚与城乡融合发展［J］．统计与决策，2023，39（14）：104-108.

[214] 杨小凯，张永生．新兴古典经济学与超边际分析［M］．北京：社会科学文献出版社，2003.

[215] 杨小凯．经济学：新兴古典与新古典框架［M］．北京：社会科学文献出版社，2003.

[216] 杨勇．中国服务业集聚实证分析［J］．山西财经大学学报，2008，(10)：64-68.

[217] 姚士谋，朱英明，陈振光，等．中国城市群［M］．合肥：中国科学技术大学出版社,2006.

[218] 姚永玲，赵宵伟．城市服务业动态外部性及其空间效应［J］．财贸经济，2012，(01)：101-107.

[219] 尹征，卢明华．京津冀地区城市间产业分工变化研究［J］．经济地理，2015，35（10）：110-115.

[220] 于斌斌．生产性服务业集聚能提高制造业生产率吗？——基于行业、地区和城市异质性视角的分析［J］．南开经济研究，2017，(02)：112-132.

[221] 余得生，刘俊．欠发达地区生产性服务业发展的影响因素研究——以江西省为例［J］．企业经济，2017，36（01）：135-141.

[222] 原白云，管玉玉，郭琎．生产性服务业集聚与绿色低碳循环经济发展水平——基于中国省级面板数据的研究［J］．生态经济，2023，39（12）：56-63.

[223] 原毅军，郭然．生产性服务业集聚、制造业集聚与技术创新——基于省级面板数据的实证研究［J］．经济学家，2018，(05)：23-31.

[224] 曾国宁．生产性服务业集群：现象、机理和模式［J］．经济学动态，2006，(12)：59-61.

[225] 曾艺，韩峰，刘俊峰．生产性服务业集聚提升城市经济增长质量了吗？［J］．数量经济技术经济研究，2019，36（05）：83-100.

[226] 詹浩勇，冯金丽．生产性服务业集聚与制造业转型升级的机理与实证检验［J］．商业研究，2014，(04)：49-56.

[227] 詹新宇，崔培培．中国省际经济增长质量的测度与评价——基于“五大发展理念”的实证分析［J］．财政研究，2016，(08)：40-53+39.

[228] 湛军．“再工业化”背景下欧盟现代服务业创新及发展我国高端服务业研究［J］．上海大学学报（社会科学版），2015，32（01）：126-140.

[229] 张波．辽宁省生产性服务业集聚区发展的动力机制及对策研究［J］．现代管理科学，2012，(03)：40-42.

[230] 张萃．生产性服务业集聚对中国城市生产率增长的影响——基于城市等级体系视角的分析［J］．城市问题，2016，(06)：61-69.

[231] 张冠华．台湾 IT 产业祖国大陆投资格局与两岸产业分工［J］．台湾研究，2003，(01)：43-53.

[232] 张光忠，王青颖，欧阳华生．生产性服务业集聚对绿色经济发展的影响——基于淮河生态经济带城市数据［J］．内江师范学院学

报，2023，38（02）：73-78.

[233] 张广胜，陈晨．产业集聚与城市生态效率动态关系研究［J］．科技进步与对策，2019，36（13）：48-57.

[234] 张国云．中国大棋局：服务创新时不我待［J］．中国发展观察，2020（22）：41-43.

[235] 张浩然．生产性服务业集聚与城市经济绩效——基于行业和地区异质性视角的分析［J］．财经研究，2015，41（05）：67-77.

[236] 张虎，韩爱华，杨青龙．中国制造业与生产性服务业协同集聚的空间效应分析［J］．数量经济技术经济研究，2017，34（02）：3-20.

[237] 张家旗，刘晏男，宋斌玢．基于POI数据的郑州市主城区生活服务业空间分布特征研究［J］．世界地理研究，2022，31（02）：399-409.

[238] 张建平，沈博．改革开放40年中国经济发展成就及其对世界的影响［J］．当代世界，2018，（05）：13-16.

[239] 张靳雪，刘文超，左婉莹．京津冀城市群生产性服务业集聚模式选择研究——基于新古典超边际分析［J］．科技和产业，2023，23（01）：175-182.

[240] 张明斗，李维露，吴庆帮．制造业和生产性服务业集聚对城市经济效率的影响［J］．财经问题研究，2021，（09）：36-44.

[241] 张明志，王新培，郇馥莹．生产性服务业集聚与黄河流域减碳增效：基于碳排放效率的核算分析视角［J］．软科学，2023，（12）：1-12.

[242] 张平，李秀芬．基于分工理论的城市圈层级结构——兼论甘肃省城市圈的构建［J］．城市问题，2010，（12）：23-27.

[243] 张涛，司秋利，冯冬发．生产性服务业集聚、空间溢出与城市经济高质量发展［J］．求是学刊，2022，49（02）：78-93.

[244] 张涛．高质量发展的理论阐释及测度方法研究［J］．数量经济技术经济研究，2020，37（05）：23-43.

[245] 张勇．生产性服务业空间集聚的实证研究［D］．沈阳：辽宁大学，2013.

[246] 张志斌，公维民，张怀林，等．兰州市生产性服务业的空间集聚及其影响因素［J］．经济地理，2019，39（09）：112-121.

[247] 章润兰，刘明慧．产业协同集聚、产业耦合协调与经济高质量发展——基于制造业与生产性服务业的实证分析［J］．商业研究，2022，（06）：13-22.

[248] 甄峰，刘慧，郑俊．城市生产性服务业空间分布研究：以南京为例［J］．世界地理研究，2008，（01）：24-31.

[249] 郑吉昌，夏晴．论生产性服务业的发展与分工的深化［J］．科技进步与对策，2005，（02）：13-15.

[250] 郑文力．论势差效应与科技人才流动机制［J］．科学学与科学技术管理，2005，（02）：112-116.

[251] 钟虹芳．珠三角城市群生产性服务业层级分工对制造业效率的影响研究［D］．浙江：浙江工业大学，2020.

[252] 钟韵，秦嫣然．高质量发展视角下产业协同集聚研究进展［J］．人文地理，2023，38（04）：1-8+120.

[253] 钟韵，闫小培．西方地理学界关于生产性服务业作用研究述评［J］．人文地理，2005，（03）：12-17+5.

[254] 周明生，陈文翔．生产性服务业与制造业协同集聚的增长效应研究——以长株潭城市群为例［J］．现代经济探讨，2018，（06）：69-78.

[255] 周韬，张俊丽．制造业集聚、环境规制与黄河流域经济高质量发展——基于沿黄94个城市空间效应与门槛效应的分析［J］．开发研究，2023，（05）：28-38.

[256] 周韬．空间异质性、城市群分工与区域经济一体化——来自长三角城市群的证据［J］．城市发展研究，2017，24（09）：57-63.

[257] 周伟林．长三角城市群经济与空间的特征及其演化机制［J］．世界经济文汇，2005，（Z1）：142-146.

[258] 周文通，陆军．公共支出对京津冀生产性服务业发展影响研究——基于空间面板杜宾模型的实证分析［J］．商业经济研究，2015，（30）：138-140.

[259] 周小亮，宋立．生产性服务业与制造业协同集聚对产业结构优化升

级的影响 [J]. 首都经济贸易大学学报, 2019, 21 (04): 53-64.

[260] 周正柱, 孙明贵. 商务成本变动对企业迁移决策影响的实证研究 [J]. 上海经济研究, 2013, 25 (06): 82-93.

[261] 朱金鹤, 王雅莉. 创新补偿抑或遵循成本? 污染光环抑或污染天堂? ——绿色全要素生产率视角下双假说的门槛效应与空间溢出效应检验 [J]. 科技进步与对策, 2018, 35 (20): 46-54.

[262] 朱凯. 服务业集聚与产业结构优化关系探究 [J]. 经济研究导刊, 2008, (08): 175-178+196.

[263] 朱俏俏, 王昱茜, 李征帛. 产业协同集聚、环境规制与经济高质量发展 [J]. 生态经济, 2023, 39 (10): 63-71.

[264] 诸竹君, 高艺婷. 创新驱动助力经济高质量发展 [N]. 中国社会科学报, 2022-10-19 (A03).

[265] 祝新. 我国生产性服务业发展的影响因素与发展策略研究 [J]. 生产力研究, 2011, (02): 108-109+205.

[266] 庄德林, 吴靖, 杨羊, 等. 生产性服务业与制造业协同集聚能促进就业增长吗 [J]. 贵州财经大学学报, 2017, (05): 59-68.

[267] 邹薇, 庄子银. 分工、交易与经济增长 [J]. 中国社会科学, 1996, (03): 4-14.

[268] Airoldi, A., Janetti, G. B., Gambardella, A. et al. The Impact of Urban Structure on the Location of Producer Services [J]. The Service Industries Journal, 1997, 17 (1): 91-114.

[269] Amighini, A. China in the International Fragmentation of Production: Evidence from the ICT Industry [J]. European Journal of Comparative Economics, 2005, 2: 203-219.

[270] Audretsch, D., Falck, O., Heblich, S. Who's Got the Aces up His Sleeve? Functional Specialization of Cities and Entrepreneurship [J]. The Annals of Regional Science, 2011, 46 (3): 621-636.

[271] Barbieri, E., Di Tommaso, M. R., Pollio, C. et al. Getting the Specialization Right. Industrialization in Southern China in a Sustainable Development Perspective [J]. World Development, 2020, 126: 104701.

[272] Beaudry, C., Schiffauerova, A. (2009). Who's Right, Marshall or

Jacobs? The Localization versus Urbanization Debate [J]. Research Policy, 38 (2), 318-337.

[273] Billings, S. B., Johnson, E. B. A Non-parametric Test for Industrial Specialization [J]. Journal of Urban Economics, 2012, 71 (3): 312-331.

[274] Boiteux-Orain, C., Guillain, R. Changes in the Intrametropolitan Location of Producer Services in Île-de-France (1978-1997): Do Information Technologies Promote a More Dispersed Spatial Pattern? [J]. Urban Geography, 2004, 25 (6): 550-578.

[275] Browning, H. C., Singelmann, J. The Emergence of a Service Society [J]. Strategic Management Journal, 1975 (15): 167-183.

[276] Christaller, W. Central Places in Southern Germany [M]. Englewood Cliffs, New Jersey: Prentice Hall, 1966.

[277] Coffey, J. W., Polèse, M. Producer Services and Tegional Development: A Policy-oriented Prespective [J]. Papers of the Regional Science Association, 1989, 67 (1).

[278] Coffey, W. J. The Geographies of Producer Services [J]. Urban Geography, 2000, 21 (2): 170-183.

[279] Coffey, W. J., Bailly, A. S. Producer Services and Flexible Production: An Exploratory Analysis [J]. Growth and Change, 1991, 22 (4): 95-117.

[280] Coffey, W. J., Drolet, R., Polèse, M. The Intrametropolitan Location of High Order Services: Patterns, Factors and Mobility in Montreal [J]. Papers in Regional Science, 1996, 75 (3): 293-323.

[281] Daniels, P. W. Service Industries: A Geographical Appraisal [M]. London: Routledge, 1985.

[282] Dewhurst, J. H. L., Mccann, P. A Comparison of Measures of Industrial Specialization for Travel-to-work Areas in Great Britain, 1981-1997 [J]. Regional Studies, 2002, 36 (5): 541-551.

[283] Duranton, G., Puga, D. From Sectoral to Functional Urban Specialisation [J]. Journal of Urban Economics, 2005, 57 (2): 343-370.

[284] Duranton, G., Puga, D. Micro-foundations of Urban Agglomeration Economies [M]. Handbook of Regional and Urban Economics. Elsevier, 2004, 4: 2063-2117.

[285] Duranton, G., Puga, D. Nursery Cities: Urban Diversity, Process Innovation, and the Life Cycle of Products [J]. American Economic Review, 2001, 91 (5): 1454-1477.

[286] Ellison, G., Glaeser, E. L. Geographic Concentration in U. S. Manufacturing Industries: A Dartboard Approach [J]. Journal of Political Economy, 1997, 105 (5): 889-927.

[287] Eschenbach, F., Hoekman, B. Services Policy Reform and Economic Growth in Transition Economies [J]. Review of World Economics, 2006, 142 (4): 746-764.

[288] Glaeser, E. L. Learning in Cities [J]. Journal of Urban Economics, 1999, 46 (2): 254-277.

[289] Gordon, L. A., Loeb, M. P., Lucyshyn, W. Sharing Information on Computer Systems Security: An Economic Analysis [J]. Journal of Accounting and Public Policy, 2003, 22 (6): 461-485.

[290] Gottmann, J. Megalopolis or the Urbanization of the Northeastern Seaboard [J]. Economic Geography, 1957, 33 (3): 189-200.

[291] Greenfield, H. I. Manpower and the Growth of Producer Services [M]. New York & London: Columbia University Press, 1966, 1-16.

[292] Hammond, G. W., Thompson, E. Employment Risk in U. S. Metropolitan and Nonmetropolitan Regions: The Influence of Industrial Specialization and Population Characteristics [J]. Journal of Regional Science, 2004, 44 (3): 517-542.

[293] Hansen, N. The Strategic Role of Producer Services in Regional Development [J]. International Regional Science Review, 1993, 16 (1-2): 187-195.

[294] Hoover, E. M. The Measurement of Industrial Localization [J]. The Review of Economic Statistics, 1936: 162-171.

[295] Horwood, E., Boyce, R. Studies of the Central Business District and

Urban Freeway Development [M]. Seattle, WA: University of Washington Press, 1959.

[296] Howells, J., Green, A. E. Location, Technology and Industrial Organisation in U. K. Services [J]. Progress in Planning, 1986, 26, 83-183.

[297] Hwan-Joo, S., Young Soo, L., HanSung, K. Does International Specialization in Producer Services Warrant Sustainable Growth? [J]. The Service Industries Journal, 2011, 31 (8): 1279-1291.

[298] Illeris, S., Sjoholt, P. The Nordic Countries: High Quality Service in a Low Density Environment [J]. Progress in Planning, 1995, 43 (2): 205-221.

[299] James, W., Harrington. Producer Services Research in U. S. Regional Studies [J]. The Professional Geographer, 1995, 47 (1): 87-96.

[300] Kadar, B. The Commodity Pattern of East-west Trade [J]. Acta Oeconomica, 1977: 153-165.

[301] Karlsson, C. ICT, Functional Rrban Regions and the New Economic Geography [J]. Working Paper Series in Economics and Institutions of Innovation, 2004.

[302] Kaygalak, İ. Türkiye imalat sanayisinde yerelleşme ve uzmanlaşma eğilimleri [J]. lnternational Journal of Geography and Geography Education, 2018 (38): 171-186.

[303] Kim, S. Expansion of Markets and the Geographic Distribution of Economic Activities: The Trends in US Regional Manufacturing Structure, 1860-1987 [J]. The Quarterly Journal of Economics, 1995, 110 (4): 881-908.

[304] Krugman, P. Geography and Trade [M]. First Edition. Leuven: MIT Press, 1992.

[305] Krugman, P. Increasing Returns and Economic Geography [J]. Journal of Political Economy, 1991, 99 (3): 483-499.

[306] Lampard, E. E. The History of Cities in the Economically Advanced Areas [J]. Economic Development and Cultural Change, 1955, 3

(2): 81-136.

[307] Lundquist, K. J., Olander, L. O., Henning, M. S. Producer Services: Growth and Roles in Long-term Economic Development [J]. The Service Industries Journal, 2008, 28 (4): 463-477.

[308] Marshall, A. Principles of Economics [M]. New York: Macmillan and Company, 1890.

[309] Marshall, N. J., Wood, P., Daniels, P. Producer Services and Uneven Development [J]. Area, 1987, 19 (1): 35-41.

[310] Martinelli, F. A Demand-oriented Approach to Understanding Producer Services [J]. The Changing Geography of Advanced Producer Services, 1991: 15-30.

[311] Marx, K. Das kapital (La capital) [M]. New York: Newcomb Livraria Press, 1867.

[312] Massey, D. In What Sense a Regional Problem? [J]. Regional studies, 1979, 13 (2): 233-243.

[313] Mattoo, A., Rathindran, R., Subramanian, A. Measuring Services Trade Liberalization and Its Impact on Economic Growth: An Illustration [J]. Journal of Economic Integration, 2006, 21 (1): 64-98.

[314] Moulaert, F., Gallouj, C. The Locational Geography of Advanced Producer Service Firms: The Limits of Economies of Agglomeration [J]. Service Industries Journal, 1993, 13 (2): 91-106.

[315] Moyart, L. The Role of Producer Services in Regional Development: What Opportunities for Medium-sized Cities in Belgium? [J]. The Service Industries Journal, 2005, 25 (2): 213-228.

[316] North, D. C. Structure and Change in Economic History [M]. New York: W. W. Norton & Company, 1983.

[317] O'Connor, K., Hutton, T. A. Producer Services in the Asia Pacific Region: An Overview of Research Issues [J]. Asia Pacific Viewpoint, 1998, 39 (2): 139-143.

[318] Pandit, N. R., Cook, G. A. S., Swann, P. G. M. The Dynamics of Industrial Clustering in British Financial Services [J]. Service Indus-

tries Journal, 2001, 21 (4): 33-61.

[319] Sassen, S. The Global City: New York, London, Tokyo [M]. Princeton, New Jersey: Princeton University Press, 2001.

[320] Senn, L. Service Activities' Urban Hierarchy and Cumulative Growth [J]. Service Industries Journal, 1993, 13 (2): 11-22.

[321] Shearmur, R., Doloreux, D. Urban Hierarchy or Local Buzz? High-order Producer Service and Knowledge-intensive Business Service Location in Canada, 1991 - 2001 [J]. The Professional Geographer, 2008, 60 (3): 333-355.

[322] Smith, A. An Inquiry into the Nature and Causes of the Wealth of Nations: Volume One [M]. London: printed for W. Strahan; and T. Cadell, 1776.

[323] Stigler, G. J. The Division of Labor is Limited by the Extent of the Market [J]. Journal of Political Economy, 1951, 59 (3): 185-193.

[324] Taylor, P. J. Specification of the World City Network [J]. Geographical Analysis, 2001, 33 (2): 181-194.

[325] Walker, R., Storper, M. The Capitalist Imperative: Territory, Technology and Industrial Growth [M]. Oxford: Basil Blackwell, 1989.

[326] Young, A. Increasing Returns and Economic Progress [J]. The Economic Journal, 1928, 38 (152): 527-542.

[327] Zhong Yun, Yan Xiaopei. Relationship between Producer Services Developing Level and Urban Hierarchy—A Case Study of Zhujiang River Delta [J]. Chinese Geographical Science, 2008, 18 (1): 1-8.